U0662947

数字经济概论

池　云　著

中国财经出版传媒集团

经济科学出版社
Economic Science Press

·北京·

图书在版编目（CIP）数据

数字经济概论／池云著． -- 北京 ： 经济科学出版
社，2024.6． -- ISBN 978 - 7 -5218 -6077 -1

Ⅰ. F49

中国国家版本馆 CIP 数据核字第 2024TW0376 号

责任编辑：于 源 刘 悦
责任校对：隗立娜
责任印制：范 艳

数字经济概论

池 云 著

经济科学出版社出版、发行 新华书店经销

社址：北京市海淀区阜成路甲 28 号 邮编：100142

总编部电话：010 - 88191217 发行部电话：010 - 88191522

网址：www. esp. com. cn

电子邮箱：esp@ esp. com. cn

天猫网店：经济科学出版社旗舰店

网址：http：//jjkxcbs. tmall. com

北京季蜂印刷有限公司印装

710 × 1000 16 开 14.75 印张 220000 字

2024 年 6 月第 1 版 2024 年 6 月第 1 次印刷

ISBN 978 - 7 - 5218 - 6077 - 1 定价：59.00 元

在当今时代，数字经济已成为推动全球经济发展的关键力量，《数字经济概论》旨在为读者提供一个全面的视角，以探讨数字经济的本质、发展历程，以及对社会各个层面的深远影响。随着互联网大数据、人工智能等技术的迅猛发展和普及，数字经济正在重新定义传统经济模式，创造新的业务模型，改变生产方式重塑消费行为，并对就业和社会治理提出了新的挑战和机遇。本书不仅详细解析了数字经济的核心概念和组成要素，而且通过实例研究展示了数字技术如何在不同行业中实现应用和转型，从智能制造到网络零售，从数字医疗到智慧城市，数字经济的应用正广泛渗入工作和日常生活，更重要的是，本书还将探讨数字经济背后的经济理论，包括市场动力学、数据资产的价值评估，以及数字化对企业战略和国家政策的影响。在全球化和信息化日益深入的今天，理解和掌握数字经济的动向不仅是企业领袖和政策制定者的需要，也是每一个社会成员的必备能力，本书希望通过深入浅出的分析和前瞻性的观点帮助读者在这一领域获得宝贵的知识和洞见，使其不仅能够适应数字化带来的变革，更能在未来的经济环境中找到新的成长机会和自我实现的路径。另外，通过本书的学习读者能够更好地理解数字经济的复杂性和多样性，评估其对个人、企业乃至整个社会的影响，并为即将到来的数字时代做好充分的准备。

随着技术的不断进步，数字经济已经从一个边缘领域发展成为主导全球经济的核心力量，企业通过利用数据驱动的洞察优化其业务模型，同时新兴的数字技术如区块链和物联网正逐步改变传统行业的运作方式。这些技术提供了无与伦比的效率和透明度，使企业能够在竞争中脱颖而出，数字经济也给工作性质带来了根本变革，迫使劳动市场适应更加灵活和技术驱动的工作环境。此外，随着数字经济的发展，消费者的购买行为和期望也在发生变化，越来越多地寻求即时、个性化的服务，数字经济的快速扩展也带来了一系列挑战，其中包括数据安全和隐私保护的问题。随着个人和企业数据量的激增，如何有效保护这些信息免受侵害成为一个迫切需要解决的问题。此外，数字鸿沟问题也日益凸显，这种鸿沟阻碍了技术的普及和社会的整体进步。因此解决这些问题不仅需要技术创新，还需要制定合理的政策和法规确保所有人都能从数字经济中受益。

对策的制定者必须认识到数字经济的发展不仅是技术的应用，更是一个涉及政策、教育和社会接受度的复杂过程，因此制定一套全面的策略至关重要，这包括促进技术创新、提供教育和培训资源、保护知识产权确保公平竞争，并创建一个支持性的创业环境。此外，加强国际合作也非常关键，因为数字经济的本质是全球性的，许多挑战和机遇都超越了国界，企业和政策制定者需要理解，数字经济的未来将依赖持续的创新和适应，只有那些能够抓住技术发展机遇、勇于面对挑战并快速适应变化的社会和经济体，才能在未来的数字经济中占据领导地位。本书提供的深入分析和案例研究将是这一进程中的宝贵资料，帮助读者在理解这一复杂现象的同时，为即将到来的变革做好准备。

池 云

2024 年 5 月

CONTENTS ▷

目　　录

第 1 章

绪　论

1.1　什么是数字经济学

1.1.1　数字经济学的学科基础

在探索数字经济学领域时，我们发现多个学科的理论为其奠定了坚实的基础。经济学原理解释了资源分配的效率问题，这一领域包含了广泛的概念和原则。经济学关注着如何有效地利用有限的资源满足人们的无限需求，这涉及资源的稀缺性、供给与需求的关系以及市场的运作机制等方面，在数字化时代经济活动的模式和特点发生了变化。而经济学的基本原理和模型则可以帮助理解这些变化背后的原因和机制，通过经济学的视角能够深入思考数字化时代的资源配置方式，从而更好地应对经济挑战和抓住机遇。

信息科学是另一个为数字经济学奠定基础的重要学科，信息科学涉及信息的获取、存储处理和传输，它提供了关于数据处理与传输机制的深入理解，在数字经济学中，数据被视为一种宝贵的资源。而信息科学的理论和方法为其提供了收集、存储、处理和传输数据的关键指导，数据的流动和分析对于数字经济的发展至关重要，信息科学的发展为其提供了技术和方法，使数据能够更加高效地被利用，从而推动数字经济的发展。随着互联网、物联网和大数据技术的不断发展，数据已经成为数字经济时代的核心驱动力之一，信息科学的不断进步为其提供了更多的可能性，使人们能够更好地利用数据资源，推动数字经济的创新和发展。

除了经济学和信息科学，行为科学也为数字经济学的研究提供了重要的视角，行为科学关注个体或群体在特定环境下的行为模式和决策过程，它研究人类行为的心理和社会因素，在数字化环境中，人们的行为可能受到数字技术和社交网络等因素的影响，因此，理解人类行为在数字环境中的特点对于数字经济学至关重要，通过行为科学的视角，能够更好地理解数字化时代的消费行为、市场参与和决策模式，为数字经济的发展提供深入的洞察和理解。在数字经济时代消费者的行为方式和偏好可能会发生变化，而行为科学的研究可以帮助人们更好地预测和理解这些变化，为企业和政策制定者提供指导。数字经济学的学科基础是多方面的，涵盖了经济学、信息科学和行为科学等多个学科领域，这些学科之间相互交织，共同构成了数字经济学研究的理论框架和方法论基础，通过整合这些学科的理论和方法，能够更好地理解和解释数字化时代经济发展的规律和特点，为数字经济的可持续发展提供重要的理论支持和实践指导，随着数字技术和数据科学的不断发展，数字经济学将继续作为一个充满活力和潜力的研究领域，为推动经济的创新和发展作出更大的贡献。

1.1.2 数字经济学的概念

数字经济学是当今经济学领域中备受关注的一个重要课题，它不仅是关于数字化技术如何改变经济运作方式的研究，更是关于如何利用互联网和数据技术实现价值创造与交换的探讨，随着信息技术的迅速发展和数字化进程的加速推进，数字经济学逐渐成为经济学界和产业界关注的焦点，数字经济学的研究范畴涉及多个方面，从价值链重组到商业模式创新，从产业结构调整到全球经济影响，都在数字经济学的研究框架内得到了深入探讨。数字经济学关注的核心是价值创造与交换过程，在数字化时代，互联网和数据技术的广泛应用改变了人们创造和交换价值的方式，数字经济学的研究着重分析了这些变革背后的机制和原因，通过互联网和数据技术，人们可以更加便捷地获取信息、分享知识、进行交易，从而实现了价值的创造和传递。数字化资产，如数据、知识产权和在线服务，成为经济活动的核心要素，这些资产具有易复制性和可传播性的特点，通过互联网和数据技术可以实现更高效的利用和交换，从而为经济的发展注入新的动力。数字经济学关注数字技术对经济结构和产业格局的影响，随着数字化技术的普及和应用，传统产业的边界变得模糊，新兴产业不断涌现，数字经济学研究了这种产业结构的变化背后的驱动因素，探讨了数字化技术如何促进了产业的升级和转型，以及如何重新定义企业之间的竞争格局。在数字经济学的视角下，许多传统产业借助数字化技术实现了转型升级，而新兴产业则在数字化技术的推动下蓬勃发展，成为经济增长的新引擎。数字经济学的研究使人们能够更好地理解数字化技术对产业结构和产业链的重塑，为企业和政策制定者提供了重要的参考依据。

在数字经济学的研究范畴内，数字化技术催生了新的商业模式和经济生态系统，通过互联网和数据技术，许多企业开始探索新的商业模式，如共享经济平台经济等，这些新兴的商业模式改变了传统产业的运营方式，促进了经济的发展和创新。数字经济学还重新定义了价值链和供应链，加速了生产要素的高效配置和资源的合理利用，通过数字化技术，企业可以更加精准地了解市场需求，提高生产效率，降低交易成本，从而实现经济效益的最大化。数字化技术的普及和应用使经济活动越来越趋向于全球化和网络化，数字经济学关注着数字化技术如何促进全球经济的增长和发展，以及如何塑造全球经济格局，通过互联网和数据技术，不同国家和地区之间的经济联系更加紧密，贸易和投资活动更加频繁，为全球经济带来了新的增长点和动力源。数字经济学作为一个交叉学科，关注着数字技术如何改变经济的运作方式，以及这种变革对于社会、企业和个人的影响。数字经济学的研究范畴涵盖了价值创造与交换过程、数字技术对经济结构和产业格局的影响、新的商业模式和经济生态系统的催生，以及全球经济的增长和发展。通过深入研究这些问题，使人们能够更好地理解和把握数字化时代经济发展的规律和特点，为经济的可持续发展提供了重要的理论支持和实践指导。

1.1.3 数字经济学的产生及研究对象

数字经济学的兴起与数字技术的飞速发展密不可分，随着信息技术的迅速进步和互联网的广泛应用，数字化已经成为当今经济活动的主导趋势。这一变革不仅影响了传统产业和经济模式，也促进了新兴产业的崛起和发展，数字技术的不断演进，如大数据、人工智能、区块链等，为经济生产、交换和消费带来了革命性的变化，从而推动了数字经济学这一新兴学科的兴起，数字经济学的形成并非偶然，而是对数字化经济现实的理论回应。随着数字化技术的广泛应用，传统的经济学理论和模型已经不能完全解释和预测数字经济时代的经济行为和现象，因此，数字经济学的产生填补了这一理论空白，提供了更为深入的理解和解释数字经济现象的新视角。它不仅关注数字化技术对经济活动的直接影响，还深入研究数字化带来的经济结构变化、市场格局调整以及企业行为的变革等方面，从而为数字化时代的经济现实提供了全面的解读和分析。

数字经济学作为一个新兴的学科领域，其研究对象涵盖了多个方面，反映了数字化时代经济活动的多样性和复杂性，数字经济学关注数据资产的经济活动，在数字化时代，数据已经成为一种重要的生产要素和经济资源。数字经济学深入研究数据的获取、处理存储和应用等方面，探讨数据对经济活动的影响和作用，数据资产的经济活动包括数据的收集、分析、交易和应用等过程，这些活动对企业的决策制定、市场营销、产品创新等具有重要的影响。数字平台作为数字经济时代的核心载体，已经成为经济活动的重要场所和渠道，数字经济学关注数字平台的市场结构、运营模式、商业逻辑等方面的变化和演变，探讨数字平台之间的竞争关系和合作模式。数字平台的崛起和发展改变了传统产业的格局，推动了新的商业模式和经济形态的出现，为数字经济学的研究提供了丰富的案例和实证数据。

数字经济学研究数字化转型中的企业行为，随着数字化技术的不断普及和应用，越来越多的企业开始进行数字化转型，以适应数字经济时代的发展需求。数字经济学关注企业在数字化转型过程中的策略选择、组织变革、技术应用等方面的行为和实践，企业的数字化转型不仅影响着企业自身的竞争力和发展潜力，也对整个产业链和生态系统产生了深远的影响，数字经济学的研究使人们能够更好地理解数字化转型的动态和规律，为企业提供了指导和借鉴。数字经济学的产生和发展是数字技术迅猛发展的产物，是对数字化经济现实的理论反思和回应，数字经济学的研究对象涵盖了数据资产的经济活动、数字平台的市场结构与竞争策略以及数字化转型中的企业行为等多个方面，反映了数字化时代经济活动的多样性和复杂性。通过深入研究这些问题，人们可以更为全面深入地理解和把握数字化时代经济发展的规律和特点，也为经济的可持续发展提供了重要的理论支持和实践指导。

1.2 数字经济学的基本框架

1.2.1 数字市场的经济动力学

数字经济学的基本框架之一是数字市场的经济动力学，数字市场作为数字经济的核心，其经济动力学涉及数字商品和服务的供需关系、价格形成机制以及市场竞争状态。在这些市场中，供给侧常常具有高度的可扩展性，而需求侧则显示出明显的网络效应，即商品或服务的价值随着用户数量的增加而增加，数字市场的供需关系是数字经济学研究的重要内容之一。随着数字化技术的发展和普及，数字商品和服务的供给呈现出高度的灵活性和可扩展性，数字化技术使生产过程更加智能化和自动化，从而降低了生产成本，提高了生产效率，此外，数字化还促进了生产要素的流动和配置，为数字商品和服务的供给提供了更多的可能性。在数字市场中供给方能够根据市场需求实时调整产品或服务的产量和品质，从而更好地满足用户的需求。

与供给侧相对应的是数字市场中的需求侧特点，数字市场中的需求侧表现出明显的网络效应，即商品或服务的价值随着用户数量的增加而增加，这是因为在数字化时代，许多商品和服务具有网络属性，用户的参与和使用程度影响着商品或服务的价值和效用。例如，社交网络、在线平台和数字化内容等都具有明显的网络效应，用户的增加会带动更多的用户加入，从而形成良性循环，提高了产品或服务的价值和吸引力，因此，在数字市场中需求侧的增长往往呈现出指数增长的趋势，这对供给侧提出了更高的要求和挑战。数字市场的价格形成机制也是数字经济学研究的重要内容之一，在传统的市场经济中，价格往往由供求关系决定，但在数字市场中，由于网络效应的存在，价格形成机制更加复杂，数字商品和服务的定价往往受到多种因素的影响，包括供给和需求的关系、市场竞争的程度、品牌和声誉等。在数字市场中价格往往具有一定的弹性，供给方和需求方之间会通过价格机制进行博弈和调整，以达到市场平衡和效率，因此，数字经济学的研究不仅关注价格的形成机制，还需要考虑价格对市场供需关系和竞争格局的影响，从而为数字市场的稳定和健康发展提供理论支持和政策建议。

在数字市场中市场竞争状态也是数字经济学研究的重要议题之一，随着数字化技术的不断进步，数字市场呈现出多样化和多层次化的竞争格局，传统产业和新兴产业的竞争不断加剧。数字化技术的应用使市场进入壁垒降低，同时也催生了新的竞争主体和商业模式。数字经济学研究数字市场中的竞争机制和竞争策略，探讨数字化技术对市场竞争格局的影响和调整，在数字市场中企业需要不断创新和变革，提升自身的竞争力和市场地位。这对数字经济学提出了更高的研究要求和挑战，数字市场的经济动力学是数字经济学研究的重要内容之一，涉及数字商品和服务的供需关系、价格形成机制以及市场竞争状态等多个方面，通过深入研究数字市场的经济动力学，能够更好地理解和把握数字经济时代的市场运行规律和特点，为数字经济的可持续发展提供理论支持和实践指导。

1.2.2　数据资产的价值评估方法

在数字化时代，数据已成为核心资产，对企业和组织的战略决策起到决定性作用，因此，精确评估数据资产的价值显得尤为重要，这不仅可以帮助企业优化资源配置，还能提升其市场竞争力。数据资产价值评估的方法多样，包括生命周期成本分析法、市场比较法、收益现值法等，每种方法都有其独特的适用场景和优势。

生命周期成本分析法是一种全面评估数据资产价值的方法，涉及数据资产从创建、存储、使用到最终淘汰的整个过程，此方法的核心在于计算数据在其生命周期内所产生的总成本与总收益。在实施生命周期成本分析时，要确定数据资产的预期寿命，包括数据的获取、维护、存储和处理成本，此外还需考虑数据资产在不同使用阶段可能带来的潜在收益，如增加的营业收入、成本节约、风险管理改进等，这种方法有助于企业全面了解数据资产的成本效益比，为数据资产的长期管理和投资决策提供依据。市场比较法则通过比较市场上相似数据资产的交易情况估算数据的价值，这要求有足够的市场交易数据作为参考，包括同类数据资产的购买价格、租赁费用等，市场比较法的优势在于其直接性和实际性，能够迅速给出数据资产的市场价值，然而，这种方法的局限性在于数字资产市场的不完全性和信息的不对称性，使很多数据资产难以找到合适的市场比价。收益现值法则是通过预测数据资产在未来能够生成的经济收益，并将这些未来收益折现到当前，从而得出数据资产的当前价值，这要求对数据资产未来收益的预测必须基于科学合理的假设，包括数据资产的使用寿命、未来收益的增长率、折现率等因素。收益现值法特别适用于那些能够直接带来经济效益的数据资产评估，如基于用户行为数据开发的推荐系统、基于大数据分析的精准营销等。

除了上述常用方法外还可以考虑其他一些补充方法综合评估数据资产的价值，例如，成本节约法评估数据资产通过提高效率和减少浪费为企业节约的成本；战略价值评估法则从战略角度出发，考虑数据资产对企业竞争优势的提升和长远发展的贡献。数据资产的价值评估是一个多维度、多方法的综合过程，企业应根据自身情况和具体需要，选择合适的评估方法或多种方法结合使用，以准确评估数据资产的价值。这不仅有助于企业在竞争激烈的市场环境中作出更加科学的决策，还可以有效地管理和利用其数据资源，最大化数据资产的经济价值。

1.2.3 数字技术与经济增长的关联

数字技术与经济增长的联系在当代世界已经成为不可忽视的现实，随着科技的快速发展，云计算、大数据、人工智能、物联网和机器学习等前沿技术的广泛应用，正逐渐成为推动全球经济发展的新引擎，这些技术不仅改变了企业的生产方式，还重新定义了市场结构和消费者行为，催生了一系列新的业务模式和行业。数字技术在提高生产效率和产品质量方面的作用尤为显著，以智能制造和工业4.0为例，这些概念的核心在于利用物联网、大数据分析和机器学习等技术，实现生产过程的自动化和智能化，这种转变不仅提升了生产效率，还通过精确控制生产过程中的每一个环节，显著降低了能源消耗和原材料浪费，提高了资源利用率，自动化生产线的24小时不间断运作，极大地缩短了产品从设计到市场的周期，为企业抢占市场创造了极大的时间优势。此外，数字技术还极大地促进了服务业的发展，尤其是在零售和金融服务领域，电子商务的兴起颠覆了传统的零售模式，消费者可以不受时间和地点的限制，随时随地进行在线购物，这不仅极大地提升了消费体验，还推动了物流、支付和信息服务等相关行业的发展。在金融服务领域，数字技术通过引入在线银行和移动支付，极大地提高了交易的便利性和安全性，同时也推动了金融产品创新和金融市场的全球化。数字技术还催生了共享经济的兴起，改变了传统的所有权和使用权模式，共享单车、共享汽车和在线短租等服务，不仅提供了更加便捷和经济的选择，也促进了城市交通和住宿服务的革新，这些模式的成功实施，证明了数字技术在推动经济模式创新和资源优化配置方面的巨大潜力。

随着数字技术的普及，全球经济的联系也日益紧密，现代通信技术的发展特别是云计算和5G技术的推广，极大降低了信息传递和数据处理的成本，使企业可以更加便捷地在全球范围内寻找合作伙伴，共享资源，这种跨国界的合作不仅加速了技术创新，也促进了全球经济一体化的进程。然而数字技术的发展也带来了新的挑战，例如，数据安全和隐私保护已成为社会关注的热点，此外技术的快速发展可能导致就业市场的分化，对低技能劳动力造成冲击，因此，政策制定者需要采取积极的措施，包括制定支持技术创新的政策、提供研发资金、税收优惠，以及通过立法确保数据安全、保护知识产权和消费者权益。随着更多创新技术的出现和应用如区块链量子计算等，数字经济的潜力将进一步被释放，这不仅将推动全球经济结构的重大变革，还将带来更高效、更绿色、更智能的经济发展模式，在这一过程中，如何平衡技术创新与社会责任，确保技术发展成果惠及所有人，将是政府、企业乃至全社会需要共同思考和努力的方向。

1.2.4　数字化对企业战略的影响

数字化对企业战略的影响已经成为现代企业管理中一个不可或缺的议题，随着技术的快速进步，数字化转型已成为推动企业发展、提高竞争力的关键因素，企业必须适应这一变革，整合数字技术于战略规划与执行中，以把握市场机遇并优化其业务模式。数字化转型影响企业的战略规划与执行，在数字时代，企业战略需要更加灵活、适应性强，能够快速响应市场变化，通过大数据分析、人工智能等技术，企业可以实时监测市场动态和消费者行为，从而作出更加精准的战略决策。例如，使用预测分析工具，企业可以预测市场趋势，调整产品线和营销策略，以应对未来可能出现的各种情况。

此外，实时数据分析能够帮助企业在变化的市场条件下迅速调整其供应链和库存管理策略，在供应链管理方面，数字化可以通过自动化工具和算法优化物流和分销减少延误，降低成本提高效率，这种灵活性和效率的提升，直接关系到企业的竞争力和市场响应速度。数字化不仅是技术的应用，更是一种企业内部运营和管理体系的彻底变革，通过数字技术，企业能够实现业务流程的自动化，如使用智能软件自动处理订单、发票和客户服务，这种自动化不仅提高了操作效率，还减少了人为错误，提升了工作质量。

数字化还使企业能够通过云平台和协作工具实现团队的远程协作，在全球化日益加深的今天，这种工作模式极大地提升了企业的灵活性和扩张能力。员工可以跨越地理和时区限制，实现24小时不间断的全球运营和客户服务，在市场营销方面，数字化技术的应用已经从根本上改变了企业与客户的互动方式，通过社交媒体、大数据分析和人工智能，企业可以更加精确地识别和定位目标消费群体，制定个性化的营销策略。例如，通过分析消费者在线行为和购买历史，企业可以定制个性化的推广消息和优惠活动，大大提高营销的转化率，同时，数字化还增强了企业的客户服务能力，通过在线客服和自动响应系统，企业可以提供24小时的客户支持，及时响应客户需求和问题，这种即时的反馈机制不仅提升了客户满意度，也帮助企业树立了良好的品牌形象。

虽然数字化为企业带来了诸多好处，但也存在不少挑战，例如，数据安全和隐私保护是企业在数字化过程中必须面对的问题，企业需要投入相应的资源确保信息安全，防止数据泄露给予竞争对手可乘之机，此外数字化转型需要企业文化的配合。企业需要培养员工的数字技能，改变传统的工作方式，鼓励创新和适应新技术，这需要从企业高层做起，通过培训和教育，激发员工的潜力，使能够在新的工作环境中发挥最大的效能，数字化已经成为现代企业战略的核心部分。对企业的长远发展具有决定性的影响，企业需要不断地评估和调整其数字化战略，确保能够在快速变化的市场环境中保持竞争力，未来随着更多创新技术的出现，数字化将继续推动企业战略的发展，为企业带来更多成长和成功的机会。

1.2.5 消费者行为在数字环境中的变化

随着数字技术的不断进步和互联网的普及，消费者行为在数字环境中发生了显著的变化，这些变化不仅重塑了消费者的购买决策和消费习惯，而且对企业的营销策略和经营模式提出了新的挑战和机遇。要深入理解这些变化，企业需要掌握消费者在数字环境中的行为特点，以及这些特点如何影响市场和商业策略，在数字化时代，信息的获取变得非常容易，消费者可以通过多种设备，如智能手机、平板电脑、计算机。随时随地访问互联网，搜索相关产品和服务的信息，这种信息的可接触性极大地扩展了消费者的选择范围，并提高了作出明智购买决策的能力，企业通过优化搜索引擎结果、利用 SEO 策略和提供丰富的在线内容（如产品说明、用户评论、视频演示等），可以更有效地吸引消费者，并影响其购买行为。

数字化平台通过数据分析提供个性化的购物体验，这已成为吸引和保留顾客的关键策略之一，利用消费者的浏览历史、购买记录和偏好设置，企业可以定制广告和推荐，使之更符合个别消费者的需求。例如，基于用户以往的购物行为，电商平台能够推荐相似或相关产品，这不仅增加了交叉销售的机会，还提升了顾客满意度和忠诚度，在数字化环境中，社交媒体的兴起极大地影响了消费者的购买行为。消费者倾向于查看其他购买者的评价和反馈，以此作为购买决策的重要依据，在线评价和社交媒体上的用户生成内容已成为影响消费者期望和购买决策的重要因素，因此，企业需要积极管理在线声誉，定期监控和回应消费者在社交平台上的评论和讨论，随着电子商务的发展，数字支付工具如支付宝、微信支付、PayPal 等成为消费者偏好的支付方式之一。这些工具提供了快速、安全的支付解决方案，极大地简化了在线购物的支付过程，企业通过集成可靠的支付系统，不仅能提升消费者的购物体验，还能增强消费者对品牌的信任。

数字环境中消费者的购买渠道更加多样化，除了传统的电商网站，社交媒体平台、品牌应用程序，甚至是虚拟现实环境都成为新的购物渠道，此外订阅服务、租赁而非购买、二手市场等新的消费模式在数字环境中迅速发展。这些都需要企业在战略上进行调整和响应，以上消费者行为的变化要求企业必须调整其营销和商业策略以适应新的市场环境，企业需要利用先进的数据分析技术更好地理解消费者行为，预测市场趋势，并制定相应的营销策略，此外，企业必须加强与消费者的互动和沟通，利用数字工具提高服务效率和顾客满意度。随着数字技术的不断演进，消费者行为将继续发生变化，这对企业而言既是挑战也是机遇，企业需要不断地学习和适应这些变化，才能在竞争激烈的市场中保持领先地位，通过对消费者行为深入的理解和分析，企业可以更有效地制定策略，实现可持续发展。

1.2.6　政策框架与法规环境的适应性

随着数字经济的迅猛发展，政策框架和法规环境的适应性对于维护经济秩序、保护消费者权益、促进技术创新及确保国家安全等方面至关重要。政府必须审慎、灵活地调整法规，以适应数字技术的快速演进和其对社会经济结构的深远影响，以下三个方面是政府在制定相关政策时需特别考虑的重点。

（1）在数字经济中，数据不仅是核心资产，也是维系运营的基础，因此，确保数据的安全和隐私成为政府制定政策的首要任务。例如，欧盟《通用数据保护条例》（GDPR）为处理个人数据设立了严格的规范，包括要求企业在处理欧盟公民数据时必须获得明确同意、提供数据透明度以及赋予消费者对自己数据的控制权等，类似的政策不仅保护了个人隐私，还提高了消费者对数字服务的信任度，这对于促进数字产品和服务的广泛接受至关重要。

（2）电子商务的泛滥带来了诸多便利，同时也引发了新的法律挑战，例如交易欺诈、知识产权侵犯等问题，政府需制定明确的电子商务法规，规范在线市场的商业行为。例如，明确在线合同的法律地位，加强对在线支付的监管，确保交易双方的权益得到公平保护，此外，跨境电商的兴起也要求政府在国际层面上进行合作，制定统一或兼容的电商法规，以便更好地管理跨国电子交易。随着经济活动越来越依赖于网络和数据，网络安全自然成为政策制定的重中之重，政府需建立全面的网络安全法规，不仅要监管和保护关键信息基础设施，还需对日益复杂的网络攻击行为制定应对措施，例如，美国通过实施《网络安全信息共享法》（CISA）鼓励企业与政府之间的信息共享，以便更有效地识别和防御网络威胁，在数字化快速发展的背景下，传统的知识产权保护框架面临诸多挑战。数字内容的复制和分发成本极低，这使知识产权的保护尤为复杂，政府需要更新知识产权法，例如明确数字内容的版权归属，制定对数字产品（如软件、数字音乐、在线课程等）的专利政策，同时加强国际合作，对抗跨国的知识产权侵权行为。

（3）政府还需在鼓励创新和保证市场公平竞争之间找到平衡，制定激励政策支持科技创新和初创企业，同时通过反垄断法规防止市场主导权过度集中，例如针对少数大型科技公司可能形成的市场垄断。欧盟和美国等地方政府正在考虑实施更为严格的反垄断审查和干预措施，政策的灵活性和前瞻性是应对快速变化数字环境的关键，政府需要建立起动态调整政策的机制，以适应技术进步和市场发展的需求，包括定期评估现行法规的效果，进行必要的修订和更新，确保政策与时俱进，有效支持数字经济的健康发展等。随着数字经济的持续扩张和深入人类生活的各个方面，高效、适应性强的法规环境是保障其健康发展的基石，政府在制定相关政策时，必须兼顾技术发展、市场需求和社会公益，以确保数字经济能够为社会带来最大的利益。

1.2.7　数字支付系统的发展与挑战

数字支付系统由于其快速、便捷的特点，已成为现代交易不可或缺的一部分，这种支付方式使消费者可以轻松完成日常购物、账单支付和其他金融交易，而不必携带现金或进行物理交易，随着智能手机和网络技术的普及，从大型零售商到小型商户，越来越多的业务实体都开始接受或甚至优先推荐数字支付方式。这种趋势不仅改变了消费者的支付习惯，也促使商家更新其销售和财务处理系统，以适应这种快速的支付方式，然而，数字支付系统的广泛应用也带来了相应的挑战，特别是在处理高交易量方面，系统的稳定性和效率显得尤为重要。在电子商务高速发展的今天，尤其是在"双十一""黑色星期五"等大型购物节日期间，支付系统的压力剧增，系统必须能够在短时间内处理大量的支付请求，任何的延迟或故障都可能导致交易堵塞，影响消费者的购物体验和商家的信誉。

对支付系统运营商而言，确保系统能够稳定处理高峰期的交易量是一大挑战，这不仅涉及系统架构的优化，比如使用更高效的服务器、更快的处理芯片以及更稳定的网络设施，还包括实时监控系统性能，快速识别和解决可能出现的技术问题。此外，支付系统还需要具备良好的扩展性，随着用户量的增加和交易模式的变化，系统能够灵活调整资源，满足不断增长的处理需求，技术故障是影响数字支付系统稳定性的另一个关键因素，软件层面的缺陷可能导致系统崩溃或数据处理错误，而硬件故障如服务器故障、存储器损坏等也会直接影响支付的执行。此外，支付过程中的网络问题，如连接中断、数据传输延迟等，也会严重影响支付效率，为了减少这些问题的发生，支付系统需要采用高质量的硬件设施，同时在软件开发和维护上投入更多的精力，提高系统的容错能力和恢复力。网络延迟尤其在跨国支付中更为常见，因为数据需要通过长距离的网络传输，经过多个节点，每一个节点的处理速度和稳定性都可能影响最终的传输效率，因此，优化国际支付的网络架构，选择高性能的网络服务提供商，是提升跨国数字支付体验的关键。

除了技术层面的挑战，数字支付系统还面临着监管的挑战，不同国家和地区对于数字支付有不同的法律法规，支付服务提供商必须遵守这些法规以避免法律风险，同时，随着数字支付的普及。如何保护消费者的金融信息，防止金融诈骗和非法活动，也成为一个重要议题，支付系统必须建立严密的安全措施，包括但不限于数据加密、多因素认证、持续的安全监控以及时发现和响应安全威胁，因此虽然数字支付系统大大推动了现代化经济的发展，提高了交易的效率和便利性，但为了保持这一系统的健康稳定运作，需要不断地在技术、管理以及法规遵从等多方面进行投入和优化，这样数字支付系统才能持续支持全球经济活动，满足未来更高效、更安全的支付需求。

1.2.8 隐私保护与数据安全的现代策略

在现代社会中，随着数字化程度的加深，个人信息和数据安全的问题日益受到重视，企业和机构不仅需要关注所提供服务的质量，更必须确保处理和存储的数据安全，以维护消费者的信任和企业的声誉。加密技术作为数据保护的基石，它的应用范围从电子邮件的传输安全到金融交易的保密性，无处不在，加密不仅保护数据免受外部攻击者的窥探，也可以防止内部人员未经授权访问敏感信息。高级加密标准（AES）和安全套接层（SSL）等加密技术已被广泛应用于各种数据保护场景中，确保数据在传输过程中的安全性和完整性。

然而单靠加密技术并不能完全保证数据的安全性，因为数据在生命周期的各个阶段都可能面临着不同的威胁，因此，严格的访问控制措施同样重要，通过实施基于角色的访问控制（RBAC）或最小权限原则，企业可以确保员工只能访问工作所必需的数据。此外，实施动态访问控制可以根据实时情境调整访问权限，例如基于用户的地理位置、设备安全状态和访问时间等因素。为了进一步加强数据保护，审计和监控是必不可少的环节，通过部署先进的安全信息和事件管理（SIEM）系统，企业可以实时监控所有敏感数据的访问和操作情况，及时发现异常行为并作出反应，这些系统能够分析大量的日志数据，利用机器学习算法识别潜在的威胁模式，从而在数据被窃取或破坏前阻止攻击行为。数据备份和灾难恢复计划是数据安全策略中不可或缺的部分，有效的备份策略应包括定期的全量备份和增量备份，以确保在发生数据丢失的情况下，可以迅速恢复到最近的备份状态，备份数据应存储在物理安全的位置，最好是在不同地理位置的多个中心，以防单点故障或自然灾害导致的数据丢失。

在全球化的经济背景下，跨国数据传输变得日益频繁，而这也带来了额外的法律和合规挑战，例如，欧盟的《通用数据保护条例》（GDPR）对数据的跨境传输设有严格的限制，企业在进行跨境数据处理时，必须确保目标国家提供了足够的数据保护措施，否则可能需要采取额外的保护措施，如数据加密或采用标准合同条款等。这要求企业不仅要熟悉自身国家的法律，也要对国际法律环境有所了解，确保其数据处理活动符合所有相关法律的要求，除了技术和法律方面的考虑，企业还需要关注与数据安全相关的道德和社会责任问题，消费者对于个人信息如何被收集、使用和保护越来越敏感。因此，企业在设计和实施数据保护措施时，应考虑到这些因素，尊重用户的隐私权，公正地处理的数据，数据安全和隐私保护是现代企业在数字化转型过程中必须面对的重要挑战，通过实施综合的数据保护策略，不仅可以防止数据泄露和滥用，还可以增强消费者信任，促进企业的长期发展，随着技术的发展和法律的变化，企业必须不断更新和完善自己的数据保护措施，以适应不断变化的威胁环境和合规要求。

1.2.9　人工智能在数字经济中的应用

人工智能技术正在推动数字经济的各个方面向更高效、更智能的未来迈进，这种技术的应用不仅仅局限于基础数据分析，更扩展到决策制定、操作优化和客户互动等更广泛的领域，企业通过利用人工智能的强大能力，不仅能够提升自身的竞争力，还可以为消费者提供更加精准和个性化的服务。在决策制定方面，人工智能可以帮助企业从大规模的数据中提取有价值的信息，支持更快和更准确的决策。例如，通过对市场数据、消费者反馈和竞争对手动态的实时分析，人工智能（AI）系统可以帮助企业预测市场趋势，从而快速调整市场策略，优化产品投放计划，这种数据驱动的决策方式，比传统的依赖人工分析和直觉的方法更加科学和有效。

在操作优化方面，人工智能能够大幅提高企业的操作效率和减少成本，在制造业中，AI可以通过分析生产流程中的数据优化生产线的配置，自动调整机器参数以适应不同的生产需求，实现更高效的生产管理。此外，人工智能还能在供应链管理中发挥重要作用，通过预测分析帮助企业更准确地预测需求，优化库存水平，减少过剩或缺货的情况，从而降低成本并提高服务质量，在客户互动方面，人工智能已成为提高客户服务质量和增强用户体验的关键工具，智能聊天机器人能够提供全天候的客户服务，处理常见问题和请求，从而释放人力资源关注更复杂的客户需求。同时，AI在分析消费者行为模式方面的能力使企业能够提供更为个性化的购物推荐和营销信息，大大提升了顾客满意度和品牌忠诚度，此外，人工智能技术在提高企业安全性方面也显示出巨大潜力。在网络安全领域，AI 技术能够实时监控和分析网络活动，及时识别和响应安全威胁，通过学习和分析历史安全事件的数据，AI 系统能够预测并防止潜在的网络攻击，从而保护企业的数据安全和业务连续性。

尽管人工智能技术带来了诸多益处，但其应用也伴随着一系列挑战，一个挑战是如何确保 AI 系统的决策过程公正无偏，由于 AI 系统通常基于数据学习和制定决策，如果输入的数据存在偏见，则可能导致 AI 的输出同样存在偏见。因此，企业在使用 AI 技术时需要注意数据的选择和处理，确保数据的代表性和公正性。另一个挑战是关于 AI 的透明性和可解释性，由于许多 AI 模型，特别是深度学习模型的决策过程较为复杂，使其决策逻辑不易被人理解，这可能影响用户对 AI 决策的信任。因此开发可解释的 AI 模型，使用户能够理解 AI 的决策过程，是提高 AI 应用接受度的一个重要方向，人工智能技术在数字经济中的应用为企业提供了前所未有的机会，能够帮助企业在多个维度上优化其业务，提升效率并创造新的价值。然而随着 AI 技术的不断进步和应用领域的不断扩展，如何有效地管理和应对相关的挑战也将是企业在未来发展中需要持续关注和解决的问题。

1.2.10 跨国电子商务的监管问题

跨国电子商务随着全球化市场的扩展而展现出巨大的增长潜力，然而与此同时，它也带来不少监管上的挑战，由于涉及多国的法律体系和监管标准，企业必须在全球范围内应对一系列复杂的合规要求。这些要求包括但不限于消费者保护、数据隐私、税收和知识产权等领域，为了在全球市场中成功运作，企业不得不投入大量的资源来理解和遵循每个国家的规定，在处理这些复杂的合规性问题时，企业面临的首要任务是确保其操作符合所有相关国家的法律。例如，在欧洲市场，严格的数据保护法规要求企业采取高标准的个人数据保护措施，欧盟的《通用数据保护条例》（GDPR）规定了关于个人数据处理的严格指导原则，违反这些规定的企业可能面临高额的罚款。在美国虽然数据保护的规定不如欧盟严格，但在消费者权益保护方面有一套完整的法律体系，确保消费者在电子市场中的交易安全和公平。

除了遵守地方法律外，跨国电子商务企业还需要关注国际贸易的规则和条约，这包括了解和适应自由贸易协定（FTA）等国际协议中的规定，这些规定可能影响关税、进出口限制和跨境服务的提供。例如，跨太平洋伙伴关系协议（TPP）和北美自由贸易协定（NAFTA）对成员之间的电子商务活动设定了特定的规则，简化了企业在这些国家之间的业务，为了有效管理这些法律和监管的复杂性，企业往往需要建立专门的合规团队，这些团队专责监控全球法律环境的变化，并确保企业操作的合规性。此外利用先进的技术解决方案，如合规管理软件，可以帮助企业自动化合规性检查和报告流程，大大提高效率和准确性，合规性的挑战也催生了对于专业法律服务的需求。跨国电子商务企业经常需要聘请具有国际法律背景的律师，以便在新市场进行业务扩展前进行彻底的法律审查，这些律师不仅提供关于特定市场的法律咨询，还帮助企业制定应对策略，包括制定内部政策、合同条款的谈判以及在发生法律争议时的代表。

在实际操作中，跨国电子商务不仅需要关注合法性，还要注重效率和顾客体验，因此企业需要在确保合规的同时，优化全球供应链管理，确保产品和服务的及时交付，这需要企业在全球范围内合理配置物流中心和仓库。同时利用信息技术优化库存管理和配送路线，随着电子商务的日益增长，消费者对交易安全和个人信息保护的关注也随之增加，企业必须确保其平台的安全性，防止数据泄露和网络攻击，这不仅包括部署先进的网络安全技术，如防火墙、入侵检测系统和加密技术，还包括对员工进行定期的安全培训。增强对于网络安全威胁的认识和应对能力，为了在全球市场中维持竞争力，跨国电子商务企业需要不断创新和改进其业务模式和技术平台，这包括采用最新的互联网技术，如云计算和大数据分析，以及探索新兴市场和消费趋势，如通过社交媒体和移动应用提供个性化的购物体验，通过这些方式，企业不仅能有效应对跨国监管的挑战，还能在激烈的市场竞争中保持领先地位。

1.2.11　区块链技术在数字经济中的应用及其影响

　　区块链技术，作为一种创新的分布式账本技术，已经成为数字经济中不可或缺的一部分，其核心原理是通过网络中多个节点参与验证和记录，确保数据的完整性和不可篡改性，从而建立一个公开透明、安全可靠的数据交换平台，在经济应用方面，区块链技术先显著提高了市场的透明度，在供应链管理中区块链可以实现产品从生产到销售的每一步骤的追踪，确保信息的真实性和透明度，减少因信息不对称导致的风险和成本，例如，全球食品行业巨头沃尔玛利用区块链技术追踪食品来源，极大地提高了食品安全标准和消费者信任。

　　智能合约是区块链的另一项重要应用，它们是自执行的合约，条款直接写入代码中，在金融服务领域智能合约使贷款审批、保险索赔等过程更加高效和透明，极大地降低了操作成本和误差率，例如，以太坊平台支持开发者建立和运行任何复杂性的分布式应用，其中智能合约在自动化交易和服务中起到核心作用，区块链技术也在数字身份验证、版权保护、医疗健康记录管理等领域显示出广阔的应用前景，这些应用不仅提高了操作效率，还增强了系统的安全性，为数字经济的发展提供了新的动力。

　　尽管区块链技术具有诸多优势，但在其发展过程中也面临不少挑战，扩展性是其中一个主要问题，随着网络参与者和交易数量的增加，如何保持系统的效率和响应速度成为一大挑战。当前比特币和以太坊等主流区块链网络在高负载时会出现交易拥堵和费用上升的问题，安全性虽然是区块链的一大卖点，但并不意味着它是不可攻破的。实际上，代码错误和网络攻击仍然可以导致严重的安全问题，例如智能合约的某些漏洞曾导致数百万美元的资金被错误地冻结或盗窃。法律合规性也是区块链技术普及的一个障碍，不同国家和地区对于区块链和加密货币的监管态度差异大，这给跨境交易和合作带来了不确定性，如何在不破坏区块链去中心化精神的前提下实施有效的监管，是一个复杂的问题。

　　未来区块链技术的发展趋势将更加注重解决这些挑战，技术创新如分片技术、跨链技术等，正在被研发和测试中以解决扩展性问题，更多的安全测试和法律框架的建立也将是推动区块链技术普及和成熟的关键因素，区块链技术在数字经济中展现出巨大潜力，其应用正在逐步扩展到各个经济领域中，尽管存在挑战，但随着技术的进步和政策的完善，区块链技术有望在未来的数字经济中发挥更加重要的作用。

1.2.12　大数据分析在提升企业竞争力中的作用

大数据的高效运用已成为现代企业获取和维持竞争优势的重要手段，随着技术的发展，大数据分析已经渗入企业的各个层面，包括市场定位、产品开发、客户服务和战略决策等关键领域，在市场定位方面，大数据分析帮助企业识别最有利可图的市场细分和目标消费群体，通过分析消费者的在线行为和交易数据企业可以发现潜在的市场需求，从而推出符合消费者期待的产品和服务，例如通过分析社交媒体上的趋势和讨论，时尚品牌能够捕捉到即将流行的设计元素和颜色，据此调整其产品线。

产品开发同样受益于大数据的深度洞察，利用从客户反馈、在线评价和竞品分析中提取的数据，企业可以更准确地定位产品改进的方向，这种基于数据的产品开发策略能够显著提高新产品成功的概率，并减少因市场需求判断失误导致的成本损失，在客户服务领域大数据分析同样显示出其不可替代的价值，企业可以通过分析客户互动和反馈数据，识别服务中的"痛点"和不足，进而优化服务流程和提升客户满意度，例如，银行和金融机构通过分析客户的交易历史和互动记录，能够提供更个性化的金融产品推荐和客户支持，从而增强客户忠诚度和提升业务量。

在更广泛的战略决策层面，大数据技术使企业能够基于实时数据作出更为科学的决策，通过持续监测市场动态和内部运营数据，企业领导可以迅速响应市场变化，调整战略方向，大数据还在风险管理中扮演了重要角色，通过对历史数据的深入分析，企业能预测潜在的业务风险和市场波动，及时采取措施以规避风险，随着人工智能和机器学习技术的快速发展，大数据分析的准确性和应用范围在不断扩大，企业不仅可以分析结构化数据，还能从非结构化数据如图片、视频和自然语言中提取有价值的信息，这些技术的进步为大数据分析提供了新的可能性，使企业能够更全面地理解市场和客户。

尽管大数据带来了许多机遇，但也引发了关于数据隐私和伦理的广泛关注，企业在享受大数据带来的便利的同时也必须严格遵守数据保护法律和伦理标准，确保数据的收集、处理和使用过程中尊重消费者权益，透明的数据处理政策和积极的消费者沟通策略是构建消费者信任的关键，大数据不仅是提升企业竞争力的工具，也是推动商业创新和提高操作效率的关键因素，通过有效地管理和利用大数据，企业不仅可以优化现有的业务流程和产品，还可以预见和塑造未来市场的发展，在这个数据驱动的时代，掌握大数据的企业将能够领先于竞争对手，实现持续的业务增长和成功。

1.3　本书的内容体系

本书的内容体系构建在对数字经济学各个方面的全面探讨之上，数字经济作为当今世界经济的重要组成部分，其影响和作用日益凸显。因此，本书旨在通过系统性的分析和讨论，引领读者深入了解数字经济的内涵、历史演进、技术基础、产业转型以及未来发展的方向。本书将对数字经济进行全面而深入的定义，在定义数字经济的同时，还将探讨数字经济对传统经济模式的挑战和改变，数字化技术的快速发展使数字经济成为全球经济的重要组成部分。其影响不仅限于经济领域，还波及社会、文化等各个方面，通过对数字经济的全面定义，读者将更加深入地了解数字经济的广泛意义及其在现代社会中的重要性。

本书将深入探讨数字经济的发展历程，从数字经济的萌芽阶段到如今的快速发展，数字经济经历了怎样的演变过程？不同国家和地区在数字经济发展中的战略选择和实践经验又是怎样的？通过梳理数字经济的发展历程，读者将了解数字经济如何从起步阶段逐步发展成为全球经济的重要组成部分。在技术基础和基础设施建设方面，本书将重点关注数字化技术的原理和应用，大数据、人工智能、区块链等关键技术在数字经济中的应用将得到深入的分析，读者将了解这些技术如何影响和推动经济产业的发展，以及在数字经济中的重要作用。本书将探讨数字化对各个产业的转型和融合，通过具体的案例分析，读者将了解数字化技术在智能制造、数字农业、智慧城市等领域的应用，以及这些应用对传统产业结构和商业模式的改变和重构，数字经济在推动经济增长、提升产业竞争力、提高生活质量等方面的作用和效果也将得到重点关注。

　　本书还将讨论企业在数字化转型中面临的问题及解决策略，通过对企业数字化转型的案例分析和经验总结，读者将了解企业在数字化转型过程中可能遇到的挑战，以及如何有效应对和解决这些挑战，使数字化转型顺利进行。本书将对数字经济的未来发展趋势进行预测，并提出促进其发展的具体对策，通过对数字经济发展趋势的分析和思考，读者将了解数字经济未来的发展方向和重点，为政府、企业和个人未来的决策提供参考和指导。本书旨在通过系统性的分析和讨论，全面深入地探讨数字经济学的各个方面，为读者提供一个关于数字经济学详尽的学术参考和实践指南，帮助读者更好地理解和把握数字经济的本质和规律，为数字经济的可持续发展提供有力支撑。

第 2 章

数字经济的内涵与特征

2.1 数字经济的定义与内涵

2.1.1 数字经济的定义

数字经济是当今经济发展中的一个重要概念，它涵盖了使用数字技术促进经济活动的所有方面，随着技术的迅速发展和互联网的普及，数字经济已经从一个边缘领域成长为全球经济的核心动力之一。要全面理解数字经济的定义和内涵，需要从多个维度探讨它如何深刻地影响着商业模式、市场结构、工作方式和消费者行为。数字经济通常被定义为利用数字计算技术改变经济模式和生产方式的一种经济活动，该定义不仅强调了技术在现代经济中的应用，还突出了这些技术如何根本性地改变了创建、交换和消费价值的方式，数字经济的特点包括高度的自动化、持续的创新和无处不在的网络连接性。

（1）生产方式的变革。数字技术通过自动化和智能化改变了传统的生产和制造过程，例如，通过使用机器人技术和人工智能，工厂能够提高生产效率，减少浪费，同时提高产品质量，此外，数字技术还使生产过程更加灵活，企业可以根据市场需求快速调整生产线。（2）商业模式的创新。数字技术促进了新商业模式的出现。例如，共享经济、平台服务和订阅模式，这些模式通常依赖于数字平台连接消费者和服务提供者，降低交易成本，提高市场效率。（3）市场的全球化。数字经济打破了传统的地理和时间限制，使企业可以更容易地接触全球市场，电子商务平台如亚马逊和阿里巴巴就是典型例子，通过网络平台使全球消费者和小企业能够跨越国界进行交易，数字经济也极大地改变了消费者的行为模式，网络和移动技术的普及使消费者可以随时随地访问信息，比较价格，购买商品和服务，这种信息的透明度和可访问性增加了市场的竞争性，迫使企业更加注重客户服务和用户体验。(4)个性化服务。企业现在可以利用数据分析了解每个消费者的偏好和行为，从而提供高度个性化的产品和服务，这不仅提升了消费满意度，也增强了消费者的品牌忠诚度。（5）即时反馈和社交影响。社交媒体的兴起增强了消费者之间的互动，消费者的购买决策越来越多地受到来自社交网络的影响，企业需要有效管理其在社交媒体上的形象，并积极参与到这些对话中。

数字经济同样对劳动市场产生了深远的影响，一方面，它创造了大量新的职业和工作机会，如软件开发、数据分析和数字营销等；另一方面，它也导致了一些传统职业的消失或转变。这要求劳动力需要不断学习新技能以适应不断变化的工作需求，随着数字经济的快速发展，相应的政策和法规也需要更新以保护消费者权益，促进公平竞争，确保数据安全和隐私保护，政府和国际组织必须协作，制定全球统一的规则应对数字经济带来的挑战，如跨境数据流动、网络安全和知识产权保护等问题。数字经济的发展正在重新塑造全球的经济结构，它不仅影响着企业的运营模式和市场策略，也深刻影响着消费者的行为和整个社会的运作方式。理解数字经济的定义和内涵是理解当代经济发展趋势的关键，也是制定有效经济政策和企业战略的基础，随着技术的进一步发展和应用，数字经济将继续引领经济创新和社会变革。

2.1.2　数字经济的内涵

数字经济的内涵是一个复杂而丰富的概念，它涵盖了多个方面的技术应用和经济活动转型，其中，互联网、云计算和大数据等技术被认为是数字经济的重要组成部分，共同推动着经济活动的数字化转型，并促进了产业结构和商业模式的根本变革。互联网作为数字经济的基础设施之一，为信息的传输、交流和共享提供了便利和高效的平台，随着互联网的普及和应用，信息传播的速度和范围得到了极大的提升，人们可以通过互联网轻松地获取和分享各种信息，从而促进了信息的流通和价值的创造。互联网的出现打破了传统的时间和空间限制，使经济活动可以在全球范围内进行，拓展了市场的边界，促进了经济的全球化和多元化发展，云计算技术的发展为数字经济的发展提供了强大支撑，云计算技术通过将计算资源集中管理和分配，为企业提供了高效、灵活和可扩展的计算服务。企业可以根据需求动态调整计算资源，从而降低了信息技术（IT）成本，提高了运营效率，此外，云计算还为企业提供了更加安全和可靠的数据存储和处理方案，促进了数据的共享和利用，云计算的出现使企业不再需要投入大量资金购买和维护硬件设备，而是可以通过按需付费的方式使用云端服务，降低了企业的技术门槛和成本负担。

大数据技术的广泛应用也是数字经济的重要特征之一，随着信息技术的发展，大量的数据被不断产生和积累，大数据技术通过收集、存储和分析海量数据，帮助企业发现隐藏在数据背后的规律和价值。通过大数据技术，企业可以更加全面地了解市场和消费者需求，精准地制定营销策略和产品定位，大数据还可以帮助企业优化生产流程和供应链管理，提高生产效率和产品质量，大数据技术为企业提供了更深入的市场洞察力和更高效的业务决策支持，成为推动数字经济发展的重要驱动力之一。数字经济的内涵涵盖了广泛的技术应用，包括互联网、云计算和大数据等，这些技术的广泛应用推动了经济活动的数字化转型，促进了产业结构和商业模式的根本变革。数字经济的发展离不开这些技术的支撑和推动，相互交织、相辅相成，共同构建了数字经济的新格局和新未来。

2.2 数字经济的历史演进

2.2.1 数字经济的兴起与发展

数字经济的崛起是互联网和数字技术与经济活动相互融合和相互影响的结果,20世纪90年代被认为是数字经济兴起的关键时期,互联网开始普及并逐渐从学术和军事领域扩展到商业化应用,成为经济活动的重要推动力量,这一时期的商业实践和技术创新为后续的数字经济奠定了基础,使互联网从一个新颖的通信工具逐渐演变成商业和社会互动的核心平台。

早期的互联网主要用于学术研究和军事用途,对商业领域的直接影响有限,然而随着技术进步和成本的降低,互联网逐渐向商业领域渗透,商业网站的出现为企业提供了新的营销和销售渠道,改变了传统商业模式的局限性,让企业可以与更广泛的受众联系,拓展市场并优化运营。尽管当时的互联网基础设施和技术水平尚不完善,但这一时期的商业探索和互联网发展为数字经济的崛起奠定了基础。90年代中期,电子商务的兴起将数字经济引入一个新的发展阶段,电子商务因其便捷和高效的特点,迅速吸引了大量用户和企业,消费者能够随时随地购物,而企业则利用网络拓展市场和降低成本,最终改变了传统的商业格局,这一创新引领了数字化转型的潮流,为数字经济的发展铺平了道路。

电子商务在20世纪90年代的兴起只是数字经济扩展的起点,随后的技术进步和应用进一步推动了整个经济生态的发展和转型,云计算的出现为企业提供了灵活的计算和存储方案,大幅降低了IT基础设施的成本,同时提高了资源利用效率,企业能够借助云计算在更大规模上运营、试验和拓展业务,大数据技术帮助企业有效挖掘和分析庞大的信息量,以发现潜在的商业机会和趋势,通过对客户行为、市场动态和运营效率的全面分析,企业能够制定更有针对性的战略决策,进一步提升市场竞争力，人工智能的发展使智能化应用成为可能，为数字经济的创新和发展提供了新的动力，机器学习、自然语言处理和计算机视觉等技术的成熟，使企业能够创建智能系统，实现自动化运营、个性化推荐、实时客户服务等应用。

数字经济的演变不仅是技术进步和商业创新的体现，更反映了经济活动与数字化转型的紧密结合，互联网和相关数字技术从一开始的辅助工具，逐渐演化为商业活动的核心驱动力并渗入人类社会生活的方方面面，购物、娱乐、社交、教育、医疗、交通等领域都在向数字化转型，极大地改变了人类生活方式。随着 5G 网络、物联网、区块链等新兴技术的涌现，数字经济将迎来新的发展机遇和挑战：5G 网络的高速和低延迟特性将支持更大规模的设备互联，为自动驾驶、远程医疗和工业自动化等领域提供基础保障；物联网将使海量的物理设备能够在线互联，为各行各业提供更丰富的数据来源；区块链的去中心化特性则可能进一步推动金融和供应链领域的革命性变革。

然而这些新技术的发展也带来了一系列新的挑战，包括隐私安全、数据管理、伦理问题、网络安全以及数字鸿沟等问题，需要政府、企业和社会各界密切合作以确保数字经济能够健康、可持续地发展。数字经济将继续在全球经济增长中发挥关键作用，成为各国政府、企业和社会发展战略的重要支柱，随着技术的不断进步和商业应用的拓展，数字经济将会进一步扩展其影响力，成为驱动经济繁荣和社会进步的重要引擎。企业、政府和个人都需要抓住这一机遇，共同迎接未来的数字时代。

2.2.2 数字技术经济范式的演进

在当今时代数字经济的迅速发展正以前所未有的速度和规模改变全球经济的格局，移动互联网和物联网技术的进步在推动这一变革方面起到了关键作用，不仅改变了人们的生活方式还重新定义了商业运作的模式，移动互联网的普及使数字服务和产品能够跨越传统的地理和时间限制，实现真正的全天候、全球化的访问与交互，智能手机和其他移动设备的普及为人们提供了前所未有的连通性和便利性，这直接推动了电子商务、在线娱乐、远程教育、远程工作等领域的快速发展。

移动互联网使消费者能够随时随地购物并即时获取信息，用户利用智能手机可以轻松完成购物、支付、订餐、网约车、社交互动等活动，信息的便捷获取不仅加速了信息传播，还塑造了新的消费习惯，带来了实时、灵活、定制化的消费模式。这种数字化接入方式极大丰富了消费者的选择，也增强了市场的活力，让企业在数字经济中获得新的增长空间。物联网进一步扩展了数字经济的边界，通过将物理世界的对象连接到互联网，让从家居设备到工业机器再到城市基础设施等一切事物都能实现智能化运作，这项技术的应用大幅提高了操作效率和资源利用率，同时减少了人力成本和错误率。在工业领域，物联网让生产过程变得透明和可控，实现生产自动化和精细管理，推动了第四次工业革命的发展；在农业领域，智能传感器和数据分析帮助农民精准控制水肥供应，提高作物产量和质量；在城市管理中，智能交通系统、智慧能源管理系统的实施使城市运行更高效、居民生活更便捷，物联网的这些特性使其成为现代经济的重要支柱。

随着这些技术的融合与发展，数字经济也带来了新的商业模式，共享经济的兴起便是典型例子，通过数字平台将拥有闲置资源的个人与需要这些资源的消费者相连，共享经济优化了资源配置，降低了交易成本，按需经济模式利用数字化平台，根据消费者的即时需求提供个性化服务，让市场响应更加迅速精准。然而数字经济的快速发展也带来了一系列挑战，自动化和智能化技术可能冲击传统就业岗位，许多工作可以被自动化系统或人工智能取代，导致工人失业和技能过时。这需要劳动力市场进行相应的技能转换并要求教育体系及时适应，培训和再培训计划的实施至关重要，可以帮助劳动力在新经济中找到合适的定位。

数据安全和隐私保护问题日益突出，在数字化环境中个人和企业生成并分享大量信息，如何在保持开放性和便利性的同时保护这些数据，成为政府、企业和技术开发者必须面对的重要问题。隐私泄露、网络欺诈和网络攻击等问题可能破坏用户对数字经济的信任，需要多方合作制定数据保护法规，加强网络安全措施。另外，数字鸿沟问题也引起了广泛关注，数字化服务无法均匀覆盖不同地区或不同收入水平的群体，可能加剧社会和经济的不平等，因此在全球范围内推广数字素养教育和基础设施普及，对于确保每个社会成员都能公平参与数字经济具有重要意义。

展望未来数字经济的持续健康发展需要政策制定者、行业领导者和技术开发者紧密合作，政策制定者需要制定合理的法规框架，确保公平竞争并保护消费者权益；行业领导者应在数字化转型中积极探索商业模式创新并承担社会责任；技术开发者要不断研发更安全、更可扩展的技术，同时对潜在的社会影响保持敏感，每个社会成员都应做好准备以适应这个不断发展的数字时代。只有通过提高数字技能、增强科技意识、积极拥抱变化，人们才能在未来的经济环境中找到适合自己的位置，迎接数字经济带来的巨大的机遇和挑战，能够在这个新时代中找到平衡并利用其潜力推动全球经济与社会进步。

2.2.3　中国数字经济发展历程与战略选择

中国的数字经济发展历程体现了从技术引进到自主创新的重大转变，在全球经济中，中国数字经济的地位日益突出，自 20 世纪 90 年代末互联网引入以来，中国制定并实施了一系列战略政策和措施，成功从传统经济模式转型为一个数字经济强国。在此过程中，中国政府扮演了关键角色，通过制定支持性政策和框架促进技术发展与创新，推动经济的全面数字化，数字经济的快速发展得益于政府对信息通信技术基础设施的大力投资，中国建立了庞大的互联网基础设施，包括广泛的宽带网络和移动通信网络，为数字技术的普及和广泛应用奠定了基础，中国的互联网用户数量迅速增长，目前已超 10 亿人，政府不断推动云计算和大数据中心的建设，这些基础设施极大提高了数据处理与存储能力，为各行各业的数字化转型提供了有力支持。

在推动技术创新方面，中国不仅依靠国内的研发力量还积极引进国外先进技术和理念，通过与国际企业和研究机构合作与竞争，加速了本土创新，尤其在人工智能、物联网、区块链等领域取得了突破性进展。

中国企业和研究机构的技术创新不仅提高了生产效率还创造了新的商业和服务模式，还带动了传统行业的升级以及新兴产业的发展，例如移动支付和电子商务在中国迅速普及，逐渐成为全球商业模式的领先者，社交电商、短视频平台等新商业模式也大大改变了中国人的消费习惯和信息获取方式。

数字经济对传统行业的深刻影响体现在零售、金融、制造、教育、医疗等各个领域，电子商务的崛起改变了消费者的购物方式，将产品直接送达用户手中；金融科技为支付、借贷、投资等金融服务提供了更多便捷途径；智能制造和工业互联网提升了工业生产效率，并推动传统制造业向高附加值领域转型升级。

法规和政策环境的优化也是推动数字经济发展的关键，中国政府出台了一系列法律法规，旨在保护数据安全、鼓励网络创新、保障知识产权、促进公平竞争。这些政策为数字经济的健康有序发展提供了法律和政策保障，增强了市场主体的信心，创造了良好的投资与创业环境，政府特别强调人才的培养和引进，调整高等教育体系的专业设置，加强与数字经济相关领域的教育与培训，培养大量技术和管理人才，通过吸引海外高端人才和专家回国的人才国际流动方式加速了技术和经验的交流。展望未来，随着全球数字化趋势的不断深化，中国的数字经济将继续保持快速发展的势头，政府将继续强化创新驱动的发展战略，优化发展环境，加强与国际合作，推动数字经济的深度融合与高质量发展，中国也面临着新的挑战，包括数据安全、网络空间治理等问题，不断完善法律法规，加强国际合作，构建开放、共享、安全、有序的网络空间，将有助于中国更好地参与全球数字经济的协同发展。

为了确保数字经济的持续发展，中国必须解决一些关键问题，数据安全和网络安全是政府和企业必须优先考虑的问题，随着大量敏感数据在数字平台上共享，确保数据隐私和防范网络攻击至关重要。另外，需缩小城乡之间的数字鸿沟，推动数字技术普及，确保农村和边远地区同样能够受益于数字经济的发展。政府和企业需要积极探索数字经济领域的监管策略，确保在鼓励创新的同时防止垄断和恶意竞争。作为数字经济的重要参与者，中国将在全球范围内继续发挥积极作用，通过制定合理的政策、加强数字教育、加快基础设施建设，并不断探索新的商业模式和技术，中国将继续走在数字经济的前沿并为全球数字经济的发展作出更大贡献；通过加强经济结构调整与升级，中国有望充分利用数字经济带来的机遇，实现可持续发展目标。

2.3　数字经济的特征

2.3.1　高度依赖技术的基础架构

数字经济作为当今世界经济的重要组成部分，其发展与运作离不开先进的技术基础架构的支持，这种基础架构不仅为数字经济运行提供了技术支持，也确保了在线交易和数字服务的实现，为数字经济顺畅运行提供了坚实的保障。在探讨数字经济对技术基础架构的高度依赖时，可以从互联网接入、高速数据服务和云计算资源三个方面入手。

广泛的互联网接入是数字经济基础架构的重要组成部分，互联网作为数字经济的基础设施，将全球用户与数据相连接，为数字经济的创新和发展提供了无限的可能，互联网的普及和网速的提高让用户能够更加便捷地获取信息、进行交易并享受各种服务，这极大促进了数字经济的蓬勃发展，传统行业的转型升级和新兴产业的崛起都依赖于互联网的支持与推动。互联网的广泛普及不仅加速了信息传递，也模糊了市场的边界，推动了全球贸易与合作，创造了更多商业机会。

高速数据服务是数字经济发展的重要保障，随着数据量飞速增长，数字经济对高速且稳定的数据服务的需求日益增加，高速数据服务不仅支持大规模数据的传输和处理，还为人工智能、云计算等前沿技术的应用提供了必需的网络环境，数字经济中的数据流动需要在高速网络基础上实现，以确保各个环节高效运转。企业能够依靠高速数据服务快速响应市场需求，加快产品迭代，提高整体经济效率，例如 5G 网络和光纤宽带等技术的不断成熟使数据传输速率大幅提升，为在线交易、视频会议、实时监测等应用提供了更强的保障。

云计算资源是数字经济运作的重要部分。作为一种灵活高效的计算模式，云计算为数字经济提供了强大的计算与存储能力，大量数据需要被存储、处理和分析，而云计算使企业和个人免去大量硬件投资和维护成本，实现了资源共享和利用效率的提升。云计算为数字经济提供了灵活扩展与升级的能力，更好地适应市场和需求的变化，云计算的普及使越来越多的企业将业务迁移至云端以提高运营效率和灵活性。例如，电商公司通过云计算进行实时库存管理和销售预测，制造企业依靠云计算与物联网实现生产过程的数字化监控，帮助企业降低成本并优化生产，这些技术基础设施构成了数字经济的支柱，为数字经济的持续健康发展提供了有力的技术支持，在未来随着技术的不断创新，数字经济的基础架构将继续完善和优化，为数字经济进一步发展创造更有利的条件。

但与此同时，技术基础架构的发展与优化也面临许多挑战，互联网接入仍然存在区域差异，许多偏远地区和欠发达国家仍无法获得高速网络接入，需要政府、企业和社会组织共同努力，缩小数字鸿沟。高速数据服务的扩展需要应对庞大的数据安全和隐私问题，如何在确保信息安全的同时促进数据共享与流动，是未来网络基础设施发展的重点。云计算资源的分布和使用需要保持弹性与安全，以应对日益复杂的网络攻击和数据泄露威胁，企业与政府必须通力合作，制定严格的标准和规章制度以保障云计算资源的安全性与合规性。在整个数字经济发展过程中，技术基础架构的完善将继续成为关键因素，推动数字经济走向更加广阔的未来，政府、企业和社会组织需要共同努力，通过投资基础设施、制定法规标准、推广数字教育等方式，推动技术基础架构的进一步发展与完善，充分释放数字经济的潜力，只有这样才能确保全球数字经济的稳健发展，实现经济增长和社会福祉的双重目标。

2.3.2　网络效应的显著性

在数字经济中网络效应的显著性不仅塑造了产品和服务的市场表现，还深刻影响着企业的竞争战略和市场结构，网络效应是指产品或服务的价值随着用户数量的增加而提升的现象，这在数字平台如社交媒体、在线市场和软件应用中尤为明显，当平台或产品的用户基数达到某个临界点，其吸引力会呈指数级增长从而吸引更多新用户加入，形成自我强化的增长循环。网络效应的核心驱动力在于它能够创造强大的用户群体，这些用户群体通过互动和分享增加了平台的活跃度和内容的丰富度。

在社交网络平台上用户之间的互动与连接是主要吸引力之一，每增加一个用户，平台对其他所有用户的价值都会增加，因为新用户带来了新的交流和联系可能，这种效应不仅限于社交网络，还普遍存在于在线视频平台、多人在线游戏和专业联络网络等领域。例如，在线视频平台的用户基数越大，吸引的内容创作者也越多，产生出更多有趣的视频从而吸引更多用户观看，形成良性循环。

除了增强用户体验，网络效应也促使企业重视数据的积累与分析，随着用户数量的增加，产生的数据量也呈指数级增长，包括用户行为、交易和反馈等数据，企业通过对这些数据的分析，可以洞察市场趋势、预测用户需求，甚至发现新的增长机会，这不仅帮助企业优化产品提高用户体验，还能调整市场策略，确保竞争优势。网络效应也改变了市场竞争格局，特别是加剧了"赢者通吃"现象，在许多数字经济领域，头部企业凭借庞大的用户基础占据市场主导地位，新进入者难以在已有的强大网络效应面前赢得市场份额，导致市场进入壁垒提高，这种现象使企业必须持续创新和改进以保持竞争优势。

然而网络效应虽然给数字经济带来了诸多积极影响，但也存在潜在风险和挑战，例如，企业若过度依赖现有用户基础，可能忽视产品质量和服务创新，导致用户对其失去兴趣，或在市场上形成垄断，抑制竞争。用户数据激增导致数据安全与隐私问题变得更加复杂，为了最大限度地利用网络效应并规避风险，企业与政策制定者需要采取多方策略。对于企业来说，应持续创新产品和服务，提升其内在价值以应对快速变化的市场需求和激烈竞争，与此同时，企业需加强数据安全与用户隐私的保护，确保用户信任，高效利用大数据分析改进产品和营销策略，为用户提供个性化体验，从而增强用户黏性与忠诚度。政策制定者则需制定合理的监管框架，既能促进数字经济的健康发展，又能防止垄断和保护消费者权益，例如，反垄断法规需要及时更新以适应数字平台的特殊商业模式，隐私和数据保护法也需进一步完善，确保用户数据在共享过程中得到充分保护。网络效应在数字经济中是一股强大力量，通过增加产品和服务的市场吸引力和实用性极大促进了数字技术的普及与应用，但为了确保网络效应能够持续发挥正面作用，企业和政策制定者必须紧密合作，确保市场的公平竞争和用户利益的保护，通过不断创新、改善用户体验并妥善应对数据安全挑战，企业才能在数字经济时代获得成功并在竞争激烈的环境中保持持续发展。网络效应的利用将为企业赢得更多市场份额，而敏锐的市场洞察力和对用户需求的精准把握将帮助企业在数字时代脱颖而出。

2.3.3 数据驱动的决策过程

在数字经济的发展过程中数据驱动的决策已成为企业和组织不可或缺的核心元素，随着信息技术的进步，特别是数据采集、存储、处理和分析技术的迅猛发展，企业越发依赖数据支持其决策制定与执行，数据驱动的决策不仅改变了企业的运作方式，也极大提高了决策的效率和准确性，为企业在激烈的市场竞争中赢得了强有力的优势。

数据驱动的决策使企业能够实时监控市场动态与内部运营状况，并迅速调整策略以应对市场变化，实时数据分析为企业提供了关于消费者行为、市场趋势、供应链状态等多方面的洞察，这是传统决策模式难以达到的，例如，零售企业可以通过分析销售数据和客户反馈，精准掌握商品销售状况和消费者购买偏好，及时调整库存与营销策略，优化供应链管理，减少库存积压并提高客户满意度，数据驱动的决策过程使企业能够更好地把握和利用新的商机。

在当今瞬息万变的市场环境中新的商机层出不穷，企业通过对数据的深入分析，能够发现新的消费需求和市场细分并通过竞争分析识别市场空白区域，这种基于数据的洞察力让企业能够快速而准确地抓住成长机会，实现创新与发展，例如，电子商务企业利用数据发现某一细分市场的潜在需求，从而推出满足该需求的定制产品，或是通过社交媒体数据找出用户的潜在兴趣，提供个性化的推荐和营销策略。

数据驱动的决策还极大地提高了企业运营的透明度和可追踪性。在传统模式下许多决策过程模糊难以追踪和评估，而数据驱动的模式使决策过程更加透明与可视化，每一个决策都有具体的数据支持，且结果可以通过后续的数据评估，这种透明和可追踪的特性不仅增加了决策的公信力，也使企业能够及时调整错误决策，持续改进和优化决策过程。例如，在市场营销方面，通过对广告投放效果的数据分析，企业能够更好地优化未来的广告策略，以最大化投资回报率，然而尽管数据驱动的决策带来了诸多优势，也存在挑战和风险，关键的问题之一是数据质量，决策的准确性高度依赖数据质量，然而在数据收集和处理过程中可能存在误差，数据不完整、过时或错误，都会直接影响决策的有效性。企业需要投入资源确保数据的准确、完整和及时性，这可能需要完善数据采集工具、建立数据清洗流程并定期进行数据质量审计。

另外，数据安全和隐私保护也是重要的挑战，企业在数据驱动的过程中处理大量个人与敏感数据，如何在利用数据的同时保护用户隐私权并防止数据泄露与滥用，是企业必须面对的关键问题，任何数据泄露或滥用事件不仅可能造成用户信任的流失，还可能引发法律和监管风险，因此企业必须加强数据保护措施，例如加密、访问控制和审计日志并确保数据使用符合相关法律法规。

数据驱动的决策还可能导致对数据过度依赖，使企业忽视对经验和直觉的合理利用，数据虽能提供丰富的洞察力，但过分依赖数据可能导致失去对非数据化信息的敏锐度，因此企业应保持平衡，将数据与经验相结合以作出更明智的决策。数据驱动的决策在数字经济中占据举足轻重的地位，它通过为企业提供实时、精准的数据支持，帮助企业优化决策、提升效率、识别商机并加强风险管理，然而企业应充分认识到数据驱动决策的局限性与风险，采取相应措施确保数据质量和安全，保证决策过程的健康和可持续发展，通过合理利用数据企业能够在瞬息万变的市场中保持竞争力，实现长久的增长与繁荣。

2.3.4　数字化产品与服务的可扩展性

在数字经济时代，数字化产品和服务的可扩展性成为其成功的关键因素之一，这不仅因为其生产过程中展现出的灵活性和经济性，更因为其在市场营销和销售方面的高效性和广泛覆盖能力，可扩展性赋予了企业无限的增长潜力和快速适应市场变化的能力，使它们能够在激烈的全球市场中保持竞争优势，数字化产品和服务实现高度可扩展性，主要得益于其低边际成本的特性，一次性开发和部署的成本一旦被覆盖，额外生产和分发的成本几乎可以忽略不计。

以软件行业为例，开发公司设计并推出一款应用程序后，为每个新增用户复制和分发产品的成本极低，这种特性使数字产品（如应用程序、在线服务、数字媒体等）能够在不增加显著成本的情况下迅速扩大用户基础和市场影响力，例如，流媒体音乐和视频平台能够轻松在全球范围内为数百万用户提供高品质服务，并根据用户喜好进行精准内容推荐，增加用户黏性和平台价值。

进一步来说，数字化生产过程的自动化和智能化极大提升了生产效率和灵活性。现代的智能工厂借助机器人和计算机控制系统，实现24小时不间断生产并可迅速调整生产线以适应市场需求的变化，这种生产方式不仅加速了产品生产，还让企业能够以更低的成本实现大规模定制化生产，自动化生产线可以实时监控产品质量，确保高一致性，进而加强品牌声誉。数字化产品和服务的另一个显著优势在于其通过数字渠道进行市场营销和销售的能力，数字营销工具（如搜索引擎优化、社交媒体营销和电子邮件营销等）让企业以极高的精准度和效率触达目标消费者，企业可以利用这些工具开展低成本的营销活动，并实时获取反馈数据以优化策略并提高转化率，电子商务平台让企业能够跳过传统的物理销售渠道，直接向全球消费者销售产品，这不仅降低了销售成本还极大地扩展了市场覆盖范围。

在此背景下企业也面临如何有效管理和利用庞大数据量的挑战，数据分析成为企业获取市场洞察、优化用户体验和提升运营效率的关键工具。通过大数据分析，企业能够识别消费者行为和偏好，预测市场趋势并实时监控和优化运营流程，这种基于数据的决策方式使企业更快适应市场变化，更精准地满足消费者需求。例如，零售企业可根据消费者历史购买记录进行个性化推荐，提高销售转化率；制造企业则可利用数据监控生产流程，提高效率并减少浪费。然而企业在追求扩展性的同时必须谨慎管理扩张过程中可能出现的风险和挑战，首先是产品和服务质量的保持，在追求可扩展性的企业需要确保产品一致性和服务可靠性，以维持消费者的信任；其次是数据安全和隐私保护问题，随着企业规模扩大，数据量和复杂度随之增加，确保数据安全并遵守相关法律法规成为不可忽视的任务，数据泄露或违规使用不仅损害企业声誉，还会导致法律问题并损害客户信任。

企业应确保在规模扩展时保持创新能力，市场需求与技术不断变化，企业若不持续创新则难以保持竞争优势，它们需要制定灵活策略，确保产品和服务符合市场变化并不断优化和调整自身运营。数字化产品和服务的可扩展性为企业提供了前所未有的增长和创新机会，在这个快速变化的数字经济时代，企业需要充分利用可扩展性，通过创新和灵活策略不断优化产品和服务以保持竞争优势并实现可持续发展，企业还需应对扩展带来的各种挑战和风险，在追求增长的同时确保产品质量、数据安全与消费者信任。只有在创新、效率与信任之间取得平衡，企业才能在数字经济浪潮中立于不败之地。

2.3.5 消费者参与度的提高

在数字经济时代消费者参与度的显著提升已经成为商业运营的核心特征之一，这种参与度的提高不仅影响了消费者的购买行为与体验，还彻底改变了企业与消费者之间的关系，为企业提供了优化产品和服务、增强市场竞争力的机会，数字技术的发展极大地增强了消费者获取信息与表达观点的能力，互联网作为主要的信息渠道，让消费者能够在作出购买决策之前轻松访问大量产品信息、用户评价和专家意见。

信息透明度的增加帮助消费者作出更加明智的选择，并迫使企业不断改进产品质量和服务以满足消费者的期望，社交媒体平台为消费者提供了表达观点的场所，消费者的每一次评价、分享和推荐都可能影响其他潜在客户的决策，形成强大的网络口碑效应。这种口碑传播效应使企业必须更加注重与消费者之间的互动，并在各个平台上持续提高声誉和品牌影响力。

消费者的直接参与正在改变传统的产品开发和服务创新流程，在数字经济中，企业越来越依赖消费者的反馈和建议指导新产品的开发和现有产品的改进，通过在线调查、虚拟社区、实时反馈机制企业可以迅速收集消费者的意见和建议，并及时调整商业策略和产品设计，这种以消费者为中心的创新模式不仅加快了产品研发的周期，还使产品更加贴近市场需求，提高了成功率。例如，一些电子产品制造商积极邀请用户参与测试新功能，通过用户反馈直接改进产品使其更符合实际需求。

个性化和定制化服务的兴起进一步提高了消费者的参与度，先进的数据分析技术与人工智能使得企业可以分析消费者的购买历史、搜索习惯和消费偏好，从而提供定制化的购物推荐与个性化的服务体验，这种服务不仅提高了消费者的满意度和忠诚度，还提高了他们的再购买率，消费者也被赋予了更多主动权，能够直接参与产品的定制和设计，使消费过程更加主动和富有创造性。例如，服装和家具等领域的企业允许用户在线设计并订购定制产品，为消费者提供独特的体验。

数字经济还促进了共享经济和平台经济的发展，这些新兴经济模式在很大程度上依赖于消费者的积极参与，在共享经济模式下消费者不仅是服务的接受者更是服务的提供者，通过共享自己的车辆、住宿或其他资源来参与经济活动，这种模式的成功依赖于大规模用户的参与及互信，强调社区和网络的重要性，平台经济则通过建立开放的交易平台，让众多消费者与小型供应商直接交易，降低了交易成本并提高了市场效率。例如，在线交易平台通过提供广泛的产品选择和透明的价格信息，将供应商与消费者紧密联系起来，让交易变得更加直接、快捷和高效。

然而消费者参与度的提升也带来了一些挑战，尤其是，保护消费者的隐私和数据安全成为企业必须关注的问题。在数据驱动的商业环境下企业需要确保合理使用消费者数据，防止数据泄露和滥用并建立消费者信任。例如，电子商务平台在收集和处理用户数据时必须遵循严格的隐私规定，以避免可能的滥用和违规行为，平台还应为用户提供明确的数据管理选项，让他们能够掌控自己的数据使用情况，增强透明度。消费者参与度的提升正在深刻影响数字经济的各个方面，为企业提供了前所未有的机会以便深入了解消费者需求、优化产品和服务，企业必须在创新和责任之间找到平衡，在这个过程中，充分利用和尊重消费者的参与成为推动企业持续成长和提升竞争力的关键，通过积极收集消费者反馈、优化产品设计并确保数据安全，企业能够在保持创新的同时构建与消费者的长久信任，最终实现可持续发展。

2.3.6　创新速度的加快

在数字经济时代，创新速度的加快已成为企业发展的核心动力，技术的快速进步、市场竞争的全球化以及开放创新的兴起，共同推动了这一变革，这种加速的创新不仅限于技术领域，更广泛地影响了商业模式、市场策略和消费者行为。技术的飞速发展是加速创新的主要驱动力之一，在信息技术、通信技术、人工智能、机器学习和大数据分析等领域的持续突破，为新产品和服务的开发提供了前所未有的可能性，例如，云计算的普及使企业无须大规模的前期投资即可获得必要的计算资源，极大地降低了新业务的启动成本、缩短了启动时间，使创新更为迅速和经济。此外，物联网的发展让设备和系统能够实时连接和交互，为自动化提供了实施基础，推动了从智能制造到智慧城市等多个领域的创新。市场竞争的激烈程度同样促进了创新速度的加快，在数字经济的背景下，市场竞争不再局限于本地或国家，而是扩展到全球范围，企业必须在更大的市场中寻找竞争优势，这迫使企业不断寻求创新以满足不断变化的消费者需求和应对国际竞争对手。创新不仅仅是增长的动力，更是企业生存的必要条件，因此企业投入大量资源进行研发，并采用敏捷的开发方法，以确保快速响应市场变化和消费者偏好的转变。

开放创新模式的兴起为创新速度的加快提供了新的平台，这一模式强调利用外部以及内部的想法和路径推进技术的发展和市场的应用，企业不再"单打独斗",而是通过与科研机构、大学、供应商、竞争对手乃至消费者的合作共同研发和推广新技术,这种跨界合作不仅扩展了知识和技术的来源,还加速了从概念到商业化的过程。例如,众包和众筹平台的出现使创新的资金和想法更容易得到公众的支持,降低了创新的门槛和风险,然而,创新速度的加快也带来了一系列挑战,企业需要确保快速创新的同时,保持创新质量,避免忽视深入研究和细致打磨的重要性。随着技术迭代的加速,企业面临更频繁的技术更新和升级压力,这可能导致资源分散和管理困难,此外,数据安全和隐私保护问题在快速创新的环境中变得更加突出,企业需要在追求创新的同时,确保合规性和消费者信任。创新速度的加快是数字经济时代的一大特征,它由技术进步、市场竞争和开放创新共同驱动,为企业提供了无限的发展机会,企业需要采取有效的策略管理这一趋势,确保可持续发展并在激烈的市场竞争中保持领先。

2.3.7 全球化和无地域限制的市场扩展

在数字经济时代,全球化与无地域限制的市场扩展为企业带来了革命性变化,这不仅彻底改变了企业的运营方式还重塑了整个市场的竞争格局,随着互联网和数字技术的迅猛发展,以往由于地理和时间限制而难以克服的障碍正逐步消失,无论规模大小,企业都能在全球舞台上寻找新的增长机会,迎接更广阔的市场与挑战。

全球化市场的扩展使企业能够轻松进入新的市场,传统的市场扩张往往需要投入大量的资金建立物理销售和分支机构,而数字经济提供了一种低成本的市场扩展方式,通过电子商务平台、社交媒体和其他在线渠道企业可以迅速接触全球消费者,无须在每个市场都建立实体店铺。例如,小型手工艺品制造商可以通过在线市场(如 Etsy 或亚马逊)将其产品直接销售给世界各地的消费者,这种方式极大降低了市场扩张的门槛,让更多中小企业能够在全球竞争中站稳脚跟。

数字技术的应用使企业更灵活地调整其市场策略以适应不同地区的需求。数据分析工具帮助企业实时监测不同市场的消费者行为和偏好,从而快速调整产品策略或营销活动。例如，企业可以通过分析来自不同地区的用户数据，发现某个区域对特定产品的需求增长并迅速增加营销投入和产品供应以抓住增长机会，在线数据的实时反馈使企业能够在制定全球策略时更具针对性和灵活性。数字经济还为企业提供了与全球消费者深入互动的平台，交流远超以往任何时候，社交媒体和在线社区让消费者能够直接与品牌互动，分享意见和建议，这种双向、实时的沟通方式加深了消费者的品牌忠诚度，让企业更好地理解市场需求，迅速回应消费者的变化。例如，电子产品制造商可以通过社交媒体了解不同国家的用户需求并根据反馈定制产品功能，从而提高市场适应性和用户满意度。

数字经济时代的全球化不仅限于商业活动，还包括文化交流与知识共享的加速，互联网让不同文化和背景的人们能够轻松分享信息与观点，极大丰富了产品创新的源泉，企业可以利用这种跨文化的视角，开发更具吸引力的全球性产品。例如，食品行业的企业可以根据全球消费者的口味偏好调整食品配方，或创造新的食品品类以满足不同地区的特殊需求。然而全球化市场的扩展也带来一系列挑战，先是管理跨境数据流动的法律与道德问题，企业需要遵守各国的数据隐私与安全法规，确保在数据传输过程中不侵犯用户权利，企业还需在全球范围内维护品牌一致性与质量标准，以应对不同市场的监管要求。

对于一些传统行业来说，全球化竞争可能带来压力，迫使它们必须加速创新和转型以维持竞争力。传统制造业需要引入数字化技术，提高生产效率，优化供应链，满足全球市场的定制需求，企业必须更好地协调各国的生产与供应链资源，确保能够快速响应市场需求并保持高效运作。在这个新的数字经济时代，全球化和无地域限制的市场扩展为企业带来了前所未有的发展机遇，这一趋势不仅改变了企业如何与消费者沟通、如何调整市场策略、如何创新产品，还重塑了企业的全球竞争策略，为了充分利用这些机遇，企业在保持敏捷和创新的同时也要注意解决全球化带来的各种挑战。数据安全与隐私保护、供应链管理、产品适应性与本地化、品牌一致性与法律法规遵循等问题都需要企业制定全面的战略计划加以应对。只有在敏捷与创新的策略下平衡应对各种挑战，企业才能在这个快速变化的全球市场中保持持续增长与竞争力。

2.3.8 环境可持续性的关注

数字技术的快速发展与应用为我们的生活带来了前所未有的便利，但与此同时也对环境提出了新的挑战，各行业及政策制定者正在通力合作，探索将数字化发展与环境可持续性相结合的策略，力图实现经济增长与环保目标的双赢，通过一系列创新措施企业和政府正逐步提高对环保技术的投资，减少生产和运营中的能耗与废物排放。

许多制造企业正积极采用高效生产技术，减少原材料浪费并使用环保材料替代传统高污染材料，这种做法不仅减轻了环境压力还提高了资源使用效率，降低了生产成本。例如，一些公司正转向循环经济模式，通过废弃材料的再利用或可降解材料的研发将生产中产生的废物降至最低，实现闭环生产。

数字技术在能源管理中的应用展示了巨大潜力，智能电网的发展为可再生能源的整合提供了更加灵活的解决方案，通过智能电网，电力的分配和使用可以基于实时数据优化从而有效减少浪费，提高能源利用率，分布式能源系统与智能家居系统结合，为家庭提供了更多节能方案。例如，自动调整家庭电器运行、实时监测电耗状况并提供改进建议等，都可以减少能源消耗，同时提高居住舒适度。

在交通领域电动汽车和智能交通系统的普及对环境可持续性起到关键作用，电动汽车降低了对化石燃料的依赖，减少了运输过程中产生的碳排放；智能交通系统可以优化车辆行驶路线，减少交通拥堵，提高交通流动性，进一步降低整体能耗和排放。随着电池技术进步和生产成本的下降，电动汽车的普及率有望进一步提升，而共享出行平台的出现，也进一步推动了交通系统的智能化与环保化。在建筑行业，绿色建筑理念日益受到重视，绿色建筑使用环保材料和节能设计，减少建筑能耗并降低对环境的影响，通过集成智能控制系统建筑物的能源管理更为高效，能够自动调节室内温度、光照和通风，实现节能与舒适度的平衡。这些措施有助于创造更加健康、环保的生活与工作空间。

对于企业而言，实施环保政策不仅仅是满足环境法规的要求，更是塑造现代企业社会责任形象的重要途径，公开环保举措与成效可以增强公众与投资者的信任，使企业在竞争激烈的市场中赢得优势。例如，许多企业发布可持续发展报告，不仅向外界展示其环保承诺与成果，还积极鼓励行业内其他企业采取类似行动，共同推动可持续发展目标，随着全球对气候变化问题的关注不断提高，将环境可持续性纳入企业战略规划中已成为必然趋势，未来随着环保技术的不断发展和成本的降低，预计更多创新解决方案将被开发出来，帮助各行各业实现更高的环境可持续性目标，最终通过这些技术和策略的实施不仅可以减少对环境的负面影响，还能推动经济的可持续发展。

数字经济与环保的结合，为全球环境问题提供了一条切实可行的路径，展现出科技进步与环境保护可以并行不悖的前景，通过建立清晰的监管框架、提高公众意识、加强国际合作并推动技术创新，社会各界可以共同为实现这一目标作出努力，企业、政府与公众之间的协同合作，将确保环保技术的发展与应用产生最佳效果，在保护地球生态的同时实现经济的繁荣与进步。

2.3.9 安全与隐私保护的重要性

在数字化时代，数据的安全和隐私保护变得极为重要，尤其是当信息技术与日常生活和商业活动日益融合时，为了应对这一挑战，企业必须实施一系列复杂的安全措施和隐私保护策略，以确保所有敏感数据免受侵害。随着网络技术的飞速发展，数据安全和隐私保护的问题日益突出，信息泄露和数据滥用事件频发，对个人的隐私权和企业的商业机密构成了严重威胁，因此，采用强有力的技术手段来保护数据安全变得尤为重要，加密技术是保护数据传输安全的首选方法，能有效防止数据在传输过程中被窃取或篡改。加密技术应用广泛，包括银行交易、电子邮件通信及云数据存储等多个领域，此外，数据匿名化处理也是保护个人隐私的有效手段，通过这种技术，可以在不泄露个人身份的情况下，对数据进行处理和分析，这对于需要处理大量个人数据的企业来说尤为重要。例如，健康保险公司、营销研究机构及社会科学研究等，透明的数据处理政策是建立用户信任的关键，企业应当向用户明确说明其数据如何被收集、使用及存储，同时提供充分的用户控制权，让用户可以自主决定自己的数据如何被处理，这包括让用户有能力访问、修正甚至删除自己的个人数据，透明的政策不仅符合道德标准，也符合许多国家和地区对数据保护的法律要求。

对抗网络安全威胁是一个持续的过程，需要企业不断地更新其安全策略和技术，随着网络攻击手段的不断升级，安全专家必须设计更加复杂的防御机制保护敏感数据不被非法访问，这包括定期进行系统的安全审计。使用最新的防病毒软件，以及培训员工识别和防范潜在的网络威胁，在全球化的商业环境中，跨境数据流动变得日益频繁，这也对数据的安全和隐私保护提出了更高的要求，国际上的法律和规定在数据保护方面存在差异，企业在处理跨境数据时必须遵守相关国家的法律法规。这不仅是法律的要求，也是对外展示企业责任感的重要方式。随着科技的进步，新的数据保护技术不断被开发出来。例如，区块链技术因其高度的透明性和不可篡改性，被视为提高数据安全性的有力工具，此技术可用于多种应用，包括供应链管理、金融服务和身份验证等，提供了一种全新的数据保护方式。

面对越来越复杂的数据保护需求，企业也在探索使用人工智能增强数据安全和隐私保护，人工智能可以帮助企业自动监测网络活动、识别异常行为、预测潜在的安全威胁，从而提前采取防范措施。此外，人工智能也能协助进行大数据的安全分析，帮助企业更好地理解数据流动和用户行为模式，从而制定更有效的安全策略，然而技术手段并不能完全替代人的判断和管理，因此，企业需要建立一套全面的政策和程序管理数据的安全和隐私。这包括对员工进行定期的数据保护培训，确立数据安全责任人，以及制订紧急情况下的响应计划，这些措施能帮助企业在面临数据泄露或其他安全事件时，快速有效地采取应对措施，最大限度地减少损失。信息安全和隐私保护是数字经济中一个不断发展的领域，随着技术的不断进步和全球数据流动的增加，企业面临的挑战也在不断增加，通过采用先进的技术手段，实施透明的政策，并遵守国际法律规定，企业可以更好地保护自己和用户的数据安全与隐私，这不仅是对用户的承诺，也是企业在全球市场中竞争的关键。

2.3.10　平台经济的兴起

平台经济在全球范围内迅速崛起，已成为推动经济发展和社会变革的重要力量，在线平台的核心特征在于其能够将多种资源和用户相互连接创建一个多方互动的环境，从而显著提升商品和服务的流通效率。通过技术创新尤其是大数据和算法的应用，这些平台极大地优化了用户体验，大数据让平台运营商得以深入了解用户行为、预测市场趋势并由此优化服务供应，通过精准的用户画像与行为分析，平台可以实现个性化推荐，提供更符合用户需求的内容和服务，这种精细化服务在电子商务和社交媒体平台上表现得尤为明显。

在电子商务领域，平台如亚马逊和阿里巴巴通过综合分析用户的购买历史、浏览记录与评价反馈，提供了高度针对性的商品推荐，这样不仅增加了用户的购买转化率还大大改善了购物体验，而社交媒体平台如百度贴吧和微博则利用用户的互动数据优化信息流，展示用户可能感兴趣的内容，提升平台黏性。

平台经济还为中小企业提供了展示自身产品和服务的机会，通过降低市场准入门槛使企业能够以更低的成本接触广泛的潜在客户，在全球新冠疫情期间这种效应表现得尤为突出，许多传统业务通过向线上转型，利用电商平台维持并增加了销量，确保企业的生存和发展，与此平台经济催生了新型劳动关系，许多平台经纪公司（如 Uber 和 Airbnb）提供灵活的工作机会，用户可以根据自己的时间和资源选择工作，虽然这种灵活性带来了工作自由，但也引发了关于劳动权益保障的讨论，特别是在健康保险、退休人员养老金与工作安全等方面。

然而平台经济的快速扩张也带来了新的挑战和问题，数据隐私与安全是其中突出的关注点之一，由于平台经济高度依赖用户数据，如何保护这些数据免受滥用成为亟待解决的问题。平台的市场主导地位可能导致反竞争行为，例如，通过算法调整搜索结果排挤小型竞争者，或利用数据优势进行市场操控。为应对这些问题，各国政府和国际组织正在完善相关法律法规，欧盟的《通用数据保护条例》（GDPR）为用户数据提供了强有力的保护，要求企业在处理个人数据时遵守透明度和明确目的原则，在市场竞争方面各国反垄断机构也在加强监管，确保市场的公平竞争。

随着技术的进步，人工智能和机器学习在平台经济中的作用越发重要，它们能够进一步优化用户体验，提高服务效率并为平台经济的可持续发展提供新的动力。例如，机器学习算法让平台可以更精准地预测市场需求、优化库存管理、减少资源浪费，这些技术也能实现更为精准的个性化服务，如为用户提供定制化的购物推荐或根据浏览习惯调整展示内容。然而在利用这些技术提升效率和服务的同时必须注意到人工智能算法也可能存在偏见或不透明的问题，算法往往依赖于训练数据，而这些数据可能带有不平衡或偏见，使决策不够公平，因此平台经纪公司必须确保算法透明并接受监管，以避免在决策过程中产生不公或歧视行为。

平台经济作为数字时代的产物，不仅重塑了商业模式也改变了人们的工作和生活方式，它带来了便利和机会的也伴随着挑战与问题，未来各方需要共同努力，在促进经济增长的有效管理这些挑战，政府、企业和社会组织必须合作制定合理政策、加强数据隐私与安全、保持市场公平与竞争、确保算法透明度和非歧视性，从而建立更健康与可持续的数字经济生态系统，只有在各方的协同努力下，平台经济才能真正为全球经济与社会进步作出贡献。

2.3.11 交互式用户体验的增强

在数字经济时代，增强交互式用户体验已成为企业吸引并保持用户兴趣和忠诚度的关键策略，各类平台正通过采用更智能的用户界面和个性化服务（如语音助手和定制推荐系统）与用户建立更紧密的联系，这种进步不仅提高了用户的满意度还显著增强了用户参与度，使用户与平台之间的关系更具黏性。

智能用户界面依托最新技术，为用户提供更流畅直观的互动方式。例如，语音助手让用户可以通过语音指令与设备或应用程序进行交互，大幅提升了交互的便捷性和效率，用户通过简单的口令就能搜索信息、进行购物或管理智能家居设备，极大提升了日常生活的便利性，语音助手还可以在驾车时提供导航指引，或在厨房里快速查找食谱，提升各个领域的用户体验。个性化服务是另一种通过数据分析满足用户个性化需求的方式，它通过对用户历史行为数据的分析，定制推荐相关内容和产品，确保用户接收与其偏好和兴趣相关的消息，在视频流媒体和电子商务平台上这种个性化推荐服务尤为明显，用户可以发现符合自己喜好的电影和电视节目，或找到自己感兴趣的商品从而增加购买的可能性，这些精准的推荐使用户能够更有效地找到他们需要的内容和服务，缩短浏览的时间，提升购物和娱乐的体验。

增强现实（AR）和虚拟现实（VR）技术的引入为用户提供了沉浸式体验的新可能性，这些技术通过创造虚拟环境或在现实世界中叠加数字信息，带来了全新的互动方式，在电子商务中增强现实技术让用户能够在自己家中试穿服装，查看家具摆放效果，或模拟房间的装饰布置，这极大丰富了在线购物体验。游戏和娱乐领域的虚拟现实技术则通过创造全方位沉浸式环境，让玩家仿佛置身游戏世界，VR 冒险游戏和模拟体验游戏提供了传统平台难以企及的深度和互动性，虚拟旅游在全球新冠疫情限制出行的背景下逐渐兴起，用户可以借助 VR 技术在家中就浏览世界各地的名胜古迹，无须长途跋涉即可踏足远方，这种新型旅游方式改变了人们的旅游习惯，特别是为那些行动受限或预算有限的人们提供了与世界各地互动的机会。

尽管这些交互技术为用户带来了便利和新奇体验，但也带来了新的挑战，尤其是在确保普及性和用户数据安全方面，高昂的技术成本是限制其广泛应用的主要障碍之一，平台和企业需要持续创新，降低硬件和软件开发成本以便更广泛地推广这些技术。随着用户数据量的激增，保护用户隐私和数据安全变得更加重要，开发者和平台必须采取严密的安全措施，确保数据的安全传输与存储，遵守数据保护法规并为用户提供清晰的隐私政策和自主选择权。

未来随着技术的进一步成熟与成本的降低，这些交互技术将被更广泛应用于各行各业，为数字经济的发展注入新的活力，企业在设计用户界面和服务时将更注重整体性和连贯性，通过不断创新和优化交互式用户体验数字经济平台不仅能提高用户满意度与忠诚度，还能在激烈的市场竞争中脱颖而出，科技的进步结合用户需求的洞察，使企业可以及时调整策略并优化服务，打造更具个性化、互动性的体验。在未来，这些互动技术的进步与应用将继续成为推动数字经济发展的关键因素，企业通过灵活运用智能界面、个性化服务和沉浸式技术，将能够不断满足用户需求，构建新型商业模式，实现长久的市场优势与可持续增长。

第 3 章

数字经济的发展概况

3.1 中国数字经济发展概况

3.1.1 基础设施建设与技术普及

中国在数字经济领域的快速发展离不开基础设施建设和技术普及的推动，近年来中国政府高度重视数字经济的发展，投入大量资源用于数字基础设施建设，包括宽带网络和数据中心，旨在打造覆盖全国的高速通信网络。这些基础设施的建设不仅提高了城市地区的网络连接速度，也使农村和偏远地区的数字化进程得以加速，为缩小城乡数字鸿沟作出了重要贡献，同时为信息技术普及奠定了坚实的物质基础，推动了数字经济的蓬勃发展。

中国政府在宽带网络建设方面取得了显著成就，构建了世界领先的互联网基础设施，全国各地的高速宽带网络使无论是大城市还是偏远乡村的人们都能享受稳定、高速的互联网。这种高速网络为数字经济发展提供了必要的技术支持，促进在线交易、数字化服务和信息传播的普及和发展。与此同时，技术普及工作取得显著进展，智能手机的普及率持续上升，成为人们获取信息和进行在线交易的主要工具之一，政府通过多种途径推广数字技术的应用。例如，在农村地区推进数字农业、在城市推动智慧城市建设等，让更多人能够享受数字化带来的便利与机遇，这些举措推动了数字技术的广泛应用，为数字经济的壮大发展提供了有力支撑。

在政策方面中国政府出台了一系列措施以促进数字经济发展，这些政策鼓励创新、推动数字化转型并加强数据保护，为数字经济的健康发展提供了坚实的政策保障，中国的数字经济生态系统不断完善，涌现出一批领先的互联网公司和创新型科技企业，为数字经济的可持续发展注入了强劲动力。然而中国的数字经济发展虽然取得了显著进展，但仍然面临一些挑战，数字经济发展存在不平衡的问题，城乡之间的数字鸿沟仍然明显，农村和偏远地区的数字化进程落后于城市，因此需要继续加大基础设施建设和技术普及的力度，确保全国各地的数字化进程能够同步发展，使所有人都能从数字经济中受益。

数字经济时代不断涌现的新兴技术和商业模式对监管提出新的要求，为了保障数字经济的健康发展，政府需要加强监管和规范，确保新技术的应用不会危及消费者和市场的利益。数据保护、隐私安全、平台公平竞争等问题都需要纳入监管框架中，确保数字经济在创新的同时保持平稳与可持续发展，全球数字经济格局正发生深刻变化，中国面临新的机遇和挑战，中国必须不断提升技术自主创新能力，强化自身在关键技术领域的竞争力。在国际合作方面，中国应积极参与全球数字经济治理，加强与各国的技术交流与合作，共同制定和推动数字经济相关标准和规范，为构建开放、包容的全球数字经济环境贡献力量。

展望未来，随着政府政策的支持与产业生态的不断完善，中国的数字经济将迎来更加广阔的发展前景，为经济社会的持续繁荣注入新的活力，基础设施的升级与技术的普及，将使更多人能够享受数字化带来的红利，企业和政府的共同努力，将继续推动创新与监管平衡发展，为数字经济提供健康稳定的生态环境。中国在数字经济领域的发展为全球树立了一个重要的标杆，未来在积极应对挑战的中国有望进一步巩固其在数字经济领域的领先地位，为全球数字经济的发展提供更多经验与借鉴。

3.1.2　关键产业的数字化进程

中国的数字经济蓬勃发展正深刻改变着关键产业的运营和管理方式，特别是在金融、制造和零售等领域，这些先进的数字技术使相关行业不仅极大地提升了生产效率与服务质量，还增强了其应对市场变化的适应性与竞争力。

金融业作为数字化转型的先驱，正经历一场由数字技术引领的深刻变革，互联网金融和移动支付的普及改变了人们的支付方式和获取金融服务的模式，随着技术进一步发展，区块链和人工智能等创新金融科技被引入日常金融操作中，这些技术不仅提高了金融服务的效率，还增强了系统的安全性与透明度。例如，区块链在提升交易透明度与安全性方面展现了独特优势，而人工智能在金融监测、风险管理和客户服务中的应用极大提高了服务的个性化与智能化水平，借助人工智能技术，金融机构能够更准确地识别潜在风险并为客户提供更加定制化的服务建议，改善了整体服务体验。

制造业作为国家经济的重要支柱，其数字化转型同样迅速且深入，工业互联网的推广使制造过程更加智能化和网络化，通过大数据和人工智能技术，制造业得以实现生产流程中的精准控制与优化。智能制造不仅提高了生产效率，而且通过精细化管理降低了生产成本并提升了产品质量，制造业的数字化转型还带动了供应链管理的革新。借助实时数据分析，企业可以更精确地预测市场需求，优化库存管理，减少库存积压和资金占用从而提高整体运营效率。在零售领域，数字经济浪潮为传统零售商带来了新的挑战和机遇，电子商务的迅速发展让传统零售商不得不转型升级，以满足消费者日益增长的在线购物需求。无人零售、智能推荐系统等新兴技术不仅提升了消费者的购物体验，也为零售企业提供了大量的消费者数据，经过分析，这些数据能帮助企业更好地了解消费者需求，优化商品组合和营销策略。与此同时，数字技术使零售商能够采用多渠道策略进行销售，消费者可以在线浏览商品信息、在线下体验和购买，实现线上和线下的无缝衔接，通过这种整合模式，零售企业不仅拓展了销售渠道还能够建立更紧密的客户关系。

随着数字技术的持续进步与创新，中国的关键产业将继续深化数字化转型，这一过程不仅将推动相关行业的持续健康发展，还将为国家经济的转型升级提供强大动力，企业必须适应新的技术变革，而政府则需要制定相应政策来引导并支持产业的数字化转型，确保中国在全球数字经济中保持领先地位。在政策层面，政府应为产业数字化制定明确的法规和规范，加强数据隐私和安全的保障，推动数据的合理共享与利用，政府还需投资数字基础设施，确保偏远地区和农村能够享受同等的数字化优势，缩小城乡之间的数字鸿沟。

面对快速变化的市场环境，企业需要培养一支能够适应数字化工作要求的队伍，强化员工的数字技能和创新能力，以更好地把握数字经济时代的发展机遇，公司应为员工提供定期的技术培训，确保他们能够掌握数据分析、人工智能应用和数字营销等关键技能，通过持续培养员工的数字技能与创新思维，企业将具备更强的适应能力和竞争力。中国在金融、制造和零售等关键产业的数字化转型已经取得显著成效，未来随着数字技术在这些领域的广泛应用，中国将继续推动这些行业实现新的飞跃。各企业与政府部门需携手合作以确保产业数字化转型稳步前行，充分利用数字经济所带来的机遇，为中国经济的持续繁荣注入新的动力。

3.1.3　创新与研发活动的推动

在数字经济的全球化浪潮中，中国作为崛起的科技大国正不断加强创新与研发活动，确立其在国际舞台上的竞争地位，国家层面对科技创新的持续投资和政策支持是发展的核心，这不仅促进了科技产业的快速发展，也推动了经济结构的优化升级。

中国政府意识到创新是推动经济高质量发展的关键驱动力，制定了一系列旨在支持科技创新的政策，这些政策包括但不限于提供财政补贴、税收优惠、研发资金支持，以及为创新人才创造有利环境的举措。例如，政府通过专项资金和财政政策为企业提供研发补助，鼓励企业和研究机构积极参与创新，这种举措激发了企业和研究机构的活力，使中国在一些关键技术领域（如人工智能、量子计算和生物技术）取得显著进展，中国政府还加大对科技基础设施的投资，包括建设科技园区、升级研发实验室和设立创新孵化中心等，这些基础设施为科研人员提供先进的工作条件并为创新项目的实施提供物理空间，也为企业之间的协同创新搭建了平台。在科技园区和孵化中心的支持下，小型创新型企业可以与大学、研究机构和其他企业紧密合作，共享资源，加速新技术的研发和产业化进程。

在国际合作方面，中国与多个国家和地区建立了科技领域的合作关系，通过科技合作项目、国际科研平台和人才交流计划，中国引进了国际先进的技术和管理经验，这种国际合作不仅加速了技术的引进和吸收，还帮助中国科研人员扩展视野，提高研发能力。例如，中国参与了国际大型科学研究合作项目并积极举办或参与国际科技会议，借鉴了全球科研社区的先进经验。在企业层面，中国的科技公司如华为、阿里巴巴和腾讯等高度重视研发投入，这些公司的研发支出在全球范围内位居前列，这些企业在国内外市场取得了商业成功，并通过自主创新推出多项引领全球的新技术和产品。例如，华为的 5G 技术和阿里巴巴的云计算服务，都是在强大的内部研发支持下成功开发并推向市场的。

然而创新与研发活动的推进面临诸多挑战，例如，如何保持持续的研发投入、如何将研发成果转化为实际生产力，以及如何在保护知识产权的同时促进技术共享和传播，都是需要解决的问题。政府、企业和科研机构之间更深入的合作以及更完善的创新生态系统的建立，将有助于克服这些障碍，为了应对这些挑战，中国政府正通过一系列措施加强对科技创新的扶持。例如，通过构建区域性创新集群，将科研资源、人才和企业相结合，形成产业链上下游的紧密联系，推动技术从实验室走向市场，在知识产权保护方面中国政府也采取了更加严格的措施以确保创新者的权益，并加快专利审批流程，鼓励科研人员积极申请专利。

在企业方面，科技公司应继续加大研发投入，培养跨学科的科技人才并与全球领先的研究机构和高校合作，确保自身在关键技术领域的领先地位，企业需要优化内部创新流程，确保创新项目从构思到产品化的每一步都顺畅进行，减少不必要的障碍与浪费，中国的创新与研发活动正处于快速发展阶段，这不仅推动了中国数字经济的发展，也为全球科技进步和经济增长作出重要贡献。随着未来科技的进一步发展，中国在全球科技创新舞台上的角色将越发重要，政府、企业和科研机构之间应持续加强合作，以确保中国在日新月异的科技领域保持领先地位，并为全球经济的繁荣提供源源不断的创新动力。

3.1.4 政策支持与法规环境

在当今数字化迅速发展的背景下，中国政府全方位支持数字经济的举措体现在多个层面，包括经济激励、创新支持和法律法规完善等，这些政策不仅鼓励技术创新还积极推动数字经济的健康和可持续发展，以应对新技术所带来的挑战和机遇。

税收优惠政策为数字经济企业提供了强有力的财政支持。政府通过降低高新技术企业和创新型中小企业的税负，有效激励这些企业增加研发投入和技术创新。例如，研发费用的额外税前扣除以及对创新企业的所得税优惠，极大减轻了企业的运营压力，提升了它们的市场竞争力，这样的经济激励措施不仅帮助企业节省了资金，还为企业扩展和技术升级提供了资本保障，使其能够更从容地开展创新活动。政府在创新资金和资源的支持上做了大量工作，通过国家级和地方级的科技创新基金，政府为创业公司和科技项目提供了资金注入，降低了创新活动的初期成本和经济风险，各类科技园区和创业孵化器为初创企业提供了必要的设施和一系列咨询服务，帮助其快速成长。这些科技园区和孵化器通常拥有良好的产业集聚效应，促进了企业间的信息交流与技术合作，加速新技术的孵化与产业化进程。

在法律框架方面，中国政府不断更新和完善相关法规以适应数字经济的快速发展。例如，为应对数据泄露和网络安全威胁，中国出台了《中华人民共和国网络安全法》和《中华人民共和国个人信息保护法》等关键立法，为个人数据提供了强有力的法律保护并为企业处理数据提供了明确的法规指导，通过建立清晰的规章制度，确保了数据处理的透明度和合法性。与此同时，政府加大了知识产权保护力度，改进知识产权注册和申诉流程，严厉打击侵权行为，保障创新者的合法权益。知识产权保护的加强，不仅激励了更多技术创新和创意产出，还确保了中国企业在国际市场上保持竞争力。在国际合作方面，中国政府积极推动国际科技合作，通过与其他国家和地区签订科技合作协议引进国外先进技术和管理经验，同时将中国的数字技术推向全球市场。这种开放的国际合作态度不仅提升了中国在全球数字经济中的竞争力，还为国内企业提供了更广阔的市场与合作机会，通过参与国际科研项目和技术论坛，中国逐渐在全球科技界获得更高的地位和影响力。

中国政府在推动数字经济发展方面采取了综合性策略，通过财政支持、法律保障和国际合作等多维度的全面举措，为数字经济的发展创造了有利的条件，这些政策和措施的实施不仅加速了国内数字经济的增长，还为中国在全球经济中的转型升级提供了坚实基础。随着政策的持续优化与执行，中国的数字经济将继续保持快速发展的态势，引领更多技术创新和产业变革，确保其在全球市场上的领先地位。未来中国政府需要继续推动技术创新，确保数字经济能够满足国际监管和数据安全的要求，只有通过不断完善政策体系、建立透明的法律环境并加强国际合作，才能在数字经济领域实现更大突破，为全球科技创新与经济增长作出更多贡献。

3.1.5　社会影响与经济贡献

数字经济的迅猛发展已经深刻改变了中国社会的方方面面，包括经济结构、就业模式、教育方式和社会治理，它不仅推动了中国经济的高质量增长，还显著提升了人民生活的便利性和质量，对全球经济格局的变化也产生了重要影响，数字经济的兴起极大促进了中国经济结构的转型，使传统的制造业和重工业逐步向技术和服务为核心的现代经济结构转变。

互联网、大数据、云计算和人工智能等数字技术的广泛应用，使从农业到制造业再到服务业的各个领域都在经历数字化转型，这种转型不仅提高了产业的整体效率和竞争力，还催生了新兴产业的发展。例如，电子商务、智能制造和金融科技等新兴产业已经成为推动中国经济增长的新动力。电子商务将传统线下商业活动数字化，拓展了市场规模和范围，使中小企业能够通过在线平台直接接触全球消费者；智能制造通过工业互联网、自动化和人工智能优化了生产流程，提升生产效率的同时降低了生产成本；金融科技创新使支付和理财更加便捷，提高了金融服务的普及度。

在就业市场方面，数字经济的发展创造了大量新的职业和就业机会，随着数字化转型的深入，社会对具备数字技能的人才需求急剧增加，软件开发者、数据分析师、数字营销专家等新职业层出不穷。这些新职业不仅为传统行业注入新活力，也为年轻人提供了更多样化的职业选择和发展平台，远程工作和灵活工作模式因数字技术的普及而变得更加普遍，为企业和员工带来更大的灵活性与适应性，这在一定程度上改善了就业环境，提高了劳动力市场的灵活性。

教育领域也受到了数字经济发展的显著影响，在线教育平台的兴起极大拓宽了优质教育资源的获取渠道，打破了地域限制，让更多人能够享受便捷、高质量的学习体验，这种新型教育方式为学习者提供了更大的灵活性并推动了教育内容与方法的创新，促进了个性化学习和终身学习的理念。例如，学生和职场人士可以通过在线课程提升技能或获取新知识，为职业发展和个人成长提供更广阔的空间。

在社会治理方面，数字经济的发展带来了智能化管理的可能，政府部门利用大数据分析、云计算等技术优化公共资源配置，提高公共服务效率。例如，智慧城市项目集成交通、医疗、教育等多方面数据，实现城市管理智能化，提高市民生活质量，智能交通系统能够实时监测道路状况，调整交通信号灯，减少拥堵并提高通行效率，数字技术还为政府提供更有效的手段来应对突发公共事件，提高了应急管理能力和效率。例如，在新冠疫情期间，通过数字健康码、数据追踪与实时监测技术，政府能够更快、更有效地控制病毒传播。

数字经济的快速发展为中国社会和经济带来了深远影响，它不仅改变了产业结构、创造了新的就业机会，还推动了教育和社会治理方式的革新，随着这些变化的深入，数字经济将继续作为推动中国社会进步和经济发展的重要力量，为实现更广泛的社会福祉和全面的可持续发展作出贡献。政府、企业和社会组织应通力合作，通过完善政策、提高技术和加强国际合作使数字经济在各个领域持续发光发热，为全球数字化转型和繁荣发展提供中国智慧与经验。

3.1.6　消费者行为的数字化转变

数字经济的蓬勃发展推动了消费者行为向数字化转变，这种变化不仅是一种趋势更成为现代消费文化的重要特征之一。过去几十年中，随着互联网的普及和移动技术的迅速发展，人们的生活方式与消费习惯发生了根本性变化，消费者从传统的线下购物向在线购物转移，从现金支付到数字支付，从口口相传到社交媒体分享，数字化改变了消费行为模式和习惯。

电子商务的崛起显著改变了消费者购物的方式，互联网普及使消费者可以轻松地从家中或办公室直接访问全球商家和商品，无论是日常生活用品还是高端奢侈品，都可以通过电子商务平台购买，相比实体店，线上购物更方便快捷，消费者可以随时随地购物，而不受时间和空间限制。电子商务平台提供了丰富的商品信息与用户评价，让消费者能够准确比较商品，提高购物效率与满意度，平台的推荐系统也根据用户喜好和购买历史进行个性化推荐，进一步提升购物体验。

数字支付的普及也是消费者行为数字化转变的重要体现。移动支付、电子钱包等数字支付工具日益发展，使消费者能够通过手机或其他数字设备完成线上和线下支付，扫码支付、手机 App 支付等方式不仅避免了携带现金和银行卡的麻烦，还提高了支付的便利性和安全性，相比传统的现金和银行卡支付，数字支付更快捷、安全与便利，赢得了越来越多消费者的青睐，在电商购物中数字支付简化了购买流程，减少了用户的等待时间从而提高购物效率。社交媒体的兴起对消费者行为产生了深远影响，社交媒体平台成为消费者获取产品信息、分享购物体验和获取品牌资讯的重要渠道，通过社交媒体，消费者能够了解最新产品动态，参与品牌活动并与其他消费者互动，社交媒体较传统广告更具互动性和个性化，能够满足消费者多样化需求，消费者在社交媒体上获取真实、有趣的产品信息，进而影响购买决策与品牌忠诚度。

面对数字化转变，零售商与服务提供商应积极调整经营策略以满足消费者需求与期望，在线购物平台应不断优化功能与体验，提供个性化和便捷的购物体验。零售商加强了在社交媒体上的品牌推广与营销活动，建立与消费者的紧密联系，通过社交媒体品牌可以获取即时反馈并据此调整产品策略以更好满足用户期待。零售商和服务提供商加大对数字技术与互联网营销的投入，提升企业竞争力和市场地位，数字经济的快速发展催生了消费者行为的数字化转变，这种转变在购物习惯、支付方式和社交媒体参与等方面尤为明显，消费者的数字化行为不仅改变了零售业和服务行业的经营模式与策略，还对整个经济体系产生深远影响。数字化让企业在更大范围内触达目标消费者，提高市场营销效率，同时通过数据分析了解消费者的喜好与行为，打造定制化产品和服务。

在未来，随着数字经济持续发展与技术创新消费者行为的数字化转变将继续深化，人工智能、大数据与云计算等技术将进一步优化电子商务体验，提供更精准的个性化推荐，消费者对智能购物、无缝支付和社交互动的期待将推动企业不断改进服务方式，提高市场竞争力。然而数字化的兴起也带来了新挑战，包括数据安全、隐私保护和虚假信息等问题，政府与企业需要携手合作，制定相应的政策和措施以保障消费者权益，企业应确保其数字化策略能够为消费者提供真实、透明的购物环境。数字经济中的消费者行为正以前所未有的方式发生转变，作为零售、服务和营销行业的重要驱动力，数字化将继续推动产业升级与创新，为经济发展和社会进步带来新的机遇和挑战。

3.1.7　企业数字转型的实践与挑战

企业数字转型的实践和挑战是当今数字经济发展的焦点之一，随着数字技术的飞速发展和全球信息化的加速，越来越多的企业意识到数字化转型对提高竞争力、创造价值和实现可持续发展的重要性，在这种背景下企业纷纷加大对数字化转型的投入，通过引入先进的数字工具和技术优化业务流程、改进客户服务和提升决策支持能力，以适应数字化时代的挑战和机遇。

企业数字转型的实践涉及多个技术应用和业务创新领域，云计算技术作为数字化转型的基础设施之一，为企业提供灵活且可扩展的计算和存储资源，帮助企业实现信息化基础设施的弹性部署和资源共享，提高运营效率和成本效益。企业能够借助云计算弹性扩展计算能力，无须投入大量前期成本进行硬件采购与维护，使资源利用更加高效，大数据分析技术通过从海量数据中提取有价值的信息和洞见，帮助企业发现潜在的商业机会与挑战，从而优化产品与服务，改进营销策略，提升客户满意度和忠诚度。例如，数据分析可以识别消费者行为模式，预测市场需求，为企业制定更加精准的营销计划提供支持。

人工智能技术的应用为企业数字转型带来新的机遇与挑战，通过机器学习和深度学习等算法企业可以实现对数据的自动分析与处理，提高生产效率、优化资源配置和改进决策质量。例如，人工智能能够帮助制造业实现智能生产计划，减少停机时间，提高生产线效率；在零售业人工智能可以根据客户的历史购买记录进行个性化推荐，增加客户黏性与忠诚度。尽管企业数字转型的实践取得了显著进展，但仍面临诸多挑战和困难，技术选型的适配性是企业数字转型的关键之一，引入新的数字工具和技术时，企业需要全面考虑自身业务需求、技术成本、系统集成等因素，选择适合的技术方案，避免盲目跟风或浪费不必要的资源。

员工技能的匹配是企业数字转型过程中必须面对的挑战之一，随着数字技术的不断发展，企业需要拥有相应的技术人才支撑数字化转型的实施与运营，然而当前市场上对数字技术人才的需求远远大于供给，企业在招聘和培养技术人才方面面临困难，需要加大对员工培训和技能提升的投入。另外，对新系统的适应性也是企业数字转型过程中需要克服的挑战之一，引入新的数字工具和技术往往会导致内部业务流程的调整和变革，员工需要适应新的工作方式和流程，这可能带来阻力和困难，因此，企业需要加强对员工的培训和沟通，提高员工对数字化转型的理解和支持，确保数字化转型顺利实施和推进。

为了确保数字化转型的成功，企业需要制定合理的战略规划与实施方案，充分考虑自身业务特点和市场竞争环境，合理选择数字化工具与技术，分配资源，提高数字化转型的成功率和效果，企业需加强内部管理与外部合作，提升组织的变革与创新能力，不断推动数字化转型的深入与持续优化，实现企业的可持续发展和价值创造。最终，数字化转型不仅是一项技术变革而是企业战略的根本性调整，企业还必须保持灵活性，持续不断努力和探索，在技术发展和市场需求不断变化的环境中保持敏捷性与创新力，通过加大技术研发、完善内部组织架构、培养高素质人才以及深化外部合作，企业能够适应数字化时代的发展趋势，赢得市场竞争优势，实现长期发展目标。

3.1.8 数据安全与隐私保护措施

在数字化技术飞速发展的时代，数据安全和隐私保护已成为企业和机构必须重视的关键议题，随着信息技术的广泛应用，大量数据被生产、传输和存储，其中包含个人、商业和政府机构的敏感信息，数据泄露不仅会威胁用户的隐私，还可能导致企业和机构的商业秘密外泄，因此保护数据的安全性和用户的隐私已经成为企业和机构不可回避的挑战。

在应对这一挑战的过程中，许多企业和机构采取了一系列措施确保数据安全和用户隐私的保护，数据加密技术的应用已成为保护数据安全的基础手段，数据加密通过对数据进行编码，使未经授权的个人或机构无法识别或理解数据内容从而避免数据被窃取或篡改，现代加密算法可以在传输和存储过程中确保数据安全，降低数据泄露和攻击的风险，例如，对个人信息进行端到端的加密，确保数据在通信渠道中的完整性与机密性。

严格的数据访问权限管理也是确保数据安全的重要措施之一，企业通过设定不同级别的数据访问权限可以控制数据的访问范围和使用权限，确保只有被授权的人员才能访问和操作相关数据，权限管理不仅能防止非法访问和滥用还可增强数据的可控性与可信度。例如，敏感数据仅供特定部门或管理层访问，而公共信息则可以适当开放给员工或公众，综合的数据监控和审计系统是保护数据安全和隐私的重要工具，通过部署监控系统，企业可以实时监测和记录数据访问和使用情况，及时发现异常行为和潜在威胁。另外，利用数据分析和机器学习等技术，企业能够识别并预测数据安全风险，采取相应的防范措施，此类监控系统不仅可以帮助企业及时发现并应对安全事件，还能够提高员工的数据安全意识和行为规范。

除了上述措施，企业和机构还可以采取其他方法加强数据安全和隐私保护。例如，加强网络安全防护，确保防火墙、入侵检测系统和反病毒软件的有效性，构建完善的安全策略和流程；定期进行安全漏洞扫描和风险评估，及时修复系统缺陷；强化员工的数据安全意识培训和教育，确保他们在处理数据时能够遵循安全规范，综合应用这些措施，可以降低数据泄露和滥用的风险，为用户信息的安全和隐私提供保障。然而尽管企业和机构采取了多种措施保护数据安全和用户隐私，但数据泄露和侵犯隐私的事件仍然时有发生，其主要原因是数据安全和隐私保护是一个复杂的系统工程，涉及技术、管理和法律等多个方面。因此，企业和机构需要不断加强对数据安全和隐私保护的投入，完善安全措施与管理机制，及时应对新的安全威胁和挑战，以确保数据安全和用户隐私得到有效保护。

为了应对这一挑战，企业和机构应建立健全的内部安全政策与流程，任命专门的数据安全负责人，确保数据的安全性与合法性，积极遵守数据安全与隐私保护的法律法规，建立应急预案，在发生数据泄露或其他安全事件时迅速采取补救措施，加强与监管机构、合作伙伴的合作，推动建立全球一致的数据安全标准，确保跨境数据传输的安全与合法性。保护数据安全和用户隐私是企业和机构不可推卸的责任，通过加强数据加密技术的应用、设置严格的数据访问权限、实施综合的数据监控系统等措施，可以有效防范潜在威胁，确保数字经济与社会的可持续发展。只有在全社会共同努力下，构建安全可靠的数字环境，让用户能够放心地享受数字化带来的便利与好处，数字经济才能真正实现健康与可持续发展。

3.1.9　国际合作与全球市场扩展

在数字经济时代随着本地市场逐渐饱和，企业正积极通过国际合作拓展业务至全球市场，这一趋势的崛起源于全球化的加速与数字技术的普及，使企业能更方便地与国外合作伙伴展开合作，实现全球布局与市场的快速渗透，国际合作不仅为企业提供进入新市场的重要渠道还拓宽了企业的视野，使其能在全球市场中获得更广阔的发展空间和丰富的资源，面临更多的机遇和挑战。

通过与当地企业或政府机构的合作企业能更好地了解目标市场的需求与环境，降低进入新市场的风险，提高市场适应能力，特别是在一些新兴市场或发展中国家，合作能让企业充分利用当地资源和优势，快速建立品牌与渠道，实现迅速扩张与增长，借助本地合作伙伴的洞察力和渠道优势，企业能够迅速融入当地市场，抓住机遇。

国际合作也带来了技术和管理经验的共享与学习机会，通过与国外合作伙伴的紧密合作，企业可以了解国际先进的管理理念、技术和市场趋势，从而借鉴并吸收新的方法，促进企业内部创新与变革，合作伙伴间的技术共享和人才交流提升了企业的技术水平与创新能力，推动企业在价值链中攀升，实现更高附加值的产品或服务，国际合作还为企业提供了参与国际研发项目和制定国际标准的机会，进一步增强企业在全球市场的竞争力与影响力，通过制定国际标准企业能够引领行业发展方向并为国际业务扩张奠定良好基础。

从运营角度来看，国际合作可以降低企业的成本与风险，与国外合作伙伴共同投资开发新产品或服务、共享资源和市场，有助于分担产品开发与市场推广的成本，提高投资回报率，通过与当地合作伙伴共同承担风险和责任，企业能够有效降低进入海外市场的门槛与难度，实现更稳定的运营。然而国际合作也面临诸多挑战和障碍，文化差异是国际合作中常见的问题之一，不同国家与地区的文化习惯、价值观和工作方式可能导致沟通障碍、误解与冲突，企业需在合作中加强跨文化沟通与理解，建立相互尊重与合作共赢的关系，才能有效应对文化差异带来的挑战。

　　法律差异是国际合作中需重视的另一问题，各国的法律法规存在差异，可能影响合作项目的合法性与可行性，企业需要在合作前进行全面的法律调研与风险评估，确保合作项目符合当地法律法规的要求以避免法律纠纷和风险。法律问题涵盖商业、税务、知识产权保护和环境规定等，任何违规都会产生严重后果，语言障碍也可能阻碍国际合作，不同国家和地区的语言不通可能影响合作伙伴间的交流与理解。企业可通过招聘翻译人员、培训多语言人才或利用现代科技手段来克服语言障碍，促进双方有效沟通与合作。

　　尽管如此，国际合作仍是企业拓展全球市场、实现可持续发展的关键途径之一，通过与国外合作伙伴共同开发新技术、进入新市场企业能够获得新的增长机会，吸收国际先进的管理经验和技术，提升自身的创新能力与市场竞争力。为了充分利用国际合作的优势，企业需克服文化、法律和语言方面的挑战，在合作中注重相互尊重与共赢建立长久且富有成效的合作关系，国际合作是企业寻求全球市场扩张的重要策略，通过积极与国际伙伴合作，企业可以共同推动全球经济的繁荣与发展，实现自身可持续增长的目标。未来随着数字技术进一步普及和全球合作环境日益优化，企业在全球市场的机遇将更加广阔，但也需继续努力克服各种困难。

3.1.10　数字技术对教育和培训的影响

　　在数字经济时代教育和培训领域正在经历一场由数字技术驱动的革命，在线教育平台的快速发展已经改变了传统教育模式的许多方面，使学习更加灵活和易于访问，同时也为职业发展提供了全新的途径。

　　在线教育的兴起使各级各类教育机构能够超越物理边界提供远程学习的机会，这不仅包括视频讲座和在线作业，还涵盖了互动式讨论和实时反馈，极大地增强了学习的互动性和参与感。教育内容的数字化也使学习资源可以得到更广泛的分享，学生无论身在何处，都能够接触到世界级的教育资源，新冠疫情期间，这种模式显示了其强大的生命力，当传统的面对面教学无法进行时，在线教育确保了教育活动的连续性使数百万学生能够继续他们的学业，在此过程中，教育技术的进步如视频会议软件的优化、在线考试和评估工具的开发，都在不断推动在线教育向前发展。

与此同时，数字技术对职业培训的影响也不容忽视，随着经济的数字化转型，对于具备数字技能的劳动力需求日益增长，从编程到数字营销，从数据分析到人工智能，各种在线课程和培训项目应运而生，帮助人们掌握新技术，提高职业竞争力。这些课程不仅提供了理论知识，更通过实际案例和项目使学习者能够将知识应用于实际工作中，从而更好地适应数字经济中的各种职业角色。然而数字教育的发展也带来了一系列挑战，数据安全和隐私保护是主要关注点之一，学习平台需要确保用户数据的安全，防止数据泄露和滥用。如何保证在线教育的质量和认证，确保其得到业界和学术界的广泛认可，是另一个需要解决的问题，教育机构和政府部门需要合作，建立严格的质量监控机制和认证标准以提升在线教育的公信力。

为了应对这些挑战，不仅需要企业技术创新也需要政府制定相应的政策和法规来规范和指导在线教育和技术培训的健康发展，还需要加强教师和培训者的数字技能培训，使他们能够更有效地使用数字工具进行教学。数字技术对教育和培训的影响是全面且深远的，通过不断创新和改进，未来的教育将更加个性化、灵活和高效，能够满足更多人的学习需要和职业发展目标，随着挑战的逐步被克服，数字教育和培训的潜力将得到进一步的发挥，为社会经济的发展作出更大贡献。

3.1.11　数字化对生态环境和可持续发展的影响

在数字经济的推动下数字化对生态环境和可持续发展的影响日益显著，通过引入智能技术和数字化解决方案，我们不仅能够提高资源的使用效率，还能够减少对环境的负担，并促进全球环境保护的合作和创新。

智能电网和智能建筑是数字化在环保领域应用的典型例子，通过使用智能电网电力供应和优化的消费过程可以减少能源浪费和降低碳排放。智能电网通过实时数据监控和预测能源需求，能有效调配可再生能源和传统能源的使用比例，提高能源系统的可靠性和经济性，智能建筑利用高级自动化系统和数据分析控制建筑内的能源使用。例如，自动调节照明和空调系统不仅可以提高居住和工作的舒适性，还可以大幅度降低能耗。在线监测系统在环境保护中的作用同样不可小觑，这些系统可以实时监控空气和水质，及时发现污染事件，快速响应并采取措施。例如，通过河流和湖泊的在线监测系统，可以实时掌握水质变化，及时检测到有害化学物质的泄漏从而快速采取应对措施，避免污染扩散。

中国在推广这些绿色数字技术方面已取得显著成就，并在全球环境保护中扮演了积极的角色。例如，中国在发展智能电网和可再生能源技术方面的投资已使国家能源结构优化，碳排放显著降低，这不仅符合国内的环境政策也为全球减碳努力作出了贡献。在制定和执行环境政策方面，数字技术的应用同样显示了其独特的优势，政府部门利用大数据分析能够更准确地监控环境状况和污染物排放，制定更为科学合理的环保政策，人工智能技术的引入（如通过机器学习优化废物分类和回收流程），不仅提高了废物处理的效率，也减少了对环境的二次污染。

然而数字化在环境保护方面的应用也面临诸多挑战，先是技术的普及和应用还不够广泛，特别是在一些发展中地区，由于缺乏足够的技术支持和资金投入，智能技术的推广进展缓慢，如何确保收集和使用环境数据的安全性和隐私性，是另一个需要解决的问题。数据的安全管理和隐私保护必须得到严格的监管以防数据泄露或被滥用，展望未来随着技术的不断进步和成本的降低，预计数字化在环境保护方面的应用将更加广泛和深入，政策制定者需要继续优化法规，加强跨国合作，推动环保技术的全球应用和技术转移，共同应对全球环境挑战。这一切都表明，数字化不仅是推动经济发展的重要动力，也是实现可持续发展和环境保护的关键工具。

3.2 全球数字经济发展概况

3.2.1 发达国家数字经济的发展概况

在全球化和技术驱动的现代经济中，发达国家的数字经济发展展现出显著的先进性和成熟度，这些国家通过不断的技术创新和政策支持，已将数字经济融入国民经济的各个方面，从而推动了经济结构的优化和经济增长方式的转变。发达国家的数字经济得益于其强大的技术研发能力，这些国家拥有丰富的科技创新资源，包括顶尖的科研机构、全球领先的技术公司以及高效的创新生态系统，这些要素共同构成了一个促进技术快速发展和应用的环境。良好的创作环境使这些国家在人工智能、物联网、云计算和大数据等关键技术领域保持领先。例如，美国的硅谷和波士顿，以及欧洲的科技创新中心——伦敦和柏林，都是全球数字技术创新的重镇，发达国家的数字经济发展策略高度重视基础设施建设。这些国家大力投资高速宽带网络、数据中心和其他关键信息基础设施的建设和升级，为数字经济的健康发展提供了坚实的物理基础，这种强大的网络基础设施不仅支持了高效的数据传输和处理，也为企业和消费者提供了无缝的数字服务体验。

在政策层面，发达国家制定了一系列促进数字经济发展的政策和措施，这些政策包括但不限于税收优惠、研发补贴、创业支持和知识产权保护等，旨在创造一个有利于技术创新和商业化的环境。此外，许多发达国家还实施了数字化政府战略，推动公共服务的数字化，提高政府运行效率和透明度，这在一定程度上提升了公民对数字经济的信任和参与度，数字经济也极大地推动了传统产业的转型升级。在制造业，数字化制造和智能工厂的概念已被广泛应用，通过引入机器学习、自动化和数据分析等技术，显著提高了生产效率和产品质量。在零售业，电子商务和数字营销已成为不可或缺的销售和推广方式，改变了消费者的购物习惯和商家的运营模式。在金融服务行业，数字化转型通过引入移动支付、在线银行和金融科技创新，提升了金融服务的便利性和安全性。

发达国家的数字经济发展还带来了对人才的高需求，这些国家在教育体系中加强了科学、技术、工程和数学（STEM）教育的投入，同时通过引进全球人才补充本国的技术力量。此外，终身学习和职业培训项目也被视为提升现有工作人员技能的重要手段，以适应快速变化的工作需求，面向未来，随着技术的进一步发展和全球经济的深度融合，发达国家的数字经济将继续保持增长势头。人工智能和机器学习的广泛应用预计将解锁更多创新潜能，而区块链、增强现实（AR）和虚拟现实（VR）等新兴技术也将在未来几年内塑造数字经济的新趋势。同时，随着对数字经济影响的深入研究，这些国家也可能面临新的挑战，包括数据安全、隐私保护和数字鸿沟等问题，发达国家的数字经济发展为全球经济增长提供了重要动力和模式示范，通过不断的技术创新、政策支持和国际合作，这些国家不仅能维持其在全球经济中的领先地位，还能推动全球经济向更加开放、互联和智能的方向发展。

3.2.2　发展中国家数字经济发展概况

在当前全球经济高度数字化的背景下，发展中国家在数字经济领域展现出显著的进步与潜力，它们通过多样化的策略不仅在追赶发达国家，还努力通过数字化转型重塑经济与社会结构，这些努力表明，数字经济的推广和发展正成为这些国家现代化与全球竞争力提升的关键途径。

通信基础设施的快速发展是发展中国家数字经济增长的基石，近年来这些国家加大了对宽带网络和移动通信设施的投资，特别是在偏远和农村地区，这种基础设施的改善极大提高了互联网的覆盖率和可访问性，让更多人能够接触并利用数字技术。例如，在非洲，许多国家推广移动宽带服务，极大促进了数字金融服务的发展，提高了金融包容性，为农村居民提供前所未有的经济机会并提高了他们的生活质量，印度、肯尼亚等国家的移动支付普及率高，带动了小型企业和个体户的经济活动，助推了社会经济的现代化转型。

政府政策的制定和执行在推动数字经济发展中起到至关重要的作用。许多发展中国家政府意识到数字经济在促进经济增长与社会发展中的重要性，因此开始制定一系列支持政策，包括税收优惠、创业资助、科技园区和孵化器的建立，以及通过法律保护创新成果和知识产权，这些举措旨在为企业与创新者创造有利的经营环境，激发更多投资与技术创新。例如，巴西政府提供创业基金，助力本土科技初创公司参与国际竞争；墨西哥的科技园区为创业者提供设备与资金支持，推动了科技生态系统的发展。教育和培训改革也成为发展中国家推动数字经济发展的关键策略，通过将计算机科学和信息技术课程整合到教育体系中，这些国家正培养未来的技术与创新领导者。随着在线教育平台和远程学习工具的普及，更广泛的群体现在有机会学习数字技能，从而不断缩小城乡与不同社会群体之间的数字鸿沟。例如，在印度的教育改革中，政府鼓励各级教育机构融入编程和数字技能课程，使下一代具备竞争力并能推动国家科技产业的崛起。

尽管发展中国家在数字经济领域取得了诸多成就，但它们在发展过程中仍面临许多挑战，包括技术基础设施的不完善、网络安全问题、监管框架的缺失以及广泛存在的数字鸿沟。例如，在拉丁美洲和东南亚的部分国家，互联网接入依然不够普及，乡村与城市之间的数字鸿沟阻碍了整体经济增长；在非洲一些小企业缺乏数据隐私保护的意识与技能，容易遭受网络攻击，损失惨重。为了克服这些挑战，发展中国家需要持续的政策支持和资金投入，也需要国际社会的合作与支持，国际合作可提供技术和资金援助，加强全球数字经济生态系统的稳定性与普惠性。例如，世界银行和联合国等国际组织通过数字化发展项目为多个发展中国家提供基础设施与人才培养的支持。

未来随着全球数字技术的持续进步和国际合作的加强，发展中国家在数字经济领域的发展前景广阔，这不仅将推动这些国家的经济增长还将带来全面的社会进步与提升，有效的策略与国际合作是实现这一目标的关键。通过进一步完善数字基础设施、加强网络安全教育、完善监管框架以及拓宽数字技能的普及范围，发展中国家能够更好地利用数字经济的潜力，实现持续发展与繁荣，国际社会需要通过多边合作，确保全球数字经济的包容性与可持续性，让每个国家和地区都能从数字化时代的机遇中获益。

3.3　数字经济发展面临的新形势与新问题

3.3.1　数据隐私与安全挑战

在全球数字经济迅速发展的当代，数据隐私和安全问题显得尤为重要，随着企业和政府依赖数字化操作增强效率和服务，对个人和企业数据的保护已成为一个严峻的全球性挑战，这一挑战不仅涉及技术领域的更新和创新，还包括法律、伦理和政策制定等多个方面，数据隐私问题主要关注个人信息的保护。在数字经济中，消费者的个人信息，如姓名、地址、电话号码、银行账户详情及购买历史等，被广泛收集和分析，用于提供定制化的服务和产品，然而，这也使个人信息更容易受到未授权访问或滥用的风险，数据泄露事件频发，加剧了公众对个人隐私安全的担忧。例如，社交媒体平台、在线购物网站和其他数字服务提供者过去几年里曝出的数据泄露事件严重影响了数百万用户的隐私安全，为了应对这一问题，许多国家和地区已经开始实施严格的数据保护法规，欧盟的《通用数据保护条例》（GDPR）是一个典型例子，它对数据处理设定了严格的标准，强化了数据主体的权利，如数据访问权、被遗忘权等，并对违规的机构处以高额罚款。类似地，《加利福尼亚消费者隐私法》（CCPA）也为消费者提供了更多控制个人信息的权利，增强了隐私保护，数据安全则涉及保护存储和传输的数据不被非法访问、窃取或破坏。随着企业越来越多地依赖云服务和分布式系统，数据安全变得更加复杂，网络攻击者不断采用更高级的技术，如勒索软件、网络钓鱼和其他恶意软件，企图盗取宝贵的商业信息和个人数据，为了防御这些威胁，企业和政府机构必须投入大量资源强化其网络安全架构，这包括使用高级加密技术、多因素认证、入侵检测系统和持续的安全监控。

技术创新也在不断推动数据隐私和安全保护向前发展，例如，区块链技术提供了一种增强数据完整性和安全性的新方法，其分布式账本的特性使得数据难以被篡改，同样地，人工智能和机器学习在提高威胁检测速度和精确性方面也显示出巨大潜力。此外，提升公众对数据隐私和安全重要性的认识也至关重要，只有当用户意识到保护个人信息的必要性，并了解如何管理自己的数据权限时，整个社会的数据安全防护水平才能得到提升，教育和公众宣传活动在这方面扮演着关键角色。随着国际数字经济的日益融合，跨国合作在解决全球数据隐私和安全问题上也显得尤为重要，国际社会需要共同努力，建立全球性的数据保护标准和协议，以应对跨境数据流动带来的监管挑战，通过国际合作，可以更好地应对跨国网络犯罪，保护全球消费者和企业的数据安全。数据隐私与安全将继续是数字经济发展中的核心议题，通过强化法律法规、采用先进技术、提升公众意识以及加强国际合作等多方面的努力，可以更有效地保护个人和企业的数据安全，促进数字经济的健康发展。

3.3.2　技术失业与劳动市场适应性

随着数字技术的快速进步，全球劳动市场正在经历前所未有的变革，这些变革在带来新机会的同时，也引发了广泛的担忧，特别是关于技术失业和劳动市场适应性的问题。技术发展尤其是自动化和人工智能的应用，正在重新定义工作的本质和必需的技能集，技术创新虽然提高了生产效率和经济效益，却也使许多低技能工作岗位人员面临被机器人或智能系统取代的风险。例如，自动化的收银系统和在线客服聊天机器人已在零售和客户服务行业普及，这减少了对传统收银员和客服人员的需求；驾驶自动化技术的发展预示着未来运输行业对司机的需求可能显著下降。这些变化要求劳动者不仅要适应新的技术环境，还要更新自己的技能以匹配新兴的工作岗位。

为应对技术变革带来的挑战，教育和培训体系的适时更新显得尤为重要，这意味着从基础教育到高等教育，再到职业培训，教育体系需要综合考虑技术发展的趋势，并据此调整课程内容，强化与技术相关的技能培训，如编程、数据分析、数字媒体运用等。同时，培养学生的创新思维和终身学习的能力也十分重要，这可以帮助其在未来的职业生涯中持续适应新技术和变化的工作环境。政府的角色在于制定和实施政策，以引导技术变革对劳动市场的正面影响，并减轻其负面效应，包括提供财政激励措施支持企业进行技能培训、投资基础设施建设促进高技能劳动力的形成，以及制定灵活的劳动法律保护劳动者权益，特别是那些被技术取代风险高的群体。政府还可以通过提供失业保险、再就业支持和职业转换服务等社会保障措施，帮助受影响的劳动者平稳过渡到新的就业岗位。

企业也需承担责任，通过内部培训和职业发展计划，帮助员工提升与新技术相适应的能力，这不仅有助于员工个人职业生涯的发展，也有助于企业自身在竞争激烈的市场环境中保持竞争力。此外，企业应该在技术部署和使用时考虑其对劳动力的影响，寻求创造新的就业机会而非单纯替代人力。跨国组织和非政府机构在全球范围内对抗技术失业方面也应发挥作用，可以协助分享最佳实践，进行国际合作，提供技术援助和资金支持，特别是对那些资源较少的发展中国家，这有助于缩小全球范围内的技能差距，提高全球劳动力市场的整体适应性和韧性，面对技术失业和劳动市场适应性的双重挑战，需要政府、教育机构、企业以及国际组织的共同努力。通过教育改革、政策支持、企业责任和国际合作等多方面措施，为劳动力市场的平稳过渡和持续发展提供支持，通过这些努力，可以最大限度地发挥技术的积极作用，同时减轻其可能带来的负面影响，促进更加包容和可持续的经济发展。

3.3.3　数字鸿沟与社会不平等问题

在全球经济日益数字化的今天，数字鸿沟问题成为一个突出的全球性挑战，这种鸿沟不仅体现在技术获取的不均等上，更深层地反映了教育、经济、地域及社会结构的广泛不平等。解决数字鸿沟至关重要，因为只有全体人员都能从数字化中获益，数字经济的全面潜力才能得到真正的实现。

教育领域的数字鸿沟表现为资源的不均衡分配。在许多发展中国家和偏远地区学校缺乏足够的计算机设施和高速互联网接入，限制了学生接触最新教育技术和在线学习资源的机会，这种不平等不仅剥夺了他们获取知识的机会，也减少了他们未来在全球高技能劳动市场中竞争的能力。即便在一些发达国家，尽管技术基础设施相对完善，教育资源在城乡、贫富之间的不均衡分配仍然存在，导致部分学生无法充分利用数字工具进行学习。在就业市场上随着经济的数字化转型，许多传统职业正在逐渐消失或被自动化技术取代，而新兴的数字经济职位如数据分析师、软件开发者和网络安全专家等需求急剧增加，这一转变对劳动力市场提出了更高的技能要求，那些未能及时提升技能的工人面临失业的风险。对于那些居住在数字基础设施薄弱地区的人们，即便他们具备相关技能，也可能因为缺乏必要的数字工具和网络支持而无法进入新兴的职业领域。

在社会服务和公共资源的数字化过程中数字鸿沟同样造成了明显的社会不平等，在健康、政府服务和金融服务等领域，数字化虽提供了提高效率和降低成本的机会，但那些缺乏数字接入和技能的群体，如老年人和低收入家庭，往往无法享受这些服务带来的便利，他们在使用在线医疗咨询、电子政务或网络银行服务时可能会感到困难，这不仅加剧了他们的生活不便也可能导致他们在获得关键服务上的落后。为了有效解决这些问题，必须采取综合性措施，政府需在建设基础设施，尤其是在农村和偏远地区方面，承担起"领导"角色，确保所有人都能接入可靠且经济承受得起的互联网服务，教育系统的改革也至关重要，应将数字技能教育纳入必修课程中，确保所有学生都能掌握未来市场所需的各种技能。

企业和非营利组织应该参与到提高社区的数字能力中，通过提供培训和工作坊帮助成年人和在职工人提升他们的技能，政府可以通过税收优惠、补贴或其他激励措施支持这些项目。国际合作在解决数字鸿沟中也扮演着关键角色，发达国家和国际组织应支持发展中国家在技术、资金和政策上的需求，帮助他们建立起适应数字经济的能力，通过政府的领导、教育系统的改革、企业和社会组织的参与以及国际社会的合作，可以逐步缩小数字鸿沟，推动建设一个更公平、包容的数字经济环境。这是实现社会正义和平等的必要步骤，也是数字经济真正潜力全面发挥的前提。

3.3.4　企业治理与伦理问题

在数字经济的浪潮中企业不仅需要应对技术创新带来的挑战，还必须面对越来越复杂的治理和伦理问题，包括算法公正性、数据隐私保护和企业社会责任等方面，这些问题不仅影响企业的内部管理，更关系到其与消费者、员工和合作伙伴等外部利益相关者的关系。

随着机器学习和人工智能技术在企业决策和服务中的广泛应用，效率虽有显著提高，但也引发了算法偏见的问题，这种偏见可能源自训练算法的数据集本身的不公，或是算法设计者无意中引入的偏差。例如，若招聘算法基于历史数据，而这些数据中存在性别或种族偏见，则算法可能无意中继承并强化了这些偏见从而影响招聘过程的公平性，因此，企业必须确保其使用的算法可以被审查和验证，实施算法审计，通过第三方评估算法的设计和决策过程确保没有系统性偏差，这是维护技术创新公平性的重要步骤。数据是现代企业竞争的核心资产，但如何在利用数据的同时保护用户隐私是一个重大挑战，数据泄露和不当使用不仅损害消费者利益，还可能对企业的声誉和财务状况造成长远的负面影响。企业必须加强数据管理和保护机制，确保符合国际数据保护法规的要求，实施数据最小化原则，即仅收集实现业务目的所必需的数据并加强对数据处理活动的透明度，让消费者清晰了解其数据如何被收集、使用和保护。

随着企业对技术的依赖加深，其社会责任也在增加，这不仅包括确保产品和服务的安全性和可靠性，也包括在其业务操作中展现对社会价值和伦理的承诺。例如，自动驾驶汽车的开发企业不仅需要考虑技术的安全性，还要考虑在出现潜在事故时的伦理决策问题，企业应当在产品设计之初就引入伦理考量，确保技术应用符合广泛接受的社会伦理标准。企业的数字化转型不仅是技术上的转变，也必须伴随着组织文化和内部管理的变革，包括建立一种鼓励创新、支持快速决策和容忍失败的企业文化，也需要对员工进行持续的培训和发展，帮助他们适应新技术和新工作方式，减少技术变革可能带来的职业不安全感。

在数字化转型的过程中企业必须全面考虑治理结构、伦理准则和文化适应性，通过建立健全的治理机制不断更新伦理标准，以及培养积极的组织文化，企业不仅能有效应对挑战还能在竞争日益激烈的市场中保持领先地位。这些努力也将促进企业的长期可持续发展，为所有利益相关者创造更大的价值，面对数字经济时代的挑战，企业必须在技术创新的同时更加重视治理和伦理问题的处理，只有这样企业才能在确保自身发展的也维护社会的公平与正义，最终实现所有利益相关者的共赢。

3.3.5 知识产权保护与侵权风险

在数字经济时代，知识产权的保护成为关乎创新动力和经济发展的核心问题，随着信息的数字化和网络化普及，知识产权的保护面临着前所未有的挑战和风险，在这个由数据和信息驱动的时代知识产权的侵权行为变得更加容易发生，监控和追责的难度也大幅增加。

数字技术的快速发展极大地便利了信息的复制、传播和修改，这些技术使著作权、专利权和商标权的侵犯行为更加隐蔽而普遍，互联网上的盗版、非法链接和仿冒商品频繁出现，严重侵害了原创者和品牌所有者的合法权益，给他们造成了巨大的经济损失。由于数字内容可以快速而广泛地被复制和传播，知识产权的侵权行为的管控变得异常困难。例如，一个数字作品可能在很短的时间内被复制并传播到世界各地，这种高效的传播速度给知识产权的保护带来了前所未有的挑战。随着互联网跨境传播的普及，知识产权保护的复杂性进一步增加，在全球化的大背景下不同国家和地区对知识产权的法律法规和保护机制存在显著差异，这使跨国的知识产权保护更加困难，某一数字产品在一个国家可能被认定为侵权，而在另一个国家则可能合法，这种法律的不一致性给权利人的维权工作带来了极大的挑战。

技术进步本应为知识产权保护提供更多的解决方案，但同时也带来了新的挑战，随着数字加密、数据篡改和匿名传播技术的发展，侵权行为更加难以被发现和打击，尽管数字水印、加密技术和智能合约等创新手段为保护知识产权提供了新的工具，但这些技术同样复杂且执行成本高昂。针对这些挑战，必须采取一系列措施加强知识产权的保护和打击侵权行为，加强国际合作，建立跨国的知识产权保护和合作机制，协同打击跨国侵权行为，是保护知识产权的关键；完善法律法规，加强立法和执法力度，提高侵权的法律成本，对侵权者施以足够的法律制裁，对预防和减少侵权行为至关重要。

提高技术手段在知识产权保护中的应用也非常必要，利用最新的技术发展如区块链技术追踪和验证数字商品的真实性和所有权，可以有效地减少侵权行为，提高企业和公众对知识产权重要性的认识。通过教育和公共宣传活动增强社会对知识产权保护的意识，对于构建一个尊重和保护知识产权的文化环境同样重要。只有通过国际合作、法律保护、技术创新和公众教育等多方面的努力，才能有效应对知识产权在数字经济中面临的侵权风险，保护创新成果，促进知识产权的健康发展，最终推动数字经济的繁荣。这一过程需要各国政府、国际组织、企业以及公众的共同参与和努力，共同维护一个公平、正义的创新环境。

3.3.6　税收政策与跨国经营挑战

数字经济的全球性特征为税收政策带来了全新的挑战，尤其是针对跨国企业利润的合理征税问题，随着数字化和全球化的不断深入，跨国企业可以轻松地在多个国家开展业务活动，并通过优化税务筹划最大限度地减少纳税负担。这种行为不仅给各国政府带来了税收损失，也引发了对税收公平性和国际税收规则的质疑，数字经济的特征使企业可以在全球范围内进行业务活动而无须实体存在。例如，许多跨国科技企业通过互联网销售产品和服务，而不必在目标市场设立实体店面，这种虚拟经营模式使企业可以轻松规避传统税收政策中的地区和国家税收规定，导致跨国企业在某些地区几乎不缴纳税费的情况出现。不同国家之间税收政策的差异性加剧了税收优化行为的可能性，由于各国税法、税率和税收规则的差异，跨国企业可以通过将利润转移至税收较低的国家或地区降低整体税负，这种行为常常采用合法手段，如利用跨国公司内部的定价政策、转让定价和投资结构进行税收优化，从而避免在高税率地区缴纳过多的税费。

数字经济的高度复杂性也增加了税收政策的执行难度，由于数字经济的业务活动跨越多个国家，跨国企业的财务数据和利润往往分散在全球范围内，难以准确监测和核实，同时，技术的快速发展也为企业提供了更多隐匿利润的手段。例如，加密货币和虚拟账户等进一步加大了税收监管的难度，税收政策与跨国经营之间的挑战在数字经济时代越发凸显，为了应对这一挑战，各国需要加强国际税收合作，制定更加适应数字经济特点的税收政策和规则，加强对跨国企业的税收监管和征收力度，以确保税收公平和税收秩序的维护，推动数字经济健康可持续发展。在应对这些挑战时，建立国际合作机制至关重要，各国政府应加强沟通与协调，共同制定相关政策，以应对跨国企业通过税收优化行为所带来的税收挑战，这种合作可以包括信息交流、经验分享和共同立法等方式，以确保各国都能够从中受益并维护税收公平。

加强国际组织的作用，例如，联合国、世界贸易组织和经济合作与发展组织等可以促进各国之间的合作，制定统一的税收规则和标准，可以减少跨国企业通过转移定价等手段避税的可能性，从而确保税收的公平性和合理性。除了国际合作之外，各国政府也需要加强国内税收政策的调整和改革，针对数字经济的特点，需要制定更加灵活和适应性强的税收政策，以应对跨国企业利用数字技术进行税收规避的行为，包括加强税收监管和征收能力，提高对数字经济企业的审查力度，确保按照规定缴纳税款。另外，应加强对税收优惠政策的审查和监管，避免滥用税收优惠的情况发生，这需要政府建立更加透明和公正的税收政策和征收机制，确保税收政策的公平性和可持续性。

还需要加强对数字经济企业的信息披露和透明度要求，确保的财务数据和利润信息能够及时、准确地向税务机关披露，以便税务机关进行监管和核查，在应对税收政策与跨国经营挑战时，企业也需要积极作出响应。企业应加强税务合规管理，遵守各国税法和税收规定，不得采取违法逃税行为，同时，企业也可以通过积极参与国际税收合作和对话，为建立更加公平和透明的税收环境作出贡献，税收政策与跨国经营之间存在着复杂的相互影响关系，在数字经济时代，这种关系越发显著。为了应对这一挑战，各国政府需要加强国际合作，制定更加适应数字经济特点的税收政策和规则，同时也需要加强国内税收政策的调整和改革，以确保税收的公平性和合理性，推动数字经济的健康发展。

3.3.7　网络依赖性与系统脆弱性

随着数字技术的广泛应用和网络基础设施的不断完善，现代社会已经变得越来越依赖网络和数字系统，从个人生活到商业活动，甚至是国家的基础设施和国防安全，都需要依赖网络来进行日常运作。然而，这种高度的网络依赖性也带来了系统脆弱性的问题，使数字经济发展面临着新的挑战和风险，网络依赖性使经济活动面对网络故障和攻击时更加脆弱，随着企业和个人对数字技术的依赖程度不断增加，一旦网络系统遭受到故障或者恶意攻击，就会导致生产活动的中断和信息的丢失。例如，金融机构的交易系统遭受到网络攻击可能导致资金安全受到威胁，影响金融市场的稳定；关键基础设施如电力、交通、通信等系统遭受网络攻击可能导致社会秩序的混乱和经济损失，网络依赖性增加了网络安全风险的复杂性，随着数字经济的快速发展，网络安全威胁不断演变和升级。黑客和网络犯罪分子利用技术手段对网络系统发动各种形式的攻击，包括计算机病毒、网络钓鱼、勒索软件等，这些安全威胁可能导致个人隐私泄露、商业机密泄露以及金融欺诈等问题，对个人、企业和国家安全构成严重威胁。

网络依赖性还加剧了系统的复杂性和漏洞的风险，随着数字系统的不断发展和扩展，系统的复杂性也在不断增加，包括软件、硬件、网络架构等各个方面。这种复杂性使系统更容易受到攻击和故障，因为在复杂的系统中往往存在着各种潜在的漏洞和安全隐患，黑客可以利用这些漏洞入侵系统、窃取信息或者破坏系统的正常运行，面对这些挑战，各方需要采取有效措施来应对。加强网络安全意识和技术能力的培训至关重要，个人、企业和政府机构都应该加强对网络安全的认识，提高对网络安全威胁的警惕性，并不断提升自身的网络安全技能，以更好地保护自己的信息和系统安全。提升网络基础设施的安全性和稳定性同样至关重要，政府和企业应该加大投入，加强网络基础设施的建设和维护，采取各种措施确保网络系统的安全性和稳定性，防范各种网络安全威胁。

加强跨国合作和信息共享也是解决网络安全问题的重要途径，由于网络安全威胁通常具有跨国性和跨地区性特点，因此各国之间需要加强合作，共同应对网络安全威胁，分享情报和经验，共同维护网络空间的安全和稳定。加强法律法规和监管措施也是保障网络安全的重要手段，政府应该及时制定和完善相关的法律法规，建立健全的监管机制，加强对网络安全领域的监管和执法力度，惩治网络安全违法行为，维护网络空间的秩序和安全，面对网络依赖性与系统脆弱性带来的挑战。各方需要采取有效措施应对，包括加强网络安全意识和技术能力培训、提升网络基础设施的安全性和稳定性、加强跨国合作和信息共享以及加强法律法规和监管措施等。只有通过共同努力，才能够有效应对网络安全威胁，保障数字经济发展的安全和稳定。

3.3.8 消费者权益保护与监管难题

在数字经济时代，消费者权益保护成为一个全球性的挑战，尤其是在监管数字市场的复杂性和快速变化的背景下，要确保消费者在数字化交易中的安全和公正，监管机构必须采取创新的监管措施，并与技术发展同步更新监管策略。监管机构必须加强对数字平台的透明度监管，数字平台，尤其是大型电子商务网站和社交媒体平台，积累了大量消费者数据，包括个人信息、消费行为、偏好设置等。这些数据的收集和使用应该受到严格监管，以防止滥用可能损害消费者利益，监管机构可以要求数字平台提供详细的数据收集和处理政策，确保这些政策对消费者透明，并易于理解，同时，应推动这些平台实施数据保护的最佳实践，如数据最小化原则，即仅收集完成特定业务功能所必需的数据。

　　加强对在线广告和市场营销的监管至关重要。数字市场的广告和促销活动经常使用复杂的算法定位特定的消费者群体，这种做法可能导致误导消费者或侵犯消费者隐私。监管机构需要设定清晰的规则，限制未经同意的个性化广告，确保广告内容的真实性和透明性，此外，应对虚假广告和误导性营销实施严厉的惩罚，以保护消费者免受欺诈和操纵，保护消费者免受不公正合同条款的侵害。在数字经济中，消费者往往需要接受服务提供商设定的条款和条件，这些条款有时倾向于企业，不利于消费者权益。监管机构应推动实施更为公平的合同法规，要求所有服务条款应公平合理，易于消费者理解，并确保消费者在接受这些条款之前有充足的时间和资源进行审查。此外，针对数字支付系统的监管也需加强，随着移动支付和在线交易成为常态，确保支付系统的安全和可靠性对保护消费者权益越来越重要，监管机构应要求支付服务提供商遵守高标准的安全协议，定期接受安全审查，以防止数据泄露和欺诈行为，同时，应有机制保护消费者在发生欺诈或支付错误时能迅速得到赔偿。

　　为应对国际交易中的消费者权益保护问题，国际合作显得尤为重要，监管机构应与其他国家的同行机构共享信息、协调政策，并共同打击跨境欺诈和侵权行为，通过国际合作，可以建立一套共同的消费者保护标准，使消费者不论在哪个国家购物都能享受相同水平的保护。加强消费者教育也是确保消费者权益的一个关键方面，监管机构、消费者保护组织和教育机构应联合提供资源，教授消费者如何安全地进行数字交易，如何识别和报告欺诈行为，以及如何维护自己的权益。通过提高消费者的知识水平和意识可以进一步增强在数字经济中的主动权和安全感。消费者权益保护是数字经济中的一项重大挑战，监管机构、企业和社会各界应采取协调一致的行动，通过强化法律法规，利用技术手段，加强国际合作，以及提升消费者自我保护能力，在数字时代中有效维护消费者权益，促进数字经济的健康可持续发展。

3.3.9 环境影响与可持续发展问题

随着数字经济的迅速发展，人类社会迎来了前所未有的便利和机遇，然而这种进步同时也带来了不容忽视的环境问题，特别是数据中心的能源消耗和电子废物的增加，这些问题不仅对环境造成了直接的影响，更对生态系统的平衡构成了威胁，从而影响人类的生存和发展。

数据中心，作为数字经济的核心基础设施之一，负责处理和存储海量数据，随着互联网和云计算技术的普及，数据中心的规模和数量急剧扩增，其能源消耗也随之增加。据统计，全球数据中心的能源消耗量在不断上升，绝大部分能源消耗来自电力供应，这种大规模的能源需求不仅加大了对传统能源资源的压力，还加剧了碳排放和其他环境问题。与此同时，电子设备的更新换代速度日益加快，导致电子废物量急剧增加，这些废弃的电子产品中含有大量的有害物质如铅、汞和镉等，对环境和人类健康造成了潜在的威胁。不仅如此，电子废物的不当处理还会导致有害物质渗入土壤和水源中，进一步扩大其对环境的破坏。

面对这些挑战，技术创新成为解决问题的关键途径之一，在数据中心领域通过研发高效节能的数据处理和存储设备优化数据中心的设计和布局，可以显著降低能源消耗，采用先进的冷却技术、优化服务器的能源利用率以及实施动态资源调度等方法，不仅能提升数据中心的能效还能减少整体的环境足迹。在电子设备制造方面应用新型材料和工艺，实现设备的轻量化和高效化，不仅可以延长产品的使用寿命，还可以减少因频繁更换而产生的废弃物，发展更高效的回收技术，使废弃的电子产品得到妥善处理，回收利用其中的宝贵材料，同样对减少环境影响至关重要。

政策制定也是解决这些环境问题的重要手段，政府可以通过制定严格的法律法规，规范数据中心和电子设备的能源消耗和废弃处理。例如，对数据中心能源消耗实行限额控制，推广绿色建筑标准，强制执行电子产品的环保设计标准，建立废弃电子产品的回收利用体系，加强对有害物质使用的监管以确保这些措施得到有效执行，政府还可以通过提供财政补贴、税收优惠等激励措施，鼓励企业投资于环保技术和产品的研发，这不仅能推动绿色技术的创新和应用，还能帮助企业在竞争激烈的市场中保持领先地位。

加强国际合作也是解决全球环境问题的重要途径，在全球化的今天，数据和信息的跨国流动日益密切，环境问题也不再是某一个国家独立面对的挑战，通过国际合作各国可以共享环保技术和政策经验，协调应对气候变化、资源短缺等全球性挑战。共同推动数字经济向更可持续的方向发展，解决数字经济发展中的环境问题需要综合运用技术创新、政策制定和国际合作等多种手段，只有通过全球范围内的共同努力，才能实现数字经济的可持续发展，确保经济增长与环境保护之间的良性循环，创造一个更加绿色、更加健康的未来。

3.3.10　人工智能的道德与法律挑战

人工智能技术的飞速发展带来了一系列复杂而深远的道德和法律挑战，其影响已经渗入日常生活的方方面面，这些挑战不仅在技术应用层面存在，更涉及社会、政治、文化等多个层面，对整个社会的运行和发展都产生着重要的影响，在此情况下，需要对这些问题进行深入的思考和探讨，以便找到合适的解决方案保障人类社会的稳定和可持续发展。人工智能技术在自动化决策过程中可能存在的偏见问题，引发了广泛关注和担忧，在许多领域，人工智能系统被用来进行自动化的决策，比如面部识别技术被应用于安全监控、信贷评估系统用于金融服务等。然而，这些系统通常是基于大量的数据和复杂的算法运行的，而这些数据和算法往往会存在着潜在的偏见和错误。例如，由于数据采样的不均衡或者算法设计的失误，面部识别系统可能会对某些族群或特定外貌特征的人群产生误识别，导致受到不公平的待遇，同样地，信贷评估系统也可能会在考虑借款人信用风险时受到偏见的影响，导致某些群体无法获得应有的贷款机会。随着人工智能技术的应用范围不断扩大，人们也开始关注人工智能作出的决策责任归属问题，在传统的决策过程中，决策者通常会对其决策结果负责，而在人工智能系统中，责任的归属却变得更加复杂和模糊，特别是在涉及人身安全等重要领域。例如，自动驾驶汽车等一旦发生事故，责任的划分就会变得尤为重要，此时，人们往往会面临一个难题：责任是应该由人工智能系统的开发者、制造商，还是最终的使用者承担？或者是应该由算法本身来承担责任？这些问题都需要进行深入的思考和探讨，并制定出相应的法律规定和政策措施，以便在发生问题时进行及时的解决和补偿。

针对上述问题，需要积极采取措施，以应对人工智能技术带来的道德和法律挑战，可以通过加强对人工智能算法的审查和监督保证其公平性和透明度，这意味着需要建立起专门的监管机构和评估标准，对人工智能系统的设计、开发和应用进行全面的审查和监督，以确保其符合社会公共利益和道德规范。同时，还需要加强对人工智能技术的伦理教育和培训，提高相关从业人员和公众的伦理意识和责任意识，以便更好地应对人工智能技术带来的挑战，还可以通过制定明确的法律框架和政策措施规范人工智能技术的应用和发展，这意味着需要建立起适应人工智能技术发展的法律体系和政策环境。明确规定人工智能系统在各个领域的使用条件和限制，以及对违规行为的处罚措施，特别是在涉及人身安全和公共利益的领域，需要建立起完善的责任归属机制，明确规定在人工智能系统造成损害时，责任应当如何划分，并给予受害者及时的赔偿和补偿。同时，还可以通过加强国际合作和交流，共同应对人工智能技术带来的全球性挑战，推动人工智能技术的健康发展和社会进步。人工智能技术的快速发展带来了诸多道德和法律上的挑战，需要采取积极的措施来应对，只有通过加强监管和法律规范，提高公众的伦理意识和责任意识，加强国际合作和交流，才能更好地应对人工智能技术带来的挑战，推动其健康发展和社会进步。

3.3.11　数字货币的监管与安全问题

数字货币作为一种新兴的支付方式，正逐渐成为金融领域革命性变革的先锋，它不仅带来了交易的便利性和效率，也推动了金融服务的全球化。然而随着数字货币的快速普及和应用，其监管与安全问题也逐渐显现，这些问题的解决不仅对数字货币市场的健康发展至关重要，也关乎整个金融体系的稳定和广大用户的资产安全。数字货币的去中心化特性，即没有中央机构如银行或政府对交易进行监督和控制，给监管带来了前所未有的挑战，这种基于区块链技术的分布式账本系统，虽然提高了交易的透明度，但其匿名性和跨国界特性使监管更加复杂。去中心化的特性虽然减少了中介成本，提高了效率，但同时也为洗钱、资金走私和其他非法金融活动提供了可乘之机。

数字货币的安全问题也日益受到关注，由于整个系统依赖于网络和技术，这使其容易受到网络攻击如黑客攻击、网络钓鱼和恶意软件等安全威胁，这些安全风险不仅威胁用户的资产安全还可能导致信任危机，影响数字货币的广泛接受和使用。由于许多用户缺乏必要的网络安全意识和技术知识，他们的数字资产更容易成为网络攻击的目标。为了应对这些挑战，各国政府和监管机构采取了一系列措施，以规范数字货币交易平台的运作，确保交易的透明和公正。例如，要求交易平台进行用户身份认证，记录和报告大额交易等，以此来减少匿名交易带来的风险。

加强对数字货币交易的监测和监控也尤为重要，监管机构可以利用先进的技术和分析工具，对市场进行实时监测以便及时发现异常交易行为，防范潜在的金融风险，监管机构需要与全球其他监管机构合作，共享情报和数据，以更有效地打击跨国数字货币犯罪活动。加强数字货币用户的教育和培训也是确保资产安全的关键，政府和监管机构可以通过开展公共教育活动、举办网络安全培训课程等方式，提升公众的数字货币知识和网络安全意识，教育用户识别和防范网络"钓鱼"、识别安全的数字钱包，以及使用复杂的密码和二因素认证等，这些都是防止资产被盗的有效方法。

技术创新在确保数字货币安全方面扮演了不可或缺的角色，政府和监管机构可以支持相关的研究项目，促进安全技术，如加密技术和区块链技术的进一步发展以及提高数字货币系统的抗攻击能力和整体安全性，以长远保障资产安全。总的来说，数字货币的监管与安全问题是数字经济发展中面临的重要挑战，只有通过政府、监管机构、技术开发者和用户的共同努力，才能形成有效的监管框架和安全网络，从而促进数字货币市场的健康发展，确保金融体系的稳定和用户资产的安全，使数字货币在全球经济中扮演更加积极和稳定的角色，为数字经济的可持续发展创造良好的环境和条件。

3.3.12　全球数据流动与国际合作难题

数字货币市场的监管与安全问题既是全球数字经济发展的必然产物，也是当前亟须解决的挑战之一，随着数字货币在全球范围内的迅速普及和广泛应用，监管与安全问题的重要性日益凸显。在这一背景下，各国政府、监管机构以及国际组织都面临着制定有效政策、规章和国际合作机制的压力，全力确保数字货币市场的稳健发展和用户资产的安全。值得关注的是，数字货币的去中心化特性给监管带来不小的挑战，传统金融体系中，中央银行和金融机构扮演着监管的重要角色，而数字货币的去中心化特性意味着没有中央机构对其进行监管和控制，这使数字货币市场缺乏统一的监管标准和机制，容易受到金融犯罪、洗钱和恐怖资金等非法活动的滋扰。此外，数字货币市场的快速发展也吸引了一些不法分子的注意，利用数字货币进行非法交易和网络攻击，进一步加剧了市场的不确定性和风险，数字货币的安全问题也备受关注。数字货币的存储和交易主要依赖于网络技术，而网络安全漏洞的存在使用户的资产面临着被盗的风险，黑客攻击、网络"钓鱼"、恶意软件等安全威胁不断涌现，给数字货币的安全带来了严峻挑战，尤其是普通用户往往缺乏足够的网络安全意识和技术知识，容易成为网络攻击的目标，一旦数字货币被盗，用户往往难以追回损失，给用户带来了严重的经济和心理压力。

面对数字货币市场的监管与安全问题，各国政府和监管机构采取了一系列措施来应对，加强对数字货币交易平台的监管是当前的重要任务之一，政府和监管机构可以通过建立专门的数字货币监管机构、颁布相关法律法规等手段确保交易的透明和公正。加强对数字货币交易的监测和监控也是一种有效的手段，监管机构可以利用先进的监控技术和分析工具，对数字货币交易进行实时监测，及时发现异常交易行为，防范金融风险和洗钱等非法活动。加强数字货币用户的教育和培训也是保障数字货币安全的重要举措，政府和监管机构可以通过开展宣传活动、举办培训课程等方式，提高用户的网络安全意识和技术能力，教导用户如何正确地使用数字货币，避免成为网络攻击的目标。同时，加强对数字货币技术的研究和创新，提升数字货币系统的安全性和稳定性，也是保障数字货币市场发展的关键。政府和监管机构可以加大对数字货币技术研究的支持力度，推动数字货币技术的不断进步，提高数字货币系统的抗攻击能力和安全性。数字货币市场的监管与安全问题是当前数字经济发展面临的重要挑战之一，政府和监管机构应采取有效措施，加强对数字货币市场的监管，确保交易的透明和公正，提升系统的安全性，保障用户的资产安全和交易安全，推动数字货币市场健康发展。只有通过共同努力，才能有效应对数字货币市场的监管与安全问题，为数字经济的可持续发展创造良好的环境和条件。

3.4　主要国家和地区数字经济发展战略

3.4.1　中国的数字基础设施与产业升级

中国在数字经济发展方面采取了积极的战略举措，其中包括加大对数字基础设施的投资和推动传统产业的数字化升级，这些举措旨在促进数字经济的全面发展，提升国家经济的竞争力和创新能力。宽带网络和数据中心作为数字经济的基础设施，是支撑数字化转型的重要基础，中国政府通过政策支持和资金投入，加快了全国范围内宽带网络的建设和升级，高速稳定的宽带网络不仅提供了数字经济发展所需的网络基础，也为人们提供了更便捷的互联网服务，推动了数字经济的快速发展。

在数字基础设施方面，中国的投资和发展取得了显著成就，例如，中国的5G网络建设已经取得了引人瞩目的进展，作为下一代移动通信技术，5G网络具有更快的速度、更低的延迟和更大的连接密度，为数字经济的发展提供了强大的支撑。中国政府通过政策引导和资金投入，推动了5G网络的建设和商用，加速了数字经济的发展步伐，5G技术的应用将极大地推动工业互联网、智能交通、智慧城市等领域的发展，为中国经济的高质量发展提供了新的动力和机遇。另外，中国推动传统产业的数字化升级也取得了显著成效，传统产业是中国经济的重要支柱，通过数字化转型可以提高生产效率和质量，增强市场竞争力。中国政府通过政策引导和产业支持，推动传统产业向数字化转型迈进，特别是在智能制造和电子商务等领域，中国企业加大了对数字技术的研发和应用，推动了传统产业的数字化升级，智能制造技术的应用使生产过程更加智能化和自动化，提高了生产效率和产品质量；电子商务平台的发展促进了线上线下融合发展，拓展了市场空间，提升了商品和服务的供给能力。

中国的数字基础设施建设和传统产业的数字化升级为数字经济的发展提供了重要支撑和保障，然而，在数字经济发展的过程中，中国也面临着一些挑战和问题。例如，数字基础设施建设尚存在不平衡不充分的问题。一些地区的数字基础设施建设相对滞后，需要进一步加大投入和建设力度，此外，传统产业的数字化升级仍然存在一些障碍，包括技术应用能力不足、企业数字化意识不强等问题，需要政府和企业共同努力，加强技术研发和人才培养，推动数字化转型向纵深发展。中国政府将继续加大对数字经济发展的支持力度，推动数字经济的创新发展，提升国家经济的核心竞争力，未来，将继续加强数字基础设施建设，推动5G网络、物联网、云计算等技术的发展和应用，加快数字化转型步伐。同时，中国将继续推动传统产业的数字化升级，提高生产效率和质量，促进经济结构优化和转型升级，通过持续的政策支持和创新驱动，不断推动数字经济的发展，为经济社会的可持续发展作出新的贡献。

3.4.2　欧盟的数据保护与数字单一市场

欧盟在数据保护和数字单一市场的构建方面采取了前瞻性的措施，致力于创造一个安全、开放且竞争力强的数字经济环境，这些努力不仅提升了内部市场的效率和统一性，也确立了欧盟在全球数字经济治理中的领导地位。《通用数据保护条例》（GDPR）自 2018 年实施以来，已成为全球数据保护标准的典范，其核心在于强化个人控制自己数据的能力，确保数据的处理透明性并增加了对企业违规行为的处罚力度。此外，欧盟还在不断审视和调整 GDPR，以应对快速发展的数字技术和不断变化的市场需求。例如，随着人工智能和大数据分析技术的应用日益广泛，GDPR 正在向包括更严格的数据最小化和目的限制原则在内的新领域扩展，以防止数据被滥用。为了支持 GDPR 的有效执行，欧盟各成员方设立了国家级的数据保护机构，这些机构负责监督、执行数据保护法规，并处理相关的投诉，这种监管框架的建立确保了法规的执行既具有弹性又符合地区特性，增强了整个欧盟数据保护体系的整体效力。欧盟的数字单一市场战略不仅旨在消除跨境电子商务中的障碍，还努力整合数字服务和产品标准，实现区域内数字服务的自由流通，其中包括简化电子支付系统、统一移动应用的规范以及推广电子身份认证和信任服务。通过这些措施，欧盟助力企业，尤其是中小企业更容易地进入其他成员方的市场，激发了创新和竞争。

此外，为了加强数字市场的竞争力，欧盟还积极推动云计算和大数据平台的发展，支持开放数据和共享服务，使数据资源可以更高效地被创新者和企业利用。同时，欧盟通过投资研发和技术基础设施建设加强了其在人工智能、量子计算和其他前沿技术领域的竞争力，在全球范围内，欧盟致力于推广其数据保护标准和数字市场政策，通过与其他国家和地区的协议与合作，促进国际规则的制定。欧盟与日本和加拿大等国家的数据互认协议，不仅加强了与这些国家的数据交流，也推动了全球数据治理框架的构建。此外，欧盟还积极参与国际对话和合作，以应对数字技术带来的跨国挑战，如网络安全、跨境数据流动的监管以及数字税收问题，通过国际合作，欧盟旨在建立一个更加公平、安全的全球数字经济环境。欧盟在数据保护和数字单一市场的建设上采取了一系列有力措施，不仅增强了内部市场的一体化和竞争力，也在全球范围内推动了数字经济的健康发展，未来，随着技术的进一步发展和国际环境的变化，欧盟将继续调整和完善其策略，以保持其在全球数字经济中的领导地位，为企业和消费者创造一个更加安全、公正的数字经济环境。

3.4.3　美国的创新驱动策略

美国政府、企业界以及学术界通过协同合作，共同构建了一个支持创新和技术进步的强大生态系统，促进了数字经济的飞速发展，在这一发展策略中，政府、私营部门和高等教育机构之间的紧密合作起到了至关重要的作用。政府在促进技术创新方面发挥着重要的角色，它不仅通过直接投资重大科研项目推动技术进步，而且通过制定有利的政策环境激励私人部门的研发活动，美国政府设立了多个科研资金项目，特别是在人工智能、量子信息科学、生物技术等前沿技术领域，这些领域被普遍认为是推动未来经济和社会发展的关键技术，通过这些措施，政府有效地刺激了私营部门的创新活动并加速了科技成果的商业化过程。

美国的研发税收抵免政策极大地激励了企业增加研发投入，这种政策不仅促进了新产品和新技术的开发，还推动了整个产业的技术升级，美国企业在推动数字经济发展中发挥了核心作用，科技巨头如谷歌、苹果、微软和亚马逊在人工智能、云计算和大数据等领域进行了大量的创新和投资，这些企业不仅凭借其强大的研发能力推动了技术快速发展，而且将这些技术应用于医疗、教育、交通和金融等多个行业，极大地提高了这些行业的效率和服务质量。例如，云计算技术已成为现代企业运营的核心，提供了强大的数据存储、处理和分析能力，支持企业实现数据驱动的决策。

创业文化的繁荣和风险投资的活跃是美国数字经济成功的另一关键因素，美国拥有世界上最成熟的风险投资市场，为众多初创企业提供资金支持，使其能够快速成长和扩展，硅谷等创新高地聚集了全球顶尖的技术人才和创新思维，成为新技术和新业务模式的孵化器，这种独特的创业和投资环境使美国在全球数字经济竞争中始终保持领先地位。美国的教育和人才培养策略也是维持科技创新领先的关键，高等教育体系与科研机构紧密合作，不断调整课程设置和研究方向以适应新兴技术的发展需求，科学、技术、工程和数学（STEM）教育的强化培养了大量高素质的专业人才。此外，美国还采取了多项政策吸引全球顶尖人才，包括提供各种签证便利和职业机会，这些人才的引入进一步增强了美国的创新能力。

通过这一系列创新驱动的策略，美国不仅成功地推动了其数字经济的快速发展，而且加速了技术创新，促进了产业升级，优化了经济结构，随着全球数字化转型的深入，美国将继续依赖其强大的创新能力和开放的市场环境，推动数字经济向更广泛的领域和更深层次的发展，确保在全球经济竞争中维持其领导地位。这种以创新为核心的发展策略将继续引导美国经济向着更高的技术高地迈进，同时带动全球经济向更加数字化和智能化的未来发展。

3.4.4　日本的社会5.0计划

日本的社会5.0计划是一项具有前瞻性的国家级战略，旨在通过全面的数字化转型，推动日本社会进入一个以人为本的超智能社会阶段，这项战略的核心不仅在于推动技术的发展和应用，更在于通过科技创新提高人们的生活质量和解决一些迫切的社会问题。社会5.0计划特别强调最新科技的整合，如人工智能、物联网、大数据以及高度自动化和网络化技术的融合，创造一个智能化的社会环境，在这个环境中信息能被高效地收集、分析和利用，以优化社会管理、商业活动和日常生活的各个方面。

在智慧城市领域，日本已经开始实施利用智能技术增强城市的交通系统、公共服务和能源管理的效率和可持续性，城市交通系统通过智能化管理，优化交通流量和减少拥堵，同时提升了能源利用的效率，减少了环境污染。在医疗领域，社会5.0计划正在彻底转变日本的健康护理系统，远程医疗服务和人工智能驱动的诊断工具已开始广泛应用，使医疗服务不再局限于传统的医院和诊所，而是可以远程提供给偏远地区的居民，显著提升了医疗服务的覆盖面和效率。此外，智能穿戴设备和健康监测系统的普及，让个体健康管理变得更加主动和具有预防性，有效减轻了传统医疗系统的压力。

教育领域同样经历了由社会5.0计划驱动的重大变革，通过运用人工智能和机器学习算法教育系统能够提供更加定制化和个性化的学习体验，适应每个学生的学习进度和风格，数字化平台和虚拟教室的广泛应用，使教育资源的传播不再受到地理和时间的限制，大大促进了终身学习和持续教育的普及。随着越来越多的个人数据被收集和分析，保护个人隐私和数据安全成为实施社会5.0计划的重要考虑，日本政府制定了严格的数据保护法规并采取了高标准的安全措施管理和保护数据，这些法规和措施确保了个人信息的安全，同时也增强了公众对使用数字技术的信任。

社会5.0计划不仅是技术革新的象征，还代表了社会价值观和生活方式的根本转变，在这个计划的指导下技术不仅是提高效率的工具，更是促进人类福祉和解决全球性挑战的关键手段。从应对气候变化到推动经济发展，从改进健康护理到革新教育体系，社会5.0计划展现了一种全新的思考和行动模式，通过整合创新技术和全面的政策支持，社会5.0计划不仅推动了日本的数字化进程，还确保了这一进程在增强国家竞争力的同时真正增进了社会福祉和公民的生活质量。随着计划的进一步实施，预计日本将在构建全球超智能社会的努力中继续保持领先地位，并为世界其他国家和地区提供宝贵的经验和启示。

3.4.5 印度的"数字印度"倡议

印度的"数字印度"倡议（Digital India）体现了印度政府对于全国数字化转型的坚定承诺和前瞻性远见，该倡议不单是技术的引入和应用，它的核心在于利用信息技术彻底改革和升级国家的基础设施、政府服务、经济和社会结构，以实现包容性增长、促进社会公正并提升国家的全球竞争力。

"数字印度"倡议重点强调通过建立强大的网络基础设施增强全国范围内的数字连接性。政府在此方面的努力包括巨额投资升级和扩展互联网基础设施,确保从繁华的城市到偏远的农村地区,每一个角落都能接入可靠且快速的互联网服务。这一措施不仅促进了信息的快速流通,也极大地提高了教育、医疗、商业和政府服务的数字化水平,特别是在偏远地区,数字服务的普及显著提升了当地居民的生活质量和经济活动效率。为了提升政府运作的透明度与效率,倡议还包括了大力推广电子政务的计划,通过实现政府服务的电子化,民众可以更便捷地申请文件、缴纳税费和接收各种公共服务,显著减少了纸质文档的使用和物理排队等候的时间。例如,印度推出的 Aadhaar 项目(全民数字身份认证系统),极大地简化了民众获取政府服务和福利的流程。

"数字印度"倡议还特别强调了创新和创业的重要性,政府通过提供资金支持、税收优惠和简化的创业程序等措施,激励科技创新和创业活动,印度的创业生态系统因而得到了迅速发展,尤其是在科技领域,涌现出大量的初创企业和创新项目,如电子商务、金融科技、教育技术等领域的创新都在全球范围内引起了广泛关注。教育也是"数字印度"倡议中的一个重点,政府通过推广 STEM 教育,加强技术和工程学科的教学和研究,为数字经济时代培养必需的人才,数字平台如 SWAYAM MOOCs 被用来提供在线课程,使高质量的教育资源可以覆盖更广泛的受众,特别是在偏远和贫困地区的学生,可以同样获得优质教育的机会。

随着"数字印度"倡议的进一步实施,可以预见印度将在全球数字经济中占据更加重要的位置,同时也为其国民带来更多的机会和更好的生活质量,倡议的成功实施将加速印度的信息技术基础设施建设,提高其在全球经济中的地位,同时带动相关产业的快速发展,如云计算、大数据分析和人工智能。倡议还强调了数字安全的重要性,政府投入大量资源确保网络空间的安全,防止数据泄露和网络攻击,保护国民和企业的信息安全。此外,政府也在积极推动数字技术的普及和应用,如智能城市项目,该项目不仅提高了城市管理提高了居民生活质量,也为城市提供了更多的发展机会和经济增长点。

"数字印度"倡议通过各种政策和措施,积极促进了女性和边缘群体的数字化接入和能力提升,例如,政府启动的多项倡议旨在提高女性和少数群体的数字文化,增强他们在数字经济中的参与度和影响力,通过教育和培训,这些群体能够更好地利用数字工具提升自己的生活和工作效率,增强自身的经济自主能力。"数字印度"倡议是印度政府为实现国家全面数字化转型所作的深远规划,此举不仅旨在提高国家的行政效率和透明度,还意在通过技术推动经济和社会的包容性增长,随着这一倡议的进一步实施,印度不仅将增强其在全球数字经济中的地位,也为其国民带来了更多的机会和更好的生活质量。

3.4.6 英国的数字经济战略与"脱欧"后政策调整

英国的数字经济战略反映了一个先进国家如何通过政策、技术和国际合作维护并提升其在全球数字经济中的地位,在"脱欧"的背景下这些战略和政策的调整显得尤为重要,因为它们必须确保英国能够在不断变化的国际环境中保持其竞争力和吸引力。英国政府明确了其对科技创新的承诺,尤其是在关键技术领域的支持,政府不仅增加了对人工智能、物联网、大数据分析和量子计算等战略性技术的投资,还通过公私合作模式,鼓励私营部门的研发活动。英国政府推出的"工业战略挑战基金"专门针对解决工业和社会中的大挑战,如清洁能源、未来移动性以及人口健康,这些资金和项目不仅加速了科技的商业化过程,也帮助构建了一个创新生态系统,将研究机构、初创企业、投资者以及政府机构连接起来,共同推动科技进步。

在推动数字化转型方面英国政府采取了多项措施确保全社会的数字接入。政府制定了"全国宽带战略",旨在到 2025 年,让全国大部分地区都能接入高速宽带服务,这一计划特别关注农村地区和之前网络服务较差的区域,确保数字经济的好处能够普惠全社会每一个角落,为了加强数字技能的普及,政府与多所大学和职业培训机构合作,开展了一系列的数字技能培训课程,旨在提升公民的数字素养,使更多人能够适应快速变化的工作环境和生活方式。"脱欧"后的政策调整特别注重加强国际数据标准和保护协议的合作，英国政府意识到，数据流动的安全和效率对于维持英国企业的国际竞争力至关重要，因此在与欧盟及其他国家的谈判中，政府力求确保数据保护协议能够满足国际商业运作的需求，并且符合国际数据保护的标准，这包括与欧盟就数据保护等级达成等效性协议，确保数据可以在不同法域间安全流通。

英国政府还特别强调了创新的重要性，在"脱欧"后的全球竞争环境中，创新是提升国家竞争力的关键，政府设立了一系列激励措施，包括税收优惠、创业补助和创新贷款，以激发国内外投资者和企业家的创业热情，通过强化与全球科技和创新中心的合作，力图保持其全球科技创新领导者的地位。英国的数字经济战略与"脱欧"后的政策调整是一次全面的系统性努力，这些努力旨在通过创新和国际合作推动国家经济的持续增长和社会的全面进步，通过这些策略和措施，英国不仅能够应对即将到来的各种国际挑战，还能在全球数字经济中继续保持领先地位。

数字经济的前进步伐也对英国的教育体系提出了更高的要求，为此政府致力于改革现有的教育体系，包括加强科技、工程和数学教育的投入以培养未来的科技领导者，这不仅包括传统的学术路径，还包括职业技能的培训，以确保技能教育与市场需求相符合。英国的数字经济战略是一个复杂而全面的系统，旨在通过科技创新和国际合作，推动国家的经济增长和社会发展。随着这些策略的实施和进一步的发展，英国将继续在全球舞台上保持领先地位，为其国民提供更多的机会和创造更好的生活质量。

3.4.7 德国的工业 4.0 战略

德国的工业 4.0 战略标志着该国在全球制造业中维持领先地位的坚定决心，通过全面整合数字技术革新其制造业基础，这一战略的核心目标是利用物联网、大数据、人工智能等先进技术，将传统制造业转变为智能制造业，从而实现高效率、高质量和高度个性化的生产能力。

　　工业4.0战略的实施体现在生产自动化和智能化上，德国的许多工厂正在利用机器人技术和自动化系统提升生产效率和灵活性。例如，通过使用协作机器人（cobots）能够与人类工人安全地协作，执行重复性高且劳动强度大的任务，从而减轻工人负担，提高生产线的灵活性和效率，自动化的物料搬运和精确的机器视觉系统能够确保生产过程中的高精度和质量控制，减少生产缺陷和提升产品质量。数字化的供应链管理是工业4.0战略中另一核心元素，德国企业正在利用物联网技术实现供应链的实时监控和管理，通过在物流网络中部署各种传感器和追踪设备企业能够实时跟踪原材料和产品的流动，从而优化库存管理和减少物流成本。高级的预测分析工具能够帮助企业预测市场需求和供应链风险，使供应链管理更加主动和精确。

　　工业4.0战略还包括通过数据和分析提升决策制定过程，德国的制造企业正在采用高级数据分析技术分析生产数据，以识别效率提升和成本节约的机会，这些数据不仅来源于内部生产活动，还包括来自供应商、客户和市场的信息，通过整合和分析这些大量数据，企业能够更好地理解市场趋势、消费者行为和运营效率从而作出更加明智的业务决策。工业4.0战略也强调了对人才的重视和培养，德国政府和企业都认识到，高技能的劳动力是实现智能制造的关键，因此德国在职业教育和技术培训方面进行了重大投资，旨在培养符合未来产业需求的技术人才。德国的高等教育机构也与工业界紧密合作，确保其课程和研究与工业4.0战略的需求保持一致，特别是在机械工程、电子工程和计算机科学等领域。

　　工业4.0战略不仅是一场技术革命，更是一场涉及经济、社会和文化多个层面的综合变革，通过这一战略的实施，德国不仅希望保持其在全球制造业的领先地位，还期望推动更广泛的经济增长和社会福祉的提升。随着工业4.0战略的不断深化，德国在全球数字经济中的影响力将进一步扩大，为全球制造业的发展树立新的标杆，这一战略的推进也表明了德国对未来制造业的清晰定位不仅是自动化和效率的提升，而是通过智能化的整合，使制造业更加灵活、适应性更强并能够在全球市场中迅速响应变化。

德国政府对于技术创新的支持并没有止步于提供资金援助，而是建立了一套包括政策激励、税收优惠和直接投资等多方面的支持体系，这些措施共同构建了一个有利于科技发展和商业化的环境，政府与私营部门的合作，尤其是在研发和技术转移方面的合作，已成为推动工业 4.0 战略发展的一个重要模式。国际合作也是德国推动工业 4.0 战略的一个关键方面，德国与其他国家的企业和研究机构在智能制造和数字化领域展开了广泛的合作，以确保技术和知识的全球流动。工业 4.0 战略是对国家未来经济发展方向的明确指引，通过高度的技术整合和智能化改造，德国制造业正在向更高的技术水平和全球竞争力迈进，这一全面的战略不仅涵盖了技术和生产的各个方面，也包括了人才培养、国际合作和政策支持，确保德国在全球经济中维持其领先地位。

3.5　我国数字经济的政策体系

3.5.1　政策支持与激励措施

在全球化和数字化日益发展的今天，政府的政策支持和激励措施对于数字经济的成长至关重要，这些政策不仅推动了技术创新，还有助于构建一个健康、可持续的经济发展环境，并促进社会整体福祉的提升。政府通过实施一系列多元化的支持措施努力降低创新门槛，加速技术的商业化进程，同时通过教育政策更新和基础设施投资确保国家适应数字时代的需求。政府在推动数字经济的发展过程中，实施了财政补贴、税收优惠、资金支持等传统措施，通过促进知识共享和技术转让的政府鼓励高校、研究机构与企业之间合作，如设立科技园区和创新孵化中心。这些措施为初创企业和科技公司提供了研发和市场推广的支持，不仅加速了科技成果的转化还培育了一大批高新技术企业，从而增强了国家的创新能力和国际竞争力。

政府还通过制定适应数字时代的教育政策，加强人才培养和技能提升以确保劳动力市场与数字经济的需求相匹配，通过整合教育资源更新课程内容，增加对 STEM 教育的投入。政府致力于培养更多具备数字技能的专业人才，推动终身学习和职业再培训计划，帮助现有劳动力适应快速变化的工作环境，减少技术进步可能带来的就业冲击。基础设施是数字经济发展的重要支撑，政府加大了对数字基础设施建设的投入，包括扩展宽带网络覆盖、提升网络速度以及支持 5G 技术的部署，这些基础设施的改善不仅提升了国家的信息化水平，还促进了远程教育、远程医疗和电子政务等服务的发展，使数字经济的红利能够惠及更广泛的社会群体。

随着数据成为数字经济中的核心资产，确保数据安全和消费者隐私成为政府的一项重要任务，政府通过制定严格的数据保护法律，设立专门的监管机构，加强对数据处理活动的监督，这些措施增强了公众对数字服务的信任，为数字经济的健康发展奠定了法律和道德基础。在全球化背景下，数字经济的发展也受到国际环境的影响，政府积极参与国际交流与合作，推动在数字税收、跨境数据流动、网络安全等方面的国际规则制定，通过这些国际合作，政府不仅能够保护国内企业的利益，还能为本国企业在全球市场中的竞争提供支持。

政策支持与激励措施是推动数字经济发展的关键因素，通过综合运用财政、税收、教育、基础设施建设等多种政策工具以及加强国内外合作，可以有效促进数字技术的广泛应用，激发经济创新活力，推动经济高质量发展，实现社会全面进步。随着政策的不断优化和完善，数字经济将为国家带来更加繁荣的发展前景，为社会和经济的可持续发展注入新的动力。这种政策框架不仅是应对当前挑战的策略，也是预见未来潜在机遇并积极为之准备的一种方式，通过多维度的政策支持和环境建设，政府确保数字经济成为推动全国经济发展的强大引擎。

3.5.2　创新与技术研发政策

在当今全球经济日益数字化的背景下，创新和技术研发政策成为推动国家经济发展的核心动力，政府的角色在于搭建一个促进创新和科技发展的政策框架，通过一系列综合措施不仅支持科技领域的研究、开发和商业化，还努力推动整个数字经济的进步和繁荣。

政府通过财政投入和税收激励策略大力支持创新和研发活动，财政资助不仅限于直接的资金投入，还包括为研发活动提供税收减免、研发投入加计扣除等税收优惠，这些政策极大地降低了企业进行研发的成本，激发了企业的创新活力和投资意愿。例如，政府可能会对在人工智能、机器学习、生物技术等高新技术领域进行研发的企业提供更为优惠的税收政策，以此吸引更多的企业投身于未来技术的研究与开发。政府通过支持高等教育和公私合作研究机构的研发项目，不仅提供了创新所需的资金，还帮助这些机构构建了高水平的研究平台，吸引了国内外顶尖科学家和研究人员，这种支持确保了科技研发活动能够持续并产出创新成果。

政府还支持搭建创业孵化器和科技园区，这些平台为初创企业提供了必要的资源与环境，帮助它们在早期阶段稳定发展，快速将研发成果转化为实际产品，这种生态系统的建设不仅促进了科技创新也加速了新技术的商业化进程。为了保护创新成果，政府加大了对知识产权的法律保护力度，加强知识产权保护不仅有助于维护企业和个人创新者的合法权益，还能形成良好的创新生态系统，政府采取措施简化知识产权申请和审批流程，提高侵权成本，严厉打击盗版和假冒行为，从而鼓励更多的科技成果能够安全地进入市场。

政府通过国际合作扩大了创新政策的影响范围，在全球化的背景下技术和创新越来越依赖于跨国合作，政府不断加强与其他国家在科技创新领域的合作，参与国际科技项目，共享研发资源，这不仅有助于提升国内科研水平也为本国企业提供了进入国际市场的机会。为了适应快速变化的技术环境，政府要不断调整和更新创新政策，确保政策的时效性和前瞻性，通过定期评估现有政策的效果并根据技术发展和市场需求的变化进行调整，确保创新政策始终保持活力，有效支持科技进步和产业升级。

政府的创新与技术研发政策是多方位、多层次的，通过财政支持、税收激励、知识产权保护、人才培养、国际合作等多种措施相结合，形成了一个全面支持数字经济和技术创新的政策体系，这一体系不仅推动了科技创新的快速发展还促进了经济结构的优化和升级，为国家经济的高质量发展奠定了坚实的基础。随着政策的持续优化和完善，未来国家的数字经济和技术创新将继续保持强劲的发展势头，为经济持续增长和社会全面进步提供强大动力，这一全方位的政策支持框架确保了国家在全球科技竞争中保持领先地位，同时促进了国内市场的多元化和经济的全面繁荣。

3.5.3　产业数字化转型支持

在全球数字经济竞争日益激烈的背景下，政府的政策支持和激励措施对于加速产业的数字化转型起到了至关重要的作用，这些政策不仅能提升企业的创新能力和市场竞争力，也是推动国家经济结构优化和升级的关键策略。政府在推动产业数字化转型方面采取的措施是全面且多层次的，涉及资金支持、政策引导、技术培训和国际合作等多个方面，通过这些综合措施政府能够为企业提供一个有利的外部环境，促进产业升级和技术革新。为了更好地支持企业尤其是中小企业的数字化需求，政府加大了对全国范围内技术咨询和服务网络的建设，这包括在全国各地设立信息化和数字化转型支持中心，提供从技术评估到实施过程中的全程咨询服务，这些中心聚集了一批信息技术专家和顾问，能够根据企业的实际情况提供个性化的解决方案，帮助企业克服转型中遇到的技术和管理难题。

政府还加强了对企业员工的转型指导和技能培训，通过与高等教育机构和职业培训学校合作政府推动了一系列针对数字技能的培训课程，如数据分析、云计算服务管理、网络安全等，这些课程旨在提高企业员工的数字技能水平，为企业的数字化转型提供人才支持，这些培训课程也逐步开放给广大公众，以提高整个社会的数字化水平。在金融支持方面，政府通过多种渠道降低企业尤其是中小企业在数字化转型中的投资风险和成本，这包括提供低息贷款、税收减免、创新券等多种形式，政府鼓励银行和其他金融机构开发符合数字化企业需求的金融产品，如知识产权质押贷款、技术保险等以解决企业在研发和市场扩展过程中的资金需求。

政府还通过设立创新奖励机制，对在技术创新和数字化应用中取得突出成绩的企业给予表彰和奖励，这种奖励不仅提供了资金上的支持，更重要的是提高了企业的市场知名度和品牌影响力，激励企业持续投入创新活动中。在国际合作方面，政府积极与其他国家和国际组织合作，引进先进的数字技术和管理经验，为本国企业的数字化转型提供更广阔的视野和更多的学习机会。通过参与国际项目、引进外资企业和技术以及出口国内成熟的数字化解决方案，政府不仅能够推动国内产业的提升，还能够增强国家在全球数字经济中的竞争力。

政府的产业数字化转型支持政策是一个多元化、系统化的支持体系，涵盖了从政策制定、资金投入到技术服务和国际合作等多个方面，这些措施可以有效地推动传统产业的数字化升级，激发企业的创新活力，加快经济结构的优化升级，为实现高质量发展目标奠定了坚实基础。随着这些政策的不断深化和完善，预计我国的数字经济将持续保持快速发展态势，为社会和经济的全面进步提供强大动力，这些政策的成功实施不仅有助于国内企业加快技术更新和产品创新，也使整个国家在全球经济中更具竞争力和影响力。

3.5.4　人才培养与教育政策

在全球数字经济的快速发展背景下，政府采取了全面而深入的措施确保人才培养和教育政策能够满足当前及未来的行业需求，这些政策不仅聚焦于技术技能的提升，还包括了提高管理能力、创新思维和跨领域协作能力，旨在全面提升人才的综合素质以满足数字经济的多方面需求。

政府的教育政策特别强调了科学、技术、工程和数学（STEM）教育的重要性，并将其作为国家教育体系的核心内容，这些领域的教育不仅在学术层面得到强化，更通过与产业界的紧密合作，确保教育内容和产业需求相对接。政府鼓励并资助企业与教育机构合作，共同开发符合实际工作需求的课程和项目以此确保学生毕业后能够快速适应职场，有效提高就业率。为了促进终身学习文化的建立，政府推动开设在线学习平台和远程教育资源，使在职人员能够便捷地接受新知识和技能的培训，这些平台提供从基础到高级的各类课程，覆盖数据分析、云计算、机器学习等当前及未来市场需求高的技能培训，通过这种方式，政府不仅解决了城乡、区域之间教育资源分配不均的问题，也极大地提升了整个社会的学习热情和能力。

为进一步提升人才培养质量，政府还特别注重教育的国际化，通过与国外多所顶尖大学和研究机构的合作引进先进的教育理念和教学方法，同时发送优秀学生和教师出国交流学习，增强国际视野和竞争力，这些交流项目不仅限于传统的学术访问还包括实际的企业实习和项目合作，让参与者能够获得实际操作和国际合作的经验。政府还致力于创造一个公平的教育环境，特别是强化对少数群体和女性在科技领域教育的支持，实施多种政策以消除性别和社会背景在教育和职业发展中的障碍，确保所有人都能够公平地访问高质量的教育资源，充分发挥其潜力。

政府的人才培养与教育政策通过一系列全方位的措施，不仅提升了国家的教育水平和技术能力，也促进了社会公平和经济全面发展，这些政策有效地为数字经济提供了坚实的人才保障和智力支持，确保了国家在全球数字经济竞争中的持续优势，随着政策的不断优化和完善，未来我国的数字经济将更加繁荣，为经济的持续增长和社会的全面进步提供了坚实的基础。政府的持续投入和创新教育政策将进一步促进技术技能和创新能力的发展，满足未来市场的复杂需求，这种综合性的教育策略不仅为个人职业发展提供了广阔的平台，也为企业提供了一个高技能的劳动力市场，增强了国家在全球经济中的竞争力。

3.5.5 跨部门合作与法规整合

为应对数字经济发展中的复杂挑战，政府已采取了一系列创新的跨部门合作和法规整合措施，这些措施的目的在于确保数字经济的有序发展和健康壮大，主要包括加强政府部门之间的合作、更新和完善法规体系、增强政策的透明度和可执行性，以及积极响应技术发展带来的新挑战。这种政府间的合作已经从单一部门的独立操作转变为多部门协同作业，形成了一种有效的协作机制，以应对数字技术快速变化带来的多维度问题。

这种协作不仅涵盖了政策制定，还包括监管执行、市场监督、风险评估和应急响应等方面，例如，在数据安全领域，涉及信息技术、工业、商务、公安以及法律等多个部门共同制定和执行相关政策，确保政策的全面性和高效性，通过这种全方位的合作各部门能够共享资源和信息，增强对策的针对性和时效性，同时减少政策执行过程中的重叠和冲突。在法规整合方面，政府通过构建统一的法律框架应对由数字经济带来的新法律问题，包括对现有法律的修订和新法规的制定，以涵盖数据保护、网络安全、电子商务、数字税收、智能合同和人工智能等领域，随着电子商务的普及和线上消费模式的变革，相关的《中华人民共和国消费者权益保护法》和《中华人民共和国广告法》等都进行了相应的更新，以保护消费者权益并促进公平交易。

政府还在提高法规制定和实施过程的透明度方面作出了努力，通过公开征求意见、举行听证会和通过工作坊积极收集来自各方的反馈，包括企业、消费者、法律专家和学者的意见，这些活动有助于制定更加全面和公正的政策。政府通过建立在线平台，提供政策解读、法规更新和实施指南，增强政策的可接近性和理解度，确保所有利益相关方都能了解和适应这些政策变化，这些努力不仅提高了政策的效率和有效性还加强了公众对政策的信任。通过跨部门合作和法规整合，政府能够更好地应对数字经济发展中的风险和挑战，为企业创造一个稳定的运营环境，为消费者提供更好的保护，这种协调一致的政策环境也有助于激发创新和投资，推动国家经济的持续增长和社会的整体福祉。

随着数字技术的持续进步和全球化趋势的深化，政府未来需要持续优化跨部门合作机制和法规整合策略，这包括利用先进的技术增强政策制定和执行的效率，如利用大数据和人工智能进行政策分析和风险评估。政府也需要在国际舞台上加强合作，与其他国家共同应对跨境数据流、网络安全和国际贸易等问题，共同推动全球数字经济的规范化和健康发展。通过跨部门合作与法规整合，政府能够更有效地支持数字经济的发展，创造一个公平、安全和富有创新的商业环境，这不仅有利于推动国内经济的高质量发展，也有助于提升国家在全球数字经济中的竞争力和影响力。随着政策和措施的不断完善，我国的数字经济将迎来更加广阔和光明的发展前景。

3.5.6 数据治理与标准制定

随着数据在各个行业和领域的广泛应用，制定有效的数据治理标准已成为企业和组织的重要任务，这些标准不仅关乎数据的可用性、一致性和透明度，也涉及数据的采集、存储、处理和分析过程，从而确保数据的合法性、安全性和隐私保护。数据治理的核心在于建立一套确保数据质量和完整性的规范，应对数据量增加和来源多样化带来的挑战，通过全面的数据管理规范和操作标准组织可以规范数据的采集、录入和处理流程，有效避免数据的重复、不一致和错误。例如，建立数据质量检查机制和数据清洗流程，可以及时发现和修正数据质量问题，保障数据的准确性和可靠性，这些标准还涉及数据的分类、存档和最终的销毁，确保数据在其生命周期中的每一个阶段都得到妥善管理。

数据治理标准的另一个重要方面是保护数据的安全性和隐私，在数据泄露和信息安全事件频发的背景下，保护数据安全和隐私已成为组织面临的一项重要挑战。通过制定符合相关法律法规和行业标准的数据安全政策和措施，组织可以有效防范数据泄露和非法访问，包括建立严格的数据访问权限控制机制，限制不同用户对数据的访问权限；加强数据加密技术的应用，保护数据在传输和存储过程中的安全；以及建立数据安全监控和报警系统，及时发现和应对安全威胁和攻击。

数据治理标准的建立还有助于提高数据的可用性和透明度，在数据驱动的时代，高质量和可靠的数据是支撑企业决策和创新的重要基础，通过规范数据的采集、存储和共享流程，可以提高数据的可用性和及时性，满足用户和决策者的需求。此外，建立透明的数据管理和使用机制，可以增强数据的信任度和可信度，促进数据的共享和交流，推动数据驱动型决策和创新的实现。

针对不同行业和领域的特定需求，还需要制定行业标准以支持行业内数据的互操作性和安全使用，不同行业和领域的数据特征和应用场景各不相同，因此需要根据具体行业的需求和实际情况制定相应的数据治理标准和最佳实践。例如，在金融行业，需要建立符合金融监管要求的数据管理和安全标准，保护客户的个人信息和金融交易数据；在医疗行业，需要遵循医疗保密法和相关法规，保护患者的医疗记录和个人隐私。数据治理与标准制定是确保数据管理和使用的有效性和合规性的关键环节，通过制定全面的数据管理规范和操作标准，确保数据的质量和完整性；通过制定符合法律法规和行业标准的数据隐私政策和安全措施，保护用户个人信息和隐私；通过制定行业标准支持行业内数据的互操作性和安全使用。这些举措不仅有助于提高数据的可用性和透明度，还可以推动数据驱动型决策的实现，促进数字经济的健康发展，随着技术的进步和数据应用的深化，数据治理将继续发挥其核心作用，为企业创造持续的竞争优势，为社会带来更大的经济和社会价值。

3.5.7　信息安全与网络监管政策

随着数字化进程的加速，信息安全问题变得日益突出和复杂，在数字经济时代，数据不仅是一种宝贵的资源，其安全性更是直接影响个人隐私、企业运营以及国家安全的关键因素，因此制定全面的信息安全政策和网络监管措施显得尤为重要，旨在防范各类网络威胁和数据泄露风险以维护网络空间的稳定和安全。

针对信息安全，政策制定应基于建立一个健全的法律法规框架。在数字化时代信息的传输和处理已经不再局限于国界，这要求我们必须通过跨国合作应对全球性的网络威胁，政府需要与国际组织及其他国家共同制定信息安全的国际法律和法规，明确网络空间的行为准则和法律责任，防范跨国网络攻击和数据泄露行为，这一过程不仅需要国内各部门的协调，更依赖于国际沟通和合作，以形成一个广泛认可的国际信息安全框架。除了国际合作外，还需要根据不同领域和行业的特点制定相应的行业标准和规范，确保信息安全政策的适用性和有效性，不同行业对信息安全的需求各不相同，制定针对性的行业规范可以更好地保护关键信息基础设施和敏感数据，如在金融行业重点保护交易数据和个人账户信息，在医疗行业则侧重保护病患信息和医疗记录。

信息安全政策的有效实施需要建立强有力的监督机制，仅仅制定法律法规远远不够，必须拥有有效的监督和执行机构确保法律的实施，政府应建立专门的信息安全监管机构和监督体系，加强对网络活动和网络安全的监测和管理，及时发现和应对各种网络安全威胁和攻击，包括对网络服务提供商和数据中心的常规检查，确保它们遵守数据保护法和信息安全规定。政府还应加强与企业和社会各界的合作，共同推动信息安全意识的普及和提升，可以通过举办公开讲座、研讨会和培训，提高公众和企业对信息安全重要性的认识，形成全社会共同维护网络安全的良好氛围。

信息安全政策还需要注重技术手段和防御措施的创新和提升，随着网络技术的快速发展，网络攻击手段也在不断演变和升级，对信息安全提出了更高的要求。政府和企业需要不断加强网络安全防护体系的建设，提高网络安全防护能力和技术水平，包括加强网络边界的防御，建立安全漏洞修补机制，加强数据的加密和安全传输技术以及对网络恶意代码和攻击行为的监测和防范，确保网络空间的安全和稳定。制定全面的信息安全政策和网络监管措施是维护数字经济稳定和安全的重要保障，这些政策需要建立健全的法律法规框架，建立有效的监督机制和执行力度，注重技术手段和防御措施的创新和提升。只有通过全社会的共同努力，我们才能有效应对各类网络威胁和数据泄露风险，保护网络空间的安全和稳定，推动数字经济的健康发展，当然，这需要从政策制定到执行，从国际合作到本土实施，从技术创新到公众教育，各方面都要同步推进，才能形成一套完整的信息安全保障体系。

3.5.8　对外贸易与国际合作政策

在当今全球化的背景下，积极参与国际贸易和合作对于拓展数字经济的国际影响力至关重要。随着技术的发展，数字经济已经成为全球经济增长的关键驱动力，它不仅促进了跨国界的商业活动，还推动了信息和技术的全球流通，因此政策制定者必须通过一系列对外贸易和国际合作的政策和框架推动数字经济的全球化发展。对外贸易政策的制定应当注重降低跨境电子商务的贸易壁垒，当前电子商务已经成为全球贸易的一个重要组成部分，它为企业提供了更广阔的市场和无限的发展机会。然而由于各国之间存在不同的法律法规和贸易壁垒，跨境电商面临着诸多挑战，例如，不同国家对于电子产品的进口关税、消费税及监管政策的差异，都可能成为阻碍跨国电子商务的重要因素。因此政府需要积极推动国际贸易的自由化和便利化，通过降低关税税率、简化进出口手续、加强电子商务平台的合规管理等方式，为企业开展跨境电商业务提供更加便利的环境。

国际合作政策的制定旨在加强与其他国家在数字技术领域的合作，数字技术的不断创新和发展已经成为推动经济增长和创新发展的重要引擎之一，而国际合作在此过程中发挥着至关重要的作用，政府可以通过签署双边或多边合作协议，加强与其他国家在人工智能、大数据、云计算等领域的技术交流与合作，这不仅可以共同推动数字技术的研发和应用，还可以促进数字经济的全球化发展。

政府还可以鼓励企业开展跨国合作项目，共同探索国际市场，拓展合作空间，提升企业的国际竞争力，例如，国内的科技企业可以与外国公司合作开发新的软件和技术，或者共同在第三方市场建立数据中心和云服务平台，通过这样的国际合作不仅可以提升企业的技术水平和市场影响力，也能为数字经济的国际化发展打下坚实的基础。此外，政府还应该参与国际规则的制定以促进数字经济的国际化和国际市场的开放。在数字经济时代，数字贸易已成为国际贸易的重要组成部分，但同时也面临着数据安全、知识产权保护等各种挑战和问题，因此政府需要积极参与国际组织和机构，共同制定和完善相关的国际贸易规则和标准，以保障数字经济的顺利运行和发展。

通过促进数字经济的国际交流与合作，政府可以推动国际市场的开放与发展，为数字经济的全球化发展提供更加稳定和可持续的环境，积极参与国际贸易和合作是推动数字经济全球化发展的重要途径之一，政府通过制定对外贸易政策和国际合作框架，降低贸易壁垒、加强技术合作和推动国际规则的制定，促进数字经济的国际化和国际市场的开放，为数字经济的全球化发展提供了重要保障。随着全球数字经济的不断发展和壮大，国际贸易和合作将继续发挥着重要的作用，推动数字经济向更加开放、包容和可持续的方向发展，这要求政策制定者不仅关注本国的经济利益，更应考虑如何通过国际合作促进共同利益和全球经济的整体发展。

3.5.9　创业支持和小企业发展政策

在数字经济时代创业支持和小企业发展政策的重要性日益凸显，随着技术的不断进步和全球市场竞争的加剧，创新和创业已成为推动经济增长和社会进步的核心力量，政府通过实施一系列政策和措施，致力于营造一个有利的创业环境，激发创新活力，促进小企业的健康发展。政府提供的财政补贴和税收优惠是支持创业和小企业发展的主要手段之一，财政补贴可以直接解决创业者和小企业在初始阶段面临的资金短缺问题，降低创业的门槛和风险，这种直接资金支持不仅帮助企业稳定运营还能激励更多人投身创业，实现其商业模式和技术创新；税收优惠政策则通过减免税款，减轻小企业的财务负担，提高其盈利能力和市场竞争力，该政策可以帮助企业将更多资源投入研发和市场扩展中，从而加速成长速度和提高整体经济效益。

政府还提供技术支持和培训服务，这对于提升创业者和小企业的核心竞争力至关重要。技术支持涉及提供技术咨询、研发支持和技术创新服务，帮助企业解决技术难题，提升产品和服务的质量；培训服务则着重于提高创业者的管理能力、市场营销技能和创新能力，增强其面对市场变化的应对能力和风险管理能力，政府通过建立创业培训机构和技术咨询中心，为创业者提供系统的教育和技术指导，确保他们在创业过程中能够不断学习和成长。

为了进一步支持创业和小企业的发展，政府还建立了创业孵化基地和创新中心，这些平台为创业者提供了办公空间、培训、孵化和资金投资等一系列服务，是支持初创企业从概念到市场的全过程。创业孵化基地通常提供一个多功能的服务环境，帮助创业公司在起步阶段减少运营成本，创新中心则聚焦于高技术领域的研发和创新，为小企业提供技术开发、成果转化和市场推广的全方位支持。

政府通过制定政策和采取措施给予的多方面的支持，不仅促进了小企业和创业项目的发展，也为整个经济体系注入了新的活力，这些措施提升了创新活动的频率和质量，加速了知识和技术的转化，推动了就业和社会福祉的提升，此外，政府还助力培养了一批能够在全球市场中竞争的高科技企业，增强了国家的国际竞争力。在数字经济时代，创业支持和小企业发展政策不仅是推动经济增长的关键因素，更是促进社会创新和技术进步的重要手段，通过持续的财政支持、税收激励、技术服务和培训等措施，政府为创业者和小企业提供了成长和成功所需的资源，确保了这些新兴企业能够在竞争激烈的市场环境中脱颖而出，推动了经济的多元化发展和社会的全面进步。

第4章

数字产业化

4.1 数字经济技术基础

4.1.1 数字经济整体技术架构

数字经济作为全球经济增长的新引擎，不仅重塑了传统行业的业务模式，还推动了新兴市场的快速发展，技术的进步在数字经济中扮演了核心角色，尤其是云计算、大数据处理和网络安全技术的融合和创新，这些技术的发展和应用不仅提升了经济效率，还加强了市场的活力和竞争力。云计算技术通过其高效、可扩展的特性，已成为数字经济基础设施的重要支柱，企业和组织可以通过云服务快速部署应用，无须大量前期投资物理硬件和维护，大大降低了业务启动和扩展的成本和难度。此外，云计算平台的弹性使资源可以根据需求动态调整，极大地提高了操作效率和成本效益。例如，零售商可以在购物高峰期临时增加服务器能力以处理大量交易，而在需求下降时减少资源使用，从而优化成本结构。大数据技术的应用为数字经济提供了精准的决策支持，通过分析消费者行为、市场趋势和竞争环境，企业能够洞察市场需求和潜在风险，从而制定更有效的商业策略，大数据处理系统能够处理来自社交媒体、在线交易和物联网设备的庞大数据集，提供实时分析和预测，帮助企业快速适应市场变化。此外，数据驱动的个性化服务和产品也越来越受到消费者的青睐，例如系统能够根据用户的历史行为和偏好推荐内容，增强用户体验和满意度。

　　网络安全在数字经济中的重要性不断上升，随着业务活动越来越多地依赖于互联网和其他数字平台，数据安全和隐私保护成为企业和消费者极为关注的问题。综合网络安全解决方案包括但不限于实时监控、威胁检测、数据加密和入侵防御，它们共同构成了一道防线，保护企业和个人信息不受外部攻击和内部泄露的威胁。例如，金融服务行业包含大量敏感的个人和企业金融信息，需要极其严格的安全措施防止数据泄露和欺诈行为。此外，随着人工智能、物联网和区块链等新兴技术的快速发展和应用，数字经济的技术架构日益复杂：人工智能的算法和机器学习技术可以优化数据处理流程和自动化决策，提升业务效率和精确度；物联网设备的普及增加了数据来源的多样性和实时性，帮助企业更好地监控和管理其运营；区块链技术以其独特的去中心化和透明性特征，为数字交易和数据共享提供了新的可能，例如通过智能合约自动化执行合同条款，减少了交易成本和时间。

　　随着这些技术的进一步融合和优化，未来数字经济的技术架构将更加完善，能够支撑更广泛的应用场景和业务模式。企业需要持续投资于技术创新，以维持竞争优势和适应不断变化的市场需求，政府和行业组织也应该制定相应的政策和标准，促进技术发展的健康和可持续，确保数字经济的长远发展和社会的整体利益。数字经济的整体技术架构是多方面、多层次的，它不仅涉及基础设施的建设，还包括对于技术前沿的不断探索和应用，在这一过程中，技术创新、安全保障和政策支持是不可或缺的要素，这些要素共同推动了数字经济的健康发展和繁荣。随着技术的不断进步和创新，数字经济的未来将更加光明，也更具挑战性。

4.1.2　新一代数字技术

　　新一代数字技术的迅猛发展正在重塑全球经济的格局，为各行各业带来了前所未有的变革，人工智能（AI）、区块链、物联网（IoT）等前沿技术不仅提高了生产效率和资源配置的优化，还在为传统行业的革命性变革提供动力，推动着产业的持续升级。在客户服务领域，AI驱动的聊天机器人提供了全天候服务，显著降低了人力成本，同时提升了用户体验和服务响应速度，这种类型的自动化不仅使企业能够更有效地处理客户查询，还能通过数据分析预测和解决潜在的问题从而提高客户满意度和忠诚度。

在市场分析方面，AI技术的应用使公司能够处理和分析海量数据，帮助洞察市场趋势和消费者行为，这使企业能够根据精确的数据作出战略决策，进行市场定位和制定更加针对性的产品推广策略，在金融服务领域AI的应用已经从简单的算法交易发展到提供个性化的财务管理服务，AI技术的深度学习和预测分析功能正在逐步替代传统的金融服务模式，例如信用评估、风险管理和资产管理等，使金融服务更加精准、高效和个性化。区块链技术以其独特的安全性和透明度，正在成为数字化转型的重要工具，在物流行业区块链技术能确保物流信息的真实性和透明性，有效减少物流过程中的欺诈和错误，在版权保护领域，区块链技术为数字内容创造了不可更改的版权记录，有效地保护了内容创作者的知识产权，促进了数字内容市场的健康发展。

物联网技术的应用也在不断拓展，尤其是在智能家居、工业自动化和智慧城市等方面。在智能家居领域，用户可以通过IoT设备远程控制家中电器，实现家居自动化，提升生活质量和便利性；在工业自动化方面，IoT技术能够实现机器设备的实时监控和维护，通过预测性维护减少设备故障和生产延误提高生产效率；在智慧城市的建设中，IoT技术帮助城市管理者实时监控城市运行状态，从交通流量管理到环境监测，提高城市管理的效率和响应速度，随着这些新一代数字技术的进一步发展，技术之间的融合正在开辟新的应用领域和商业模式。例如，AI和IoT的结合可以使智能设备更加"智能"，不仅能收集数据还能通过AI分析这些数据，自动调整操作以优化性能和效率；同样，AI和区块链的结合也在提高区块链操作的智能化和效率方面发挥了重要作用，比如在智能合约的自动执行和优化中展现出巨大潜力。

随着技术的不断进步和创新，我们可以预见这些新一代数字技术将在更多领域展现出更大的潜力，企业和政府需要密切关注这些技术发展的最新趋势，不断探索和实验新的应用场景以驱动经济发展和社会进步，此外，还需要关注这些技术可能带来的挑战，如隐私保护、网络安全等问题，确保技术的健康和可持续发展。通过综合利用人工智能、区块链、物联网等技术加强跨领域的研究与应用，可以为数字经济的发展注入新的活力和动力，这不仅有助于提升行业竞争力还能促进全球经济的均衡发展，带来更广泛的社会利益。在此过程中，政府和企业应共同推动技术标准和政策的国际协调，以应对日益全球化的市场和技术挑战。

4.2　基础设施建设

4.2.1　数字产业化保障手段——信息技术标准化

信息技术标准化在当今数字化快速发展的世界中扮演着极其关键的角色，它不仅确保了技术的兼容性和全球化，还在降低市场准入壁垒、促进技术民主化方面展现出巨大的潜力。通过推广和采纳统一的技术标准，小型企业和新兴市场的参与者能够以更低的成本进入竞争激烈的市场，这不仅促进了市场的健康竞争还激发了创新活力。随着全球数字经济的不断扩展，各国政府和国际标准化组织之间的合作日益加强，它们正在加速制定涵盖最新科技的全球标准，这些标准覆盖了云计算、大数据处理、人工智能应用等众多领域，确保了不同国家和地区在采纳新技术时的一致性和安全性。

以云计算为例，国际标准化组织已经制定了一系列关于服务质量、数据安全和互操作性的标准，这些标准不仅使云服务提供商能够提供符合国际认可的服务，还帮助用户在选择服务提供商时有一个清晰的参考标准从而作出更明智的决策。在制造和物流行业中，信息技术标准化的重要性同样不容忽视，标准化的数据格式和交换协议使从原材料采购到产品分销的每个环节都能实现数据的无缝对接和流动。标准化的物品编码和自动识别技术，如条形码和射频识别技术（RFID），已广泛应用于全球供应链管理中，这不仅提高了物流追踪的准确性还大大提升了整个供应链的效率。

在环境保护和可持续发展领域信息技术标准化也发挥着至关重要的作用。例如，标准化的能源管理和环境监测系统能够帮助企业和政府更有效地监控和管理能源消耗，有效减少环境污染；电子产品的环保设计和回收处理标准不仅促进了资源的循环利用，还有助于减少电子废物对环境的影响；教育技术的标准化推动了远程教育和在线学习的普及，通过统一的教学平台和内容交付标准，高质量的教育资源得以跨越地理和经济障碍，惠及全球更广泛的学习者，这不仅扩大了教育的影响范围，也为终身学习和职业发展提供了更多的可能性。

尽管信息技术标准化带来了诸多益处，但在实施过程中也面临着一系列挑战，随着技术的迅速变化，现有的标准可能很快就会过时，因此标准化组织需要持续进行技术监测和预测，确保标准能够跟上技术发展的步伐。考虑到全球不同地区在技术发展水平和市场需求上存在差异，制定既能满足全球需求又具有地区适应性的标准是一个复杂的过程。信息技术标准化是支撑数字经济发展的关键要素之一，它不仅促进了技术的全球化和互操作性，还增强了数据安全，提升了产业效率，支持了技术的可持续发展，未来随着新技术的不断涌现，标准化的角色将变得更加重要，需要全球各方面的共同努力和协作以实现技术的健康发展和广泛应用。

4.2.2 传统基础设施数字化

传统基础设施的数字化转型，作为一种重要的城市发展战略，已经成为全球多个城市提升公共服务质量和运营效率的关键途径，这一转型不仅仅局限于简单的技术更新，更是一种深刻的社会经济和文化变革，数字技术的融入让城市基础设施变得更加智能化，从而更有效地服务于城市居民的日常需求和城市管理者的决策过程。在交通管理领域，数字化已经发生了革命性的变化，传统的交通控制系统通过引入大数据分析、云计算及物联网技术得到了极大的优化，现代城市中，交通信号控制不再仅仅依赖预设程序，而是能够通过实时数据动态调整。例如，通过分析来自交通摄像头、车载 GPS 以及移动应用等多种来源的数据，交通管理系统能够实时监测交通流量和路况，自动调整信号灯周期，以优化交通流并减少拥堵，此外，通过车辆识别技术和自动票务系统的应用，公共交通系统不仅提高了运营效率，还增强了对乘客的吸引力，有助于减少对私家车的依赖，进而降低城市的整体碳排放和污染水平。在能源管理方面，智能电网技术的应用使能源供应更加灵活和可靠，智能电网通过实时监控系统的整体运行状况，能够自动平衡供需关系，优化能源分配。例如，通过部署智能电表和集成可再生能源，智能电网不仅能够实时监测和调整能源消耗，还能预测短期和长期的能源需求，从而有效地规划能源生产和分配，这种系统不仅提升了能源使用的效率，还有助于城市向低碳经济的转型。

　　公共安全的数字化转型也产生了显著的效果，升级后的视频监控系统，配合面部识别技术和行为分析算法，极大地提高了公共区域的安全管理能力，这些系统能够实时分析监控画面，自动识别和记录可疑行为，快速将信息传递给安全人员，从而提前预防可能的安全事件或犯罪活动。同时，这些技术的应用不仅限于犯罪预防，还能在发生自然灾害或其他紧急情况时，通过分析历史数据和实时信息，快速有效地进行响应和资源调配，极大地提升了城市的应急管理能力。城市基础设施维护也因数字化而得到了根本性的改进，通过物联网技术，诸如桥梁、道路、建筑物等基础设施能够装备各种传感器，这些传感器可以监控结构的健康状况，实时收集数据并预警潜在问题。例如，传感器能够监测到桥梁的微小移动或裂缝的形成，及时通知维护部门进行检查和修复，从而显著减少了因延误维护导致的事故风险和维修成本，这种智能化的维护方式不仅提高了基础设施的安全性和可靠性，也大幅降低了长期的运营成本。

　　在水资源管理方面，数字化技术的应用同样展示了其独特的价值，智能水表和先进的数据分析系统能够有效监控和管理水资源的分配和使用，这些系统可以实时监测水流量，识别系统中的漏洞，从而优化水资源的整体管理。在面临水资源短缺的城市，这种技术的应用尤为关键，它不仅确保了水资源的合理分配，还促进了水资源的可持续利用，传统基础设施的数字化转型正在深刻改变城市的运行方式，它不仅提高了城市管理的效率和响应速度，还增强了城市的可持续性和居民的生活质量。随着技术的不断进步和创新，未来的城市将变得更加智能和互联，这种转型将持续推动城市发展的新浪潮，为居民创造一个更安全、更便捷、更舒适的生活环境，随着更多的技术创新被实现，城市的数字化转型有望"解锁"更多前所未有的可能性，为全球的城市化进程提供强大的动力和支持。

第5章

产业数字化

5.1 产业数字化发展现状

5.1.1 制造业的数字化进程

制造业正处于数字化变革的前沿，这一变革正在塑造着未来的工业格局，随着科技的迅速发展和数字化技术的不断成熟，制造业正以前所未有的速度和深度进行着转型升级，自动化机器人的广泛应用是制造业数字化进程中的重要一环。传统的生产线已经逐渐被具有高度智能化和自主性的机器人所取代，这些机器人不仅能够完成单一的重复性工作，还具备了较强的学习和适应能力，能够根据生产任务的变化进行灵活调整和优化，大大提高了生产效率和生产线的灵活性。

物联网（IoT）技术的应用也在推动着制造业的数字化进程，通过将各种设备、机器和工具连接到互联网上，实现了生产过程的信息化和智能化管理，生产线上的各个环节都能够实时监测和控制，从而实现了生产过程的精准化和高效化。在智能工厂中，生产设备之间可以实现数据共享和协同作业，提高了生产线的整体效率和运行稳定性，智能监控系统的应用也成为制造业数字化进程的重要组成部分。借助于传感器、摄像头和数据分析技术，制造企业能够实现对生产过程的全方位监控和管理，这些智能监控系统不仅能够实时监测生产设备的运行状态和产品质量，还能够预测和识别潜在的问题，并及时采取相应的措施进行调整和优化，从而保证了生产过程的稳定性和产品质量的可控性。制造业的数字化进程正在为传统工业带来全新的发展机遇和挑战，通过引入自动化机器人、物联网技术和智能监控系统等先进技术手段，制造企业能够实现生产效率和产品质量的双提升，为行业的可持续发展和转型升级注入了强大的动力，随着数字化技术的不断发展和应用，制造业将迎来更加广阔的发展空间，为经济的发展和社会的进步作出更大的贡献。

制造业数字化进程的重要意义不仅在于提高了生产效率和产品质量，更在于推动了整个产业的升级和转型，数字化技术的广泛应用让制造业从传统的机械化生产模式转变为智能化、柔性化的生产方式。这不仅有助于应对市场需求的快速变化和个性化定制的需求，还提高了企业的竞争力和市场影响力，同时，数字化进程也为制造业注入了新的活力和动力，吸引了更多的创新人才和投资，推动了产业的创新和发展，另外，制造业的数字化进程也为产业链上下游的企业带来了更多的合作机会和发展空间。数字化技术的普及让不同企业之间能够实现更紧密的合作和信息共享，形成了更加完善的产业生态系统，这种合作模式不仅能够促进资源的共享和优化配置，还能够加速产品的研发和推广，提高产业链整体的效率和竞争力。

在数字化进程中，制造业也面临着一些挑战和难题，其中，技术的更新换代和人才的培养是较为突出的问题之一，随着数字化技术的不断发展，企业需要不断更新自己的技术和设备，以适应市场的需求和竞争的压力。同时，企业也需要培养更多具备数字化技术应用能力的人才支撑企业的数字化转型和发展，另外，信息安全和数据隐私问题也是制造业数字化进程中需要重视的方面，随着生产数据的数字化和网络化，企业需要加强对信息安全的保护和管理，防止因数据泄露和网络攻击等问题造成的损失和风险。制造业的数字化进程既是一种必然趋势，也是一种重要机遇和挑战，通过引入自动化机器人、物联网技术和智能监控系统等先进技术手段，制造企业能够实现生产效率和产品质量的双提升，为行业的可持续发展和转型升级注入了强大的动力。然而要实现数字化转型的成功，企业需要认清数字化技术对产业发展的重要意义，积极应对数字化进程中的各种挑战和难题，不断提升自身的数字化应用能力和竞争力，才能在激烈的市场竞争中立于不败之地，实现可持续发展的目标。

5.1.2　金融服务行业的数字转型

金融服务行业的数字化转型不仅是技术层面的变革，更是业务模式和客户互动方式的全面革新，随着数字技术的发展，传统金融机构如银行、保险公司以及投资管理公司正在逐步转变为更高效、更灵活、对客户更友好的服务提供者。这种转型通过一系列创新的技术应用，为金融服务行业带来了前所未有的发展机遇，在客户服务方面，数字化转型极大地丰富了金融机构与客户互动的方式，传统的面对面服务模式正在被线上客服、移动应用、自助服务终端等数字化服务方式取代。例如，通过智能客户服务系统，客户可以随时随地通过智能手机应用、网站或社交媒体平台获取定制化的金融咨询，办理交易，这不仅提升了服务效率，也提高了客户满意度。此外，人工智能技术的应用方面，如聊天机器人和虚拟助手，已经开始在客户服务中扮演越来越重要的角色，能够提供全天候的即时响应服务，处理客户的查询和交易请求，大大提高了服务的可用性和便捷性。

在产品和服务创新方面，数字技术使金融机构能够开发出新的金融产品和服务，以满足市场的需求，例如，通过大数据分析和人工智能，金融机构可以更精准地评估客户的信用风险和投资偏好，从而提供更加个性化的贷款、保险和投资产品。此外，这些技术还使金融服务能够实现实时定价和风险管理，增强金融产品的吸引力和竞争力，数字支付和移动支付的普及则是金融服务行业数字化转型的另一个显著成果，随着智能手机的广泛使用，移动支付已成为日常消费的常见方式，金融机构通过与电子商务平台、零售商和服务提供商合作，推出了一系列便捷支付解决方案。例如，二维码支付、NFC 近场支付等技术不仅为用户提供了更快捷安全的支付体验，也为金融机构带来了更多的交易流量和数据资产，在合规和风险管理方面，数字化技术也发挥了关键作用，金融机构现在能够利用高级数据分析工具和算法监控和管理风险。例如，通过实时分析交易数据，机构可以快速识别和响应潜在的欺诈行为或洗钱活动，确保交易的合规性和安全性。此外，区块链技术提供了一种安全、透明、不可篡改的数据记录方式，为金融交易的合规性提供了强有力的保障。

面对这些变化，金融服务行业的从业者需要不断地适应新技术，提升自身的数字技能，此外，金融机构必须在创新与安全之间找到平衡，确保技术应用不仅能够带来业务增长，还能够保障客户资金和数据的安全。在此过程中，政策制定者和监管机构也需要更新监管框架，以适应数字经济的发展，同时保护消费者的利益和市场的公平竞争，随着技术的不断进步，金融服务行业的数字化转型将继续深化。未来可以预见更多基于人工智能、大数据、区块链等先进技术的金融服务模式会逐步出现，这些变革不仅将推动金融服务行业的发展，也将改变人们的金融消费行为和生活方式，为全球经济的增长提供新的动力。

5.1.3　零售业的电子商务革命

电子商务的兴起已经彻底改变了零售行业的面貌，它不仅仅使购物变得更加方便快捷，还推动了零售业务模式的根本性变革，这场由数字技术驱动的革命正在加速零售业的全球化进程，同时也使零售市场变得更加细分和个性化。通过电子商务平台，零售商能够覆盖之前难以触及的消费群体，对于许多小型和中型企业来说，电子商务提供了一个低成本进入市场的渠道，使能够与大型零售商竞争。例如，通过在线平台，即使是位于偏远地区的手工艺品制造商也能将其产品销往世界各地，这不仅为这些小规模生产者开辟了新的销售渠道，也丰富了全球消费者的选择。

电子商务还促进了消费者行为的转变，在线购物的便利性和全天候不间断的服务使消费者更倾向于网上购物而非传统的实体店购物，这种变化迫使传统零售商重新考虑其实体店的角色和功能。许多零售商开始将实体店转型为展示中心或体验店，消费者可以在这些地方体验产品后再通过线上渠道进行购买，技术的进步也使零售商能够提供更加个性化的服务。此外，通过分析消费者的在线行为和购买历史，零售商可以定制营销信息和推广活动，精确地匹配消费者的个人喜好和需求，这种基于数据的定制化服务不仅提升了消费者的购物体验，还提高了营销的效率和效果。在供应链管理方面，电子商务也带来了显著的变革，传统的供应链模式受到挑战。零售商和供应商必须更加灵活和迅速响应，以适应快速变化的市场需求，高效的物流和分销系统成为电子商务成功的关键，许多电商巨头建立了先进的物流中心，运用机器人自动化技术提高仓储和配送的效率。另外，通过实施高度自动化的供应链系统，零售商可以实时追踪库存水平，优化库存管理，减少过剩或缺货的情况。

环境可持续性问题也越来越受到电商企业的重视，随着消费者对环保的关注增加，越来越多的电商平台开始采取措施减少其业务活动对环境的影响，这包括使用可回收材料进行包装、优化配送路线以减少碳排放以及推广电子发票等无纸化操作。此外，一些电商平台还推出了旧商品回收计划，鼓励消费者参与循环经济。总的来说，电子商务不仅改变了消费者的购物方式和零售商的经营策略，还对整个零售行业的结构和运作方式产生了深远的影响，随着技术的不断进步和消费者习惯的进一步变化，电子商务将继续引领零售业的发展，推动其向更高效、更个性化、更可持续的方向前进。对于零售商而言，拥抱这场数字革命，创新和适应是赢得未来市场竞争的关键，随着新技术的持续融入，如人工智能、机器学习和增强现实技术的广泛应用，电子商务还将继续演变，为零售业带来更多创新和机会。

5.1.4　医疗保健行业的数字化应用

医疗保健行业正处于数字化应用的浪潮中，通过引入一系列数字技术和工具，实现了医疗服务的数字化转型，从而带来了深刻的变革和创新，这一数字化革命不仅影响着医疗服务的提供方式，还深刻地改变了患者与医护人员之间的互动模式，为医疗保健行业注入了新的活力和动力。本书将深入探讨电子健康记录、远程诊疗服务和移动健康应用等数字化技术在医疗保健行业中的应用，以及对医疗服务质量和效率的影响。电子健康记录的采用标志着医疗信息的数字化时代的来临，传统上，医疗信息主要以纸质形式存档，而电子健康记录的出现将医疗信息数字化，实现了医疗数据的电子化、集成化和共享化，医疗机构可以通过电子健康记录系统实时记录和管理患者的健康信息，包括病历、检查结果、用药记录等，医护人员可以随时随地访问和更新患者的医疗信息，提高了医疗服务的效率和质量；此外，电子健康记录还为医疗研究和数据分析提供了丰富的数据资源，有助于医学科研的进展和临床实践的优化。远程诊疗服务是一种新型的医疗服务模式，通过互联网和通信技术，患者可以通过视频通话、在线问诊等方式与医生进行远程交流和诊疗，这种服务模式避免了时间和空间上的限制，为患者提供了更便捷、快速的医疗服务，特别是在偏远地区和医疗资源匮乏的地方，远程诊疗服务可以弥补医疗资源不足的问题，提高了医疗服务的可达性和覆盖范围，同时，远程诊疗服务还可以减少患者因为疾病或交通等原因造成的不必要的等待，提高了患者的就诊体验和满意度。移动健康应用通过智能手机、智能手表等移动设备，为用户提供了一系列健康管理和监测功能，包括健康数据记录、运动监测、饮食管理等，用户可以随时随地通过移动设备获取个人健康数据，并且根据数据分析和健康建议，进行健康管理和行为干预，从而实现个性化的健康管理和预防保健，同时，移动健康应用的普及也为个人健康管理提供了便利的工具和途径，有助于提高人们的健康意识和生活质量。尽管数字化技术在医疗保健行业的应用带来了诸多好处，但也面临着一些挑战，隐私和安全问题是数字化应用面临的重要挑战之一，医疗数据的数字化和共享可能会增加患者个人隐私泄露的风险，因此需要建立起完善的数据保护和隐私保密机制。技术标准和互操作性的不统一也制约了数字化应用的发展，不同的医疗机构可能采用不同的电子健康记录系统和远程诊疗平台，导致数据无法共享和交互，降低了数字化应用的效率和便利性。此外，医疗机构和医护人员对数字化技术的接受程度和应用水平也存在差异，需要加强培训和普及，提升数字化技术的应用水平和效果。

随着科技的不断进步和创新，数字化技术在医疗保健行业的应用前景广阔，未来，可以期待电子健康记录系统的进一步完善和普及。远程诊疗服务的规模化推广，以及移动健康应用的功能和服务的不断丰富和升级，这些数字化技术的应用将为医疗保健行业带来更多的便利和效益，促进医疗服务的智能化、个性化和可持续发展。医疗保健行业的数字化应用已经取得了显著进展，电子健康记录、远程诊疗服务和移动健康应用等技术的应用为医疗服务的提升和改进提供了重要支撑，在未来，期待数字化技术在医疗保健领域的不断创新和应用，为人类健康事业作出更大的贡献。

5.1.5　教育领域的在线学习平台发展

在线学习平台的发展正在迅速改变全球教育景观，这种变革不仅体现在教育的可接触性和质量上，还体现在教育的整体结构和提供方式上，随着这些平台的功能和范围不断扩展，其对教育领域的深远影响也日益显现。在线学习平台使教育资源的全球化分享成为可能，传统模式下，高质量的教育资源往往局限于特定地区或机构，但在线学习打破了地理和经济的界限，来自世界各地的学生可以接触到麻省理工学院、哈佛大学等顶尖学府的课程，这些课程往往是免费或低成本提供，极大地提升了全球教育的公平性。此外，多语种的课程设置也使不同国家的学生能够以本国语言学习最新的国际知识，推动了全球教育资源的均衡发展。在线学习平台极大地增强了教育的个性化和灵活性，通过数据分析和人工智能技术，这些平台能够根据学生的学习进度、偏好和表现提供定制化的学习建议和资源，这种个性化学习方法有助于学生根据自己的节奏和兴趣进行学习，而非跟随传统教育中的"一刀切"教学模式。例如，学生可以选择在早晨、晚上或是周末进行学习，完全根据个人的日程安排和学习习惯自由调整，从而使学习效率最大化，在线学习平台还推动了教育形式的创新，随着技术的进步，如虚拟现实（VR）和增强现实（AR）等新兴技术被引入教育领域，这些技术不仅增加了学习的互动性，还提供了模拟实验、场景再现等功能，使复杂或抽象的概念更加直观和易于理解。此外，这些技术还可以用于模拟现实世界中的复杂情境，如医学手术、历史事件重现等，为学生提供了以往难以实现的实践和体验学习机会。

在线学习平台也在不断推动教育的社会化，尽管在线学习在早期被认为是一种孤立的学习方式，但现代在线学习平台通过建立论坛、聊天室和学习小组等，增强了学生之间的互动，学生们可以在这些虚拟空间中讨论课程内容、分享学习心得和解决学习中的问题，这不仅丰富了学习体验，还建立了全球学习者社区。此外，随着企业与在线学习平台的合作日益增多，这些平台正变得更加职业化和实用化，许多企业开始利用在线平台为员工提供培训和进修的机会，这不仅帮助员工提升技能，也为企业带来了更高的工作效率和竞争力。在线课程涵盖从基础的办公软件使用到高级的编程语言、人工智能等领域，满足了从学生到职场人士的广泛需求，展望未来，随着技术的不断进步和教育需求的持续增长，在线学习平台将继续发展其多样性、互动性和可访问性。这些平台不仅会深化现有的教育模式改革，还将引领新的教育创新，为全球学习者提供更加丰富、便捷和高效的学习资源和环境，随着这些发展，在线学习将更加深入人心，成为现代教育不可或缺的一部分。

5.1.6 交通运输行业的智能化升级

在 21 世纪这个快速变化的时代，交通运输行业正在经历一场前所未有的智能化革命，这场革命不仅是技术的进步，更是对整个社会运行模式的深刻影响。从城市的街道到偏远的乡村，从繁忙的国际航线到地区间的物流网络，智能化技术正在重新定义交通运输的概念，使其变得更加高效、安全和环保，智能交通系统（ITS）是智能化升级中的核心技术之一，通过集成先进的传感器、摄像头和通信技术，这些系统能够实时监控交通状况，优化交通流量和信号控制。在传统模式下，交通管理依赖于人工操作交通信号灯和交警指挥，这种方式不仅效率低下，而且容易受到人为因素的影响，智能交通系统的实施，使城市交通管理从反应式转变为主动式，实时数据的收集和分析可以预测交通流量变化，从而提前调整信号灯，减少拥堵，缩短旅行时间。某些发达城市已经开始利用智能交通系统监控和管理公共交通，优化公交车和地铁的运行时间表，使其更贴合市民的出行需求，这种系统的引入不仅提高了交通效率，还大大降低了城市的碳排放。

自动驾驶技术是交通运输行业智能化升级中具有颠覆性的技术之一，通过整合高级感知设备、人工智能算法和大数据分析，自动驾驶车辆能够实现真正的自主导航和驾驶决策，这一技术的应用不仅能显著减少由人为错误引起的交通事故，提高道路安全性，还能优化车辆行驶路线，减少无效行驶和等待时间，从而提高整体运输效率。随着技术的不断成熟和政策的支持，自动驾驶车辆正在逐渐进入市场，不仅用于货运物流，也逐步应用于乘客运输，例如，一些城市已经开始测试无人驾驶公交车和出租车，旨在探索这些技术在日常交通中的实际应用。在智能化升级的进程中，实时数据分析技术扮演了至关重要的角色，通过持续收集、存储和分析各种交通数据，运输企业不仅可以实时监控当前的交通状态，还能预测未来的交通需求变化，据此优化调度和决策。这种基于数据的管理方式使交通运输更加精准和高效，实时数据分析还支持交通管理部门制定更加科学合理的交通政策，例如道路规划和交通设施建设的优化，这不仅促进了交通运输行业的健康有序发展，也为城市的可持续发展提供了支持。

虽然智能化带来了许多便利，但它也面临着一系列挑战，如技术标准化、隐私保护和网络安全问题，此外，自动驾驶技术的广泛应用还需解决法律和伦理问题，行业需要在创新与规制之间找到平衡，确保技术的健康发展。随着技术的进一步进步和创新，未来的交通运输行业将继续向着更智能、更高效、更安全的方向发展，智能化不仅将改变交通运输方式，更将改变人们的生活方式。在这场智能化革命中，每一个步伐都可能开启新的可能性，预示着一个全新的未来，这场智能化的革命正在持续展开，其影响深远而广泛，对于交通运输行业来说，这不仅是一场技术上的革命，更是向着更加高效、安全和环保方向迈出的坚实步伐，随着智能技术的不断演进，有理由期待一个更加智能化的交通未来。

5.1.7 农业的精准化和智能化技术应用

随着全球人口的持续增长和自然资源的有限性日益凸显,农业领域面临的挑战越来越多,尤其是如何提高生产效率和确保可持续性发展,幸运的是,精准农业和智能化技术的应用正在为农业带来革命性的变革。这些技术不仅提高了农业生产的效率,还帮助农业更加环保和可持续,精准农业利用先进的信息和通信技术优化整个农业生产过程中的决策和管理。例如 GPS 导航系统、卫星图像和地理信息系统(GIS)被用于精确测量农田,并对土壤类型和作物需求进行详细分析,这些技术的应用使农民不仅可以根据土壤的实际条件精确施肥、灌溉和施药,还能够基于作物的实时生长情况进行调整,从而大幅提高资源的使用效率。

智能化技术的应用也在不断拓展,现在,通过植入传感器和远程控制系统的智能农业机械,如智能拖拉机和无人驾驶收割机,可以自动完成种植、施肥、灌溉和收割等多种农业作业。这些机械通过精确控制作业的每一个步骤,不仅提高了作业效率,还减少了因人为操作不当造成的资源浪费。此外,物联网(IoT)技术在农业中的应用也是提高精准度和智能化水平的一个重要方面,通过在农田中部署各种传感器,农民可以实时监控土壤湿度、温度、光照强度和营养素水平等关键指标,这些数据通过无线网络传输到农民的智能设备或中央控制系统,使农民能够及时作出灌溉和施肥等管理决策。

随着大数据和人工智能技术的发展,农业数据分析的能力也在不断增强,农业生产者可以利用这些技术对大量的农业数据进行分析,识别生产中的模式和趋势,预测作物病害和害虫的发生,从而提前采取防控措施。这不仅提高了农业生产的预测性和适应性,还能够有效减少农药和化肥的使用,降低农业对环境的负担。精准灌溉系统是另一个提高农业水资源利用效率的典范,该系统根据植物的实际需水量和天气情况智能调控水量,确保作物获得恰到好处的水分,既保证了作物的健康生长,又显著减少了水资源的浪费,这种系统尤其适用于干旱和半干旱地区,能够有效应对水资源短缺的问题。

随着这些技术的进一步发展和应用，未来的农业将更加智能化和自动化，例如，通过融合机器学习和 AI 技术，未来的农业机器人能够自动识别作物的健康状况，精确执行除草、施肥和收割等任务，这将进一步提高农业生产的效率，减轻农民的劳动负担，提升农业的经济效益和环境可持续性。精准农业和智能化技术的结合是现代农业发展的重要趋势，通过这些技术的应用，农业不仅可以实现生产效率的显著提升，还可以确保农业活动的可持续性，为全球粮食安全和生态平衡作出重要贡献。随着技术的不断进步和创新，我们有理由相信，未来的农业将更加高效、智能和环保，将更好地服务于人类社会和地球环境，这是一场影响深远的农业革命，每一项技术的进步都是向着更加繁荣和可持续的未来迈出的一步。

5.1.8　旅游业的数字营销和服务创新

旅游业的数字化转型正在经历着深刻的变革，其影响不仅仅局限于营销和服务创新，而是涉及整个产业链的重构和优化，这一转型背后的动力主要源自数字技术的不断进步和消费者行为的变化，旅游企业必须积极应对这些挑战和机遇，以保持竞争优势并实现可持续发展。数字化转型使旅游业的营销方式变得更加智能化和个性化，传统的广告宣传方式已经不再适应现代消费者的需求，而数字营销则能够更加精准地锁定目标客户群体，并提供定制化的服务和体验。例如，通过数据分析和人工智能技术，旅游企业可以实时监测用户行为和偏好，根据其搜索记录和社交互动，精准推送相关的旅游产品和优惠活动，这种个性化的营销策略不仅能够提高用户的点击率和转化率，还可以增强用户的购买欲望和满意度，从而促进销售额的增长和品牌形象的提升。数字化转型催生了旅游服务的创新和升级，随着移动互联网的普及和智能设备的普及，用户对于旅游服务的需求也在不断变化，传统的线下旅游服务模式已经无法满足用户的个性化需求和多样化体验，而数字化技术则为旅游企业提供了更多创新的可能性。例如，虚拟现实技术的应用使用户在家中就能够体验到真实的旅游场景，增强了用户的参与感和体验感，同时，智能导游系统和语音识别技术也为用户提供了更加便捷和个性化的旅游服务，帮助其更好地了解目的地的文化和历史，并规划自己的行程。

除此之外，数字化转型还推动了旅游业的供应链优化和生态系统升级，随着旅游产业的不断发展和扩大，传统的供应链管理和业务运营已经无法满足日益增长的市场需求，而数字化技术则为企业提供了更多的管理工具和优化方案。例如，通过建立供应链管理系统和智能物流平台，旅游企业可以实现供需匹配和资源调度的优化，降低成本和提高效率，同时，区块链技术的应用也为旅游业的信任建设和信息安全提供了新的解决方案，保障了用户的数据安全和隐私权益。数字化转型为旅游业带来了前所未有的机遇和挑战，旅游企业必须积极拥抱数字技术，加强技术创新和人才培养，以应对日益激烈的市场竞争和消费者需求的变化，只有不断推动数字化转型，才能够保持行业的竞争优势并实现可持续发展。

5.1.9 能源行业的数字监控与管理系统

数字技术的广泛应用正在深刻地改变着能源行业的监控和管理方式，这种变革涉及从能源的生产、输送到消费的全方位改变，这一转型背后的主要动力源自数字技术的快速发展以及对能源资源利用效率和环境保护的日益重视。在这一背景下，能源行业开始逐步引入智能传感器、大数据分析、人工智能等前沿技术，以实现对能源生产、输送和消费过程的实时监测、智能控制及优化管理。智能传感器的广泛应用为能源行业的数字监控和管理提供了基础，这些智能传感器可以安装在各类能源设备和管道上，实时采集能源的生产、输送和消费过程中的各项参数数据，如温度、压力、流量等，并将这些数据传输到中央监控系统进行分析和处理。举例而言，在油气开采过程中，智能传感器可以实时监测油井的产量和井口压力，以及输油管道的流量和温度等重要参数，帮助能源公司实现对生产过程的精准监控和远程操作，这种实时监测系统不仅提高了能源生产过程的安全性和稳定性，也为生产调度和资源优化提供了有力支持。大数据分析技术的应用为能源行业提供了更深层次的数据挖掘和价值提取能力，能源行业产生的数据量庞大且多样化，包括生产数据、运输数据、消费数据等，利用传统方法难以全面分析和利用这些数据，而借助大数据分析技术，能源公司可以实现对海量数据的实时监测、挖掘和分析，发现潜在的数据关联和规律，为决策提供科学依据。例如，通过对用户用能数据的深度分析，能源公司可以了解用户的用能行为和习惯，进而优化用能方案，减少能源浪费，提高能源利用效率。此外，大数据分析还可以用于预测能源市场的走势和供求关系，帮助能源公司作出更为精准的战略决策，降低市场风险。

人工智能技术的应用也为能源行业的监控和管理带来了革命性的变革，人工智能算法的智能学习和自适应能力使能源系统能够自主学习和优化，不断提升管理效率和服务质量。例如，智能电网系统通过人工智能技术可以实现对电力网络的实时监测和智能优化调度，根据用户的用电需求和市场供需情况动态调整电力分配方案，提高电网的运行效率和稳定性，减少电力损耗和浪费。另外，人工智能还可以应用于能源设备的故障诊断和预防性维护，及时发现设备异常情况并采取措施进行修复，保障能源系统的安全和可靠运行，数字监控与管理系统正在成为能源行业转型升级的重要支撑和保障，智能传感器、大数据分析和人工智能等技术的应用不仅提高了能源生产、输送和消费过程的效率和安全性，也为能源行业的可持续发展和智能化转型提供了有力的技术支持。随着技术的不断创新和应用场景的拓展，数字监控与管理系统将为能源行业带来更多的创新和发展机遇。

5.1.10　建筑行业的数字化设计与施工

数字化设计和施工技术的广泛应用正在引领建筑行业向着更加智能、高效的方向发展，在数字时代，建筑行业正积极地探索和应用各种数字化工具和技术，以提高设计质量、施工效率和项目管理水平，从而实现更加可持续和创新的建筑作品。数字化设计技术的应用为建筑设计带来了前所未有的便利和效率，传统的建筑设计过程往往依赖于手绘图纸和平面设计，设计师需要花费大量时间和精力完成复杂的设计任务，然而，随着计算机辅助设计（CAD）和建筑信息模型（BIM）等技术的发展，设计师们可以在数字化的平台上进行建筑设计，通过三维模型和虚拟现实技术呈现建筑设计方案，从而更直观地展现设计意图，并及时发现和解决设计中的问题。此外，数字化设计技术还可以实现设计方案的可视化和动态演示，帮助业主和利益相关者更好地理解设计方案，提高设计决策的效率和质量。数字化施工技术的应用也为建筑施工带来了革命性的改变，传统的施工过程往往存在着信息传递不畅、沟通效率低下等问题，导致施工周期长、成本高、质量难以保障，然而，借助于BIM技术和实时监控系统等数字化工具，施工团队可以实时监控施工现场的情况，并及时调整施工计划和资源配置，从而提高施工效率和质量。例如，利用BIM技术，施工团队可以在虚拟环境中模拟施工过程，并及时发现和解决潜在的施工问题，从而避免施工过程中的错误和延误，此外，利用实时监控系统和智能传感器，施工团队可以实时监测施工现场的温度、湿度、振动等参数，并将这些数据反馈到BIM模型中进行分析和优化，从而提高施工的安全性和可控性。

除了数字化设计和施工技术，建筑行业还积极探索和应用各种新型材料和建造技术，以实现建筑的智能化和可持续发展，例如，利用生物材料、智能玻璃和太阳能等新型材料，可以实现建筑的节能、环保和智能化。同时，利用3D打印、模块化建造和智能化装配技术，可以实现建筑的快速建造和个性化定制，从而满足不同客户的需求和建筑设计的多样化，这些新型材料和建造技术的应用不仅可以提高建筑的质量和效率，还可以降低建筑的能耗和环境污染，为建筑行业的可持续发展作出贡献。数字化设计和施工技术的广泛应用正在为建筑行业带来深刻的变革和转型，通过数字化设计和施工技术的应用，建筑行业能够实现设计质量的提升、施工效率的提高和项目管理水平的提升，从而推动建筑行业向着更加智能、高效和可持续的方向发展。随着技术的不断创新和应用场景的不断拓展，数字化设计和施工技术将为建筑行业带来更多的发展机遇和挑战。

5.1.11　媒体与娱乐行业的内容数字化

数字化对媒体与娱乐行业的影响不仅在于内容的生产和消费方式的变革，还在于对整个行业结构和商业模式的重塑，随着数字技术的不断发展和普及，媒体与娱乐行业正经历着深刻的变革。这种变革不仅涉及内容本身的形式和传播方式，还影响行业中的各个环节和参与者，数字化带来了内容生产方式的革新，传统的媒体生产方式受制于高昂的生产成本和受众范围的限制，而数字化技术的广泛应用降低了内容生产的门槛，使更多的人可以参与内容创作。例如视频分享平台、社交媒体和博客等数字化平台为个人创作者提供了展示自己作品的舞台，可以通过这些平台发布自己的作品，与观众进行直接互动，这种去中心化的内容生产方式促进了内容的多样化和创新，同时也为传统媒体带来了更多的竞争压力，迫使其不断提升内容质量和创意水平。

数字化改变了内容传播和分发的方式，传统的内容传播主要依靠有线电视、广播电台和印刷媒体等传统媒体渠道，受限于时间和空间的限制，传播范围有限，而数字化技术的应用使内容的传播变得更加快速、广泛和个性化，互联网上的视频分享平台、社交媒体和新闻客户端等数字化平台为内容提供了更广泛的传播渠道。用户可以根据自己的兴趣和需求选择感兴趣的内容，实现个性化的内容定制，这种去中心化的内容传播方式使信息传播更加民主化和平等化，促进了信息的多样化和公开化，同时也为内容创作者提供了更多的传播机会和受众群体。数字化技术对媒体与娱乐行业的商业模式和盈利模式产生了重大影响，传统的媒体和娱乐公司主要通过广告、订阅和票房等方式获取收入，然而随着数字化技术的兴起，传统的收入模式受到了严重冲击，例如，流媒体服务的兴起使用户越来越倾向于使用订阅服务观看电影和电视节目。而传统的电影院和有线电视服务则面临着市场份额的挑战，为了适应数字化时代的发展，传统媒体和娱乐公司不得不调整自己的商业模式，加大对数字化平台的投资和布局，寻求新的盈利模式，例如，一些传统媒体公司通过与数字平台合作，提供付费订阅服务或者推出自己的流媒体平台，实现内容的多元化和盈利模式的多样化。

数字化对媒体与娱乐行业的管理和运营方式也带来了重大影响，传统的媒体和娱乐公司通常采用集中式的管理模式，由一些大型媒体公司垄断市场，控制内容的生产和分发渠道，然而，随着数字化技术的普及，传统的集中式管理模式已经不再适用于当前的行业环境。数字化技术使内容的生产和传播变得更加去中心化和民主化，用户可以通过互联网参与到内容的生产和传播中，传统的媒体和娱乐公司不得不调整自己的管理和运营模式，加强与用户和内容创作者的互动和合作，提升用户体验和内容质量。数字化对媒体与娱乐行业的影响是全方位的，不仅改变了内容的生产和传播方式，也影响了行业的商业模式和管理方式，随着数字技术的不断发展和应用，媒体与娱乐行业将继续面临着深刻的变革和挑战，需要不断适应和创新，才能在数字化时代中保持竞争优势和持续发展。

5.1.12　环境管理的数字化工具和策略

数字化在环境管理中的应用不仅局限于监测和响应，还扩展到更广泛的环境保护和可持续发展实践中，这些技术的应用帮助我们以前所未有的方式理解和保护自然环境，同时也为应对全球气候变化提供了强有力的工具，环境管理的数字化逐步演变为创建集成管理系统，这些系统能够跨越不同的地理和行政区域，提供实时数据流和决策支持。例如，智能水务管理系统整合了水源、水质和水量监测数据，配合高级预测模型，不仅可以优化城市供水和污水处理，还能在洪水和干旱期间提供关键的决策支持，这种系统的实施有助于实现水资源的可持续利用，并减少自然灾害的社会经济影响。

数字技术也在可持续发展政策评估中扮演重要角色，通过生命周期评估（LCA）和环境影响评估（EIA）等工具的数字化，决策者可以更准确地量化项目或政策的环境影响。例如，建筑行业利用数字工具评估材料和构建方法的环境足迹，从而在设计阶段就优化建筑的能效和材料使用，这种方法不仅有助于减少建筑的整体环境影响，也促进了绿色建筑技术的发展和应用。增强现实（AR）和虚拟现实（VR）技术正在被用来增强公众对环境问题的认知和教育，通过模拟自然灾害或环境退化的场景，这些技术可以提高人们对环境保护紧迫性的理解，教育机构和环保组织使用这些工具创建互动式学习经验，让用户直观地了解他们的行为如何影响环境并激发他们采取实际行动。

物联网（IoT）技术在智慧城市的建设中发挥着核心作用，这直接关联到环境管理，智慧城市利用连接的传感器和设备收集关于交通流量、能源消耗、资源循环利用等多方面的数据，这些数据不仅可以用来优化城市的运行，减少能耗和排放，还可以在应对紧急情况时提供宝贵的信息。例如，智能交通系统可以减少交通拥堵和尾气排放，而智能垃圾管理系统可以提高回收率，减少废物，数字技术还催生了许多绿色创新，如电动车辆的智能充电网络、太阳能和风能的智能调配系统等，这些技术不仅有助于减少环境污染还推动了新能源行业的快速发展。此外，数字化还支持了环保创新企业的成长，如使用区块链技术追踪和优化资源回收链、使用人工智能进行生态系统恢复等。

在所有这些应用中数据安全和隐私保护始终是重要的考虑因素，随着越来越多的环境数据被收集和分析，确保这些信息的安全和只在合适的范围内使用变得尤为重要，环境管理机构需要与技术提供商合作，确保数据处理和存储符合国际安全标准并且公众的隐私权得到尊重和保护。数字化为环境管理提供了前所未有的工具和机会，从监测和响应到政策制定和公众教育，每一个领域都发生了翻天覆地的变化，持续的技术创新和合理的政策支持将进一步推动这一领域的发展，帮助我们更有效地保护地球环境，实现真正的可持续发展。

5.1.13　法律服务的数字化革新

随着技术的进步，法律服务的数字化不仅仅局限于提升操作效率和降低成本，它还在改变法律职业的核心实践，引入了全新的服务模型和法律产品，这些变化正在重塑客户的期望和律师的职业路径，同时对法律教育和监管框架提出了新的挑战。在服务交付模式方面，数字化促进了法律服务的去中心化，客户现在可以通过多种在线平台接触法律服务，包括直接下载的法律文档、通过算法生成的法律建议以及在线争议解决工具，这种模式不仅使法律服务变得更加友好、响应更为迅速，也为那些可能因地理、经济或时间限制而难以获得传统法律服务的人群提供了宝贵的资源。

一些初创公司已经开发了使用人工智能提供个性化法律建议的应用程序，这些应用程序通过用户输入的信息，并结合大数据分析，为用户提供定制化的解决方案并能预测案件结果概率，自助法律服务平台允许用户自行生成法律文件如遗嘱、租赁协议和版权注册等，这些服务通常成本较低，操作简单，大大降低了法律服务的门槛。然而数字化也引起了用户对法律服务质量和专业性的关切，虽然技术提供了便捷的服务，但缺乏人工审查可能导致产生错误或不适用的法律建议。因此，律师和法律专业人士的作用在于监督和验证由算法提供的信息，确保它们的准确性和适用性，这要求法律专业人员不仅要精通法律知识还要熟悉相关技术，能够有效地结合两者优势，提供高质量的法律服务。

法律服务的数字化也促使法律教育机构重新思考课程内容，当前有越来越多的法学院开始将法律技术和在线法律服务作为课程的一部分，教授学生如何利用这些新工具并理解它们在法律实践中的应用，持续教育和专业培训也开始强调技术能力的培养，以确保现有的法律专业人士能够适应这一变革。在监管方面，法律服务的数字化提出了新的挑战，传统的法律服务监管框架可能不适用于在线法律服务和由非律师提供的法律援助，监管机构需要发展新的标准和规则，以确保在线平台的透明度、账户安全和服务质量，也需要保护用户数据不被滥用或泄露，确保客户隐私和信息安全。

在全球视野下法律服务的数字化也呈现出不同国家之间的差异，一些国家可能因为技术基础设施较强、监管环境较为宽松而快速发展数字化法律服务，而其他国家则可能由于缺乏技术投资、法律限制或文化因素而发展较慢。因此，国家间的合作和经验分享变得尤为重要，以促进全球法律服务的均衡发展和互联互通，法律服务的数字化不仅改变了服务的提供方式，还正在重塑法律行业的未来，通过继续推动技术创新、优化教育培训、加强监管建设，并在全球范围内促进合作，可以确保法律服务行业在提供高效、经济、普及和安全的服务方面迈向更广阔的未来。

5.2 传统产业数字化转型与融合发展

5.2.1 智能制造

智能制造正在深刻地改变全球制造业的格局，为企业带来了前所未有的机遇和挑战，本书将从四个方面深入探讨智能制造的发展现状、趋势和影响。

5.2.1.1 智能制造的核心技术和应用场景

智能制造的实现依赖于多种先进技术的集成和应用，包括人工智能、大数据分析、物联网、云计算、机器人等，这些技术的融合创新，正在重塑制造业的生产模式和业务流程。人工智能在智能制造中发挥着关键作用，机器学习算法可以分析海量的生产数据，优化生产流程，预测设备故障，提高产品质量。例如，通过对设备振动、温度等数据的实时分析，AI 系统可以准确预测设备的剩余使用寿命，制定最优的维护策略，最大限度地减少非计划停机时间。

工业物联网（IIoT）是智能制造的另一大支柱，通过在设备上部署传感器并将其连接到网络，可以实时采集设备的运行数据，监控生产过程，优化资源配置，例如，通过对能耗数据的分析，可以识别能效低下的设备和生产环节，制定节能策略，提高能源利用效率。大数据分析为智能制造提供了强大的数据支撑，制造过程中产生的海量数据，蕴含着丰富的价值，通过对这些数据的挖掘和分析可以发现隐藏的模式和趋势，优化产品设计，改进工艺流程，提高生产效率。例如通过分析客户反馈数据，可以洞察用户需求，指导产品创新和改进。

数字孪生是智能制造的一大应用场景，通过构建物理设备的数字化模型并与物理设备实时同步，可以在虚拟空间中模拟和优化生产过程，预测设备性能，减少试错成本，这种虚实融合的方式，极大地提高了制造过程的灵活性和适应性。增材制造（3D 打印）技术的发展，为智能制造带来了新的可能，通过数字化模型直接生成物理产品可以实现个性化定制，快速响应市场需求，与传统的减材制造相比，增材制造可以大幅减少原材料浪费，缩短产品开发周期，推动制造业向更加灵活、高效、可持续的方向发展。

5.2.1.2 智能制造推动制造业转型升级

智能制造的发展，正在推动制造业向高质量、高效益、高附加值的方向转型升级，传统的劳动密集型制造模式，正在被数据驱动的智能化制造所取代，这一转变不仅提高了生产效率还带来了诸多积极影响。智能制造提高了制造业的资源利用效率，通过优化生产流程减少浪费，智能制造系统可以最大限度地提高原材料、能源等资源的利用率，降低生产成本，精准的需求预测和产销协同，可以减少库存积压，提高资金周转效率。

智能制造推动了制造业的服务化转型，制造业不再局限于产品的生产和销售，而是向提供全生命周期的服务延伸，基于产品的使用数据，制造商可以提供个性化的维护、升级、回收等服务，开拓新的盈利模式，这种"产品＋服务"的商业模式，增强了制造商与客户的黏性，提高了客户满意度和忠诚度。智能制造促进了制造业与新兴产业的融合发展，制造业与信息技术、人工智能等新兴产业的交叉融合，催生了智能制造装备、工业软件等新兴产业，这些新兴产业不仅为制造业转型提供了技术支撑也成为经济增长的新动能，制造业数字化转型也为新兴产业提供了广阔的应用场景和市场空间。智能制造为中小企业带来了发展机遇，以云计算、工业互联网平台为代表的新型基础设施，降低了中小企业数字化转型的门槛，通过与平台对接中小企业可以共享大企业的技术、数据和市场资源，实现专业化、精细化发展。这种大中小企业协同发展的新生态，有利于提升中小企业的创新能力和市场竞争力。

5.2.1.3　智能制造面临的挑战和应对策略

尽管智能制造为制造业带来了诸多机遇，但其发展也面临着诸多挑战，技术、人才、安全、成本等问题都需要企业、政府和社会各界共同应对。

（1）技术挑战。智能制造涉及多种前沿技术，如人工智能、5G、区块链等，这些技术尚处于不断演进中，成熟度和稳定性有待提高，不同厂商的技术标准不统一，系统间的互联互通难度较大，因此企业在选择和部署智能制造系统时需要审慎评估技术成熟度，合理把控实施节奏，分阶段、分步骤推进。

（2）人才挑战。智能制造对从业人员的技能提出了更高要求。一方面企业需要引进和培养复合型人才，既懂制造工艺，又掌握信息技术，能够操作和维护智能制造系统；另一方面自动化设备的广泛应用，可能会替代部分低技能岗位，加剧就业结构性矛盾。对此，企业要加大人才培养力度，政府要完善职业教育体系，帮助员工提升技能，实现转岗就业。

（3）安全挑战。智能制造高度依赖网络和数据，也使其面临更大的网络安全风险，工业控制系统、关键信息基础设施一旦遭到网络攻击，可能导致生产中断，造成重大经济损失，在数据采集、传输、存储等环节也存在数据泄露和隐私侵犯的风险。因此，企业要高度重视网络安全防护，加强安全意识教育，建立完善的数据安全管理制度和技术防护体系。

（4）成本挑战。智能制造系统的构建和实施需要大量的资金投入，对中小企业而言尤其如此，硬件设备、软件系统、网络基础设施以及人才引进等，都需要投入大量资金，智能制造带来的收益也具有一定的滞后性，短期内可能难以收回投资。因此，政府应加大政策和资金支持力度，引导金融机构创新融资模式，帮助企业解决资金瓶颈，企业也要根据自身条件，合理评估投资回报，分阶段实施智能制造项目。

5.2.1.4 展望智能制造的未来发展

展望未来智能制造将进一步突破行业边界，向更广泛的领域渗透，传统制造业与新兴产业加速融合，形成高度互联、协同优化的产业生态。智能制造将推动形成全新的产业形态，物联网、人工智能、区块链等前沿技术与制造业的深度融合，将催生工业互联网、智能工厂等新兴业态，企业间的协同创新将更加紧密，供应链上下游企业通过数据共享和业务协同，实现敏捷制造和精益生产，产业组织方式将发生深刻变革。个性化定制将成为智能制造的主流模式，大规模个性化定制是智能制造的重要特征，随着柔性生产系统、模块化设计等技术的发展成熟，制造商能够更加灵活地满足消费者的个性化需求，消费者参与产品设计和生产的程度将不断加深，C2M（customer-to-manufacturer）模式将逐渐兴起。

人机协作将成为智能制造的常态，随着人工智能和机器人技术的进步，人机协作将成为智能工厂的普遍场景，机器人将承担更多复杂、精细、危险的工作，而人则更多地负责创新设计、决策优化、异常处理等任务，人机协作不仅能提高生产效率，也能让员工从事更有价值、更有意义的工作。制造业将更加绿色环保和可持续，智能制造技术的应用，有助于减少资源浪费，提高能源利用效率，可再生能源、新材料、节能技术与制造业融合发展，将推动制造业向绿色、低碳、可持续的方向转型，制造业与环保、新能源等产业联动发展，形成互利共赢的产业生态。

我们正处在一个制造业加速变革的时代，智能制造正在成为全球制造业发展的主流趋势，面对新一轮科技革命和产业变革，抢抓智能制造的发展机遇，加快制造业数字化、网络化、智能化转型，已成为各国的共识和行动。中国制造业要实现由大到强的跨越，必须深入实施智能制造，加快向数字化、网络化、智能化转型，这需要企业、政府、社会各界共同努力，攻坚克难，开拓创新，推动中国制造向中国创造、中国速度向中国质量、中国产品向中国品牌转变，不断提升我国制造业的国际竞争力，助力中国经济高质量发展。

5.2.2　数字农业

5.2.2.1　数字农业的内涵与发展背景

数字农业是指运用现代信息技术收集、分析、处理与传播农业生产过程中的数据信息，并将其应用于农业生产的全过程以提高农业生产效率、优化资源配置、保护生态环境，实现农业的精准化、智能化、可持续发展，它涵盖了农业生产的方方面面，包括耕种、灌溉、施肥、病虫害防治、收割等各个环节。数字农业的核心是数据与信息技术，通过各种传感器、卫星、无人机等设备采集农业生产过程中的各种数据，如土壤湿度、温度、光照强度、作物生长状况等，再利用大数据、云计算、人工智能等技术对数据进行分析处理，形成科学的决策依据，指导农业生产活动，这种数据驱动的农业生产模式，可以显著提升农业的智能化水平和资源利用效率。

传统农业主要依靠人力、畜力和少量机械设备进行生产，生产效率低下，资源浪费严重，难以满足日益增长的全球粮食需求。联合国预测，到 2050 年全球人口将达到 97 亿，粮食需求将进一步加大，而农业生产所需的土地、水等资源却日益稀缺，在气候变化的影响下，极端天气事件频发，给农业生产带来严峻挑战。在此背景下，数字农业应运而生，它通过技术创新，为破解资源约束、提高生产效率、应对气候变化提供了新的可能，数字农业可以帮助农民实现精准种植，减少农药化肥的过度使用，提高土地产出率，通过实时监测作物长势和土壤状况可以及时发现和处理病虫害及其他生长异常，减少产量损失，数据分析还可以帮助优化灌溉，提高水资源利用效率，这些举措不仅提高了农业生产效率也减轻了农业生产对环境的负担。数字农业还有利于提高农民收入，促进农村发展，通过电子商务平台农民可以直接面向消费者销售农产品，减少中间环节，提高议价能力，大数据分析可以帮助农民更好地把握市场需求，优化产品结构，数字技术还可以促进农业与旅游、教育、医疗等产业融合发展，拓宽农民增收渠道，推动农村经济多元化发展。发展数字农业是提高农业生产效率、保障粮食安全、促进农村可持续发展的必由之路，它代表着农业发展的趋势和未来对于缓解资源环境压力、应对全球气候变化、推动乡村振兴具有重要意义。

5.2.2.2　数字农业的关键技术及应用

遥感技术是数字农业的重要组成部分，它利用卫星、无人机等设备，从远距离感知地球表面的电磁波信息，获取地球的图像和数据，在农业领域高光谱遥感和热红外遥感被广泛应用，高光谱遥感可以获取作物叶片反射的光谱信息，分析作物的生长状况、营养成分、水分含量等，为精准施肥、灌溉提供依据，热红外遥感则可以监测作物的地表温度，分析其水分胁迫状况，指导灌溉管理。遥感技术还可以绘制农田的三维地形图，分析土壤特性、湿度、养分等信息，为精准耕作提供数据支撑，结合气象数据，遥感技术还可以预测干旱、洪涝等自然灾害，为农业防灾减灾提供早期预警。

物联网技术通过在农田中部署各种传感器，实现农业生产过程的实时监控，土壤传感器可以监测土壤的温度湿度、pH 值、养分含量等指标；气象传感器可以监测光照、风速、降雨等环境因素；植物传感器可以监测作物的生长高度、叶片面积、果实大小等参数，这些传感器通过无线网络将数据实时传输到云端，供农业管理系统分析和处理。基于实时监测数据，农业物联网可以实现智能化的农事操作，例如智能灌溉系统可以根据土壤湿度传感器的数据，自动调节灌溉时间和水量，既节水又防止过度灌溉，施肥机器人可以根据土壤养分传感器的数据，对不同区域的土壤进行差异化施肥，提高肥料利用率，植保无人机可以根据作物长势监测数据，对病虫害进行精准防治，减少农药使用量。

海量的农业数据为大数据分析和人工智能应用提供了肥沃的土壤，通过对历史数据、环境数据、市场数据等进行挖掘分析，可以发现农业生产中的关键影响因素，优化农事决策，例如，通过分析历年的气象数据和作物产量数据，可以建立产量预测模型，根据当前气象条件预测未来的作物产量，指导农户合理安排种植计划。人工智能技术如机器学习和深度学习，可以从复杂的农业数据中自动提取特征，构建预测模型，例如，利用计算机视觉技术对作物图像进行分析，可以自动识别作物的生长阶段、营养状况、病虫害情况等，为精准管理提供决策支持，知识图谱技术可以将农业领域知识进行语义化表示和关联，以便农业从业者快速检索和学习农业知识。大数据和人工智能技术还可以优化农业供应链管理，通过分析消费者需求数据可以预测市场趋势，指导农户优化种植品种和数量，通过分析物流数据可以优化农产品仓储和运输，减少损耗，保证农产品新鲜度，利用区块链技术，可以对农产品从农田到餐桌的整个流程进行追溯管理，保障食品安全。

5.2.2.3　推广数字农业面临的挑战

数字农业的实施需要大量前期投资，包括硬件设备、软件系统、网络基础设施等，以物联网为例，需要购买大量传感器、智能设备，铺设无线网络，搭建数据中心等，对于广大中小农户而言，这些投资成本可能难以承受，即使有政府补贴，农民也可能因为资金周转困难而望而却步。相比工业领域，农业投资回报周期较长，农业生产具有季节性和不确定性，成本投入与产出收益之间存在时间差，这增加了投资风险，一些高科技农业项目如植物工厂，虽然产出效率高，但建设成本和运营成本也很高，盈利周期较长，这些因素都影响了农民和投资者对数字农业的积极性。

数字农业是一个多学科、知识密集型产业，需要既懂农业又懂技术的复合型人才，然而当前从事农业的很大一部分是老龄农民，他们的文化水平和技术技能普遍偏低，学习和运用新技术存在困难，农业高校培养的人才大多倾向于到城市就业，农村的人才引进和留住也面临挑战。农民使用数字化设备和系统，需要经过系统的培训和学习，这对农民的学习能力提出了较高的要求，农业企业和服务机构也需要配备专门的技术人员，提供长期的技术指导和售后服务，然而提供这些培训和服务需要大量的时间成本和人力成本，许多初创的农业科技企业难以承担，影响了数字农业的推广应用。

数字农业的应用离不开完善的信息基础设施，包括宽带网络、移动通信网络、卫星定位系统等，然而许多农村地区尤其是偏远山区，信息基础设施建设滞后，互联网普及率低，制约了数字技术在农业中的应用，以物联网为例，农田信号覆盖差，传感器数据无法稳定传输，难以实现可靠的实时监控。数字农业还需要与之配套的农业社会化服务体系，如农业信息服务、农技推广服务、金融保险服务等，当前提供这些服务的市场主体发展不充分，服务内容和方式还不能满足数字农业发展的需求，一些关键性的配套制度如农业数据权属、农业保险等，也有待进一步完善，为数字农业营造良好的发展环境。

5.2.2.4 推动数字农业发展的对策建议

政府应将发展数字农业作为推动农业现代化的重要抓手，制定专项支持政策，完善激励机制，在财政上要加大对数字农业基础设施建设、关键技术研发、示范应用等方面的投入，引导更多社会资本投向数字农业领域，在金融上要创新支农贷款产品，开发适合数字农业项目特点的信贷服务，在税收上可以对从事数字农业的企业给予税收优惠，降低企业运营成本。要统筹整合涉农资金，建立多元化、可持续的投入机制，鼓励农民合作社、农业企业等市场主体参与数字农业建设，形成多方共建、共享、共治的格局，在数字农业应用初期政府可以在关键领域和薄弱环节给予重点扶持，带动和撬动更多社会投资，随着数字农业的规模化推广，要逐步建立政府引导、市场主导的良性运行机制。

发展数字农业，关键是要储备一支高素质的农业科技人才队伍，要深化农业高等教育改革，优化专业设置，加强"新农科"建设，在农学专业中融入信息技术课程在信息技术专业中增设农学方向，培养既懂农业又懂信息技术的复合型人才，鼓励高校与农业企业、农业科研院所合作，建设产教融合实训基地，让学生在实践中学习和应用数字农业技术。要建立健全农民培训体系，提升农民学用数字技术的意识和能力，充分发挥农业广播电视学校、农民田间学校等基层农技推广阵地的作用，常态化开展数字农业技能培训，支持涉农企业、农民合作社开展定制化培训，让培训内容和方式更契合农户需求，鼓励农民工、退伍军人、大学生村官等返乡创业，成为数字农业的生力军，完善农村人才激励政策，为数字农业人才成长创造良好环境。

　　要把农村信息基础设施建设作为数字乡村建设的优先领域，加快补齐发展短板，实施农村宽带提速工程，推进光纤网络向行政村延伸覆盖，推动第五代移动通信（5G）网络在农业农村领域应用，为物联网、人工智能等技术落地提供高速率、低时延的网络支撑，完善北斗卫星导航系统在农业领域的应用，为精准农业提供定位和授时服务。在信息进村入户工程中加大对农村电商、信息服务站点等新型基础设施的建设力度，健全乡村信息服务体系，支持有条件的地区建设农业物联网、大数据中心等新型农业基础设施，为数字农业发展奠定坚实基础，在基础设施建设过程中要注重需求导向、因地制宜，科学统筹、分步实施，避免重复建设和资源浪费。

　　要健全农业科技创新体系，强化关键核心技术攻关，掌握数字农业发展的主动权，支持高校、科研院所与农业龙头企业开展产学研合作，加快先进适用技术成果的转化应用，完善科技成果使用权、处置权和收益权的分配机制，充分调动科研人员的积极性，建立健全农业科技创新激励机制，加大对原创性、颠覆性技术创新的支持力度。要加快建立数字农业标准规范和质量认证体系，规范数字农业技术和产品的研发、生产和应用，制定物联网、大数据、人工智能等领域的农业行业标准，提高数字农业发展的科学化、规范化水平，建立数字农业产品质量认证和溯源机制，加强全过程质量监管，保障数字农业产品和服务的质量安全。

　　要加强数字农业信息安全和数据隐私保护，维护农民和涉农企业的合法权益，建立健全农业数据采集、传输、存储、使用等环节的安全保护制度，防止数据泄露和滥用，加强农业数据资源整合和开放共享，促进数据资源在部门间、区域间的互联互通和高效利用。要营造开放包容的数字农业创新创业环境，培育一批专业化、特色化的数字农业服务企业，鼓励电信、信息技术（IT）等行业企业跨界进入数字农业领域，发展农业信息化服务外包，支持农业初创企业发展，在人才引进、土地使用、财税金融等方面给予政策倾斜，搭建数字农业创新创业平台，开展技术创新大赛、创意竞赛等活动，促进创新要素聚集融合。

　　发展数字农业是推进农业现代化的重要途径，对提升农业综合生产能力、促进乡村产业兴旺具有重要意义，要坚持政府引导、市场主导、社会参与，强化制度政策供给，夯实人才科技基础，完善基础设施建设，营造良好发展环境，推动数字农业加速跨越发展；要加强国际交流合作，积极参与全球数字农业治理，促进数字农业发展成果惠及全球，为世界粮食安全和乡村可持续发展贡献中国智慧和中国方案。

5.2.3　智慧城市

智慧城市项目是当代城市管理的重要创新，旨在利用信息和通信技术来解决城市面临的各种管理和服务难题，从而提升城市居民的生活质量，推动城市可持续发展，智慧城市的建设涉及多个领域，包括但不限于交通、环境、能源、公共安全和城市管理等，通过整合各种数字技术和数据资源，实现城市各项功能的智能化管理和优化运行。

在交通领域，智慧城市项目采用了先进的交通管理系统，包括智能交通信号灯、实时交通监控和智能交通导航系统等，以解决城市交通拥堵和交通事故等问题，通过实时监测道路交通情况和车辆流量，智慧交通系统能够智能调整交通信号灯的时间，优化交通流量，减少交通拥堵，提高道路通行效率，同时智能交通导航系统可以为驾驶员提供实时路况信息和最佳行车路线，帮助避开拥堵路段，节省时间和燃料成本。

在环境保护方面，智慧城市项目利用传感器网络和大数据分析技术，监测城市环境的各项指标，包括空气质量、水质、噪声和环境温度等。通过实时监测和数据分析，城市管理者可以及时发现环境污染和问题源头，并采取相应的措施进行治理和改善，同时智慧城市项目还可以利用智能化的垃圾处理系统和废水处理设施，实现垃圾分类和资源回收利用，降低城市环境污染和能源消耗。

在能源管理方面，智慧城市项目采用了智能电网和能源监测系统，实现了对城市能源消耗的实时监测和管理。通过智能电网系统，城市能源供应商可以根据城市能源需求和供给情况，动态调整能源分配和价格，实现能源资源的合理配置和利用，同时能源监测系统可以实时监测建筑物和设施的能源消耗情况，为城市管理者提供节能减排的建议和方案，提高能源利用效率，降低能源成本。

在公共安全方面，智慧城市项目引入了视频监控系统、智能报警系统和应急响应系统等，提升了城市的安全防护能力和应急处置能力，通过视频监控系统，城市管理者可以实时监测城市各个角落的安全状况，及时发现安全隐患和异常情况，并采取相应的措施进行处置，同时智能报警系统可以自动识别异常行为和危险情况，及时向相关部门发出警报，提高了警务部门的反应速度和处理效率。此外，智慧城市项目还建立了应急响应系统，实现了各个部门之间的信息共享和协作，为城市突发事件的应急处置提供了有力支持，智慧城市项目通过整合信息和通信技术，实现了城市管理和服务的智能化和优化，为城市居民提供了更加安全、便捷、舒适的生活环境，推动了城市的可持续发展，随着技术的不断发展和应用，智慧城市项目将进一步完善和扩展，为城市居民带来更多的福祉和便利。

5.2.4　网络零售

网络零售的快速发展和广泛应用正在深刻影响着现代商业的运作模式和消费者的购物体验，本书将从网络零售的优势、供应链革新和未来趋势三个方面，深入探讨网络零售的发展现状和前景。

5.2.4.1　网络零售的优势

在传统零售模式下，消费者的购物行为受到实体店铺地理位置和营业时间的双重限制，而网络零售的出现彻底打破了这些限制，消费者现在可以随时随地通过计算机、智能手机或其他移动设备，访问各种在线商城，无须离开家门即可浏览和购买来自全球各地的商品，这种便捷性极大地提高了购物效率，满足了消费者日益多元化的需求，同时也为商家创造了更广阔的市场空间。网络零售平台通常提供 24 小时不间断的服务，消费者可以根据自己的时间安排，灵活地进行购物，无论是在家中、办公室，还是在通勤途中，只要有网络连接，消费者就可以随时浏览商品、下单购买，这种不受时间和地点限制的购物方式，极大地提高了消费者的购物便利性和自主性。网络零售平台汇聚了海量的商品信息，消费者可以轻松地比较不同商家的价格、品质和服务，作出更加理性和明智的购买决策，平台还提供了强大的搜索和筛选功能，消费者可以根据自己的需求，快速找到心仪的商品，节省了大量的时间和精力。

数字平台的另一大优势在于能够提供高度个性化的购物体验，利用大数据和人工智能技术，网络零售平台能够收集和分析消费者的购买历史、浏览习惯及偏好设置，从而推荐个性化的商品和服务。例如，当消费者浏览某一商品时，平台可以根据其过往的购买记录和浏览历史推荐相关的商品或配套产品，这种精准的个性化推荐不仅提高了消费者的购物效率，也大大增强了用户的购物满意度，消费者可以更快地找到自己感兴趣的商品，并发现更多潜在的购买选择。个性化推荐还可以延伸到售后服务环节，平台可以根据消费者购买的商品类型，主动提供相关的使用指导、保养维护等售后服务信息，提升消费者的购物体验和品牌忠诚度。对商家而言，个性化推荐可以显著提高销售转化率和客单价，通过对消费者行为的深入分析商家可以对不同用户进行差异化的营销，提供更加精准和有针对性的优惠促销，吸引更多的潜在客户，提升整体销售业绩。

网络零售还提供了强大的消费者支持系统，无论是通过在线聊天、电子邮件还是社交媒体，消费者都可以轻松地获取帮助，解决购物过程中遇到的问题。许多网络零售平台提供了全天候的客服支持，消费者可以随时与客服人员取得联系，获得实时的咨询和帮助，这种即时的客服支持不仅提升了消费者的购物体验，也增强了消费者对品牌的信任和忠诚度。客服支持的内容涵盖了购物的各个环节，包括商品咨询、下单支付、物流配送、售后服务等，消费者可以通过多种渠道如在线聊天、电话、邮件等与客服人员进行沟通，及时解决遇到的问题，一些平台还提供了智能客服系统，利用人工智能技术，自动回答常见问题，提高客服响应效率。良好的客服支持可以显著提升消费者的购物信心和满意度，当消费者遇到问题时，能够得到及时和专业的帮助，会增强其对平台和商家的信任，这种信任感可以转化为长期的品牌忠诚度，促进消费者的重复购买和口碑传播。对商家而言，提供优质的客服支持是提升品牌形象和竞争力的重要手段，通过与消费者的积极互动和及时响应商家可以树立良好的品牌口碑，吸引更多的潜在客户，客服支持也是收集消费者反馈、改进产品和服务的重要渠道，商家可以通过分析消费者的咨询和投诉，发现产品和服务的不足，进行针对性的优化和改进，提升整体的用户体验。

5.2.4.2　供应链管理的变革

网络零售的发展同样推动了供应链管理的变革，传统的供应链管理往往面临着信息不对称和库存管理效率低下的问题，而网络零售通过实施先进的数字化供应链管理系统，实现了对商品库存和物流的实时监控。数字化供应链管理系统通过集成各个环节的数据如销售数据、库存数据、物流数据等，实现了供应链的端到端可视化，商家和供应商可以实时查看商品的销售情况、库存水平和物流状态，及时作出调整和响应。这种实时监控能力可以显著提高供应链的敏捷性和响应速度，当某一商品的销量出现异常波动时，系统可以自动预警，提示商家及时调整库存和补货策略，实时监控还可以帮助商家优化仓储和物流运作，减少商品的积压和滞销，提高整体的供应链效率。

数字化供应链管理系统还可以根据实时的市场数据，动态调整库存和配送计划，大大减少库存积压和商品滞销的风险。传统的库存管理通常采用"以销定购"的策略，根据历史销售数据预测未来的需求并据此制定采购和备货计划，但这种方法往往存在预测偏差，容易出现库存积压或断货的风险。而数字化供应链管理系统可以收集和分析海量的实时数据，包括销售数据、用户行为数据、市场趋势数据等，利用机器学习算法，对未来的市场需求进行更加精准的预测。基于这些预测，系统可以自动优化库存管理策略，动态调整安全库存水平和补货频率，确保商品的供应与实际需求相匹配，这种数据驱动的库存优化可以显著降低商家的库存成本和运营风险，商家无须囤积大量的库存，也能降低缺货和滞销带来的损失。优化的库存管理还可以提高资金周转效率，通过减少不必要的库存占用商家可以将更多的资金用于其他业务环节，如市场营销、产品研发等，提升整体的运营效率和竞争力。

数字化供应链管理还促进了供应链各方的紧密协同，实现了供应链的高效运作，通过供应链管理平台商家、供应商、物流服务商等可以实现信息的共享和实时沟通，提高协同效率。例如商家可以与供应商共享销售预测和库存信息，供应商可以据此优化生产计划和备货策略，减少供应链上的"惊鸿效应"，供应商还可以通过平台及时了解商家的促销计划和市场反馈，调整产品规格和包装设计，更好地满足市场需求。在物流环节商家可以与物流服务商实现实时的信息交换和调度优化，物流服务商可以根据商家的发货需求，合理调配运力资源，优化配送路线，提高配送效率，物流服务商还可以将配送状态实时反馈给商家和消费者，提升物流透明度和用户体验。通过供应链各方的紧密协同网络零售可以实现供应链的柔性化和敏捷化，快速响应市场变化，提高整体运作效率，这种协同机制不仅降低了供应链成本也提升了客户满意度和品牌竞争力。

5.2.4.3　网络零售的未来趋势

随着人工智能、大数据等技术的快速发展，未来的网络零售将更加智能化和个性化，智能推荐引擎可以通过分析消费者的购物行为和偏好，为其提供更加精准和个性化的商品推荐，提升购物效率和满意度。人工智能客服、智能搜索等技术的应用也将进一步优化用户体验，智能客服可以利用自然语言处理和知识图谱技术，为消费者提供更加智能和人性化的咨询服务，智能搜索可以通过语义理解和上下文分析，为消费者提供更加精准和全面的搜索结果。随着消费者对个性化体验的需求日益增长，定制化和私人定制服务将成为网络零售的重要趋势，商家可以通过收集消费者的体型数据、喜好等信息，为其提供个性化的服装、配饰等定制服务，这种服务不仅可以满足消费者的独特需求，也能增强品牌的差异化竞争力。

未来的网络零售将更加注重线上线下渠道的融合，提供全场景的购物体验，随着新零售概念的兴起，越来越多的商家开始探索线上线下一体化的运营模式。商家可以利用线下实体店作为体验中心和服务中心，为消费者提供更加立体和交互式的购物体验，消费者可以在线下店铺体验和选购商品，同时也可以通过线上渠道完成购买和支付，线下店铺还可以作为线上订单的提货点和售后服务点，为消费者提供更加便捷和高效的服务。商家还可以利用数字化技术如 AR/VR、智能货架等，打造沉浸式和交互式的购物体验，消费者可以通过 AR/VR 技术，在虚拟环境中试用和体验商品获得更加直观和真实的购物感受，智能货架可以通过传感器和数据分析技术，实现商品的智能补货和动态定价，提高销售效率。多渠道融合的趋势不仅为消费者提供了更加丰富和便捷的购物选择，也为商家提供了更加多样化的运营模式和盈利渠道，商家可以通过数据分析和用户画像，实现精准营销和差异化服务，提升客户黏性和终身价值。

社交电商和直播带货是近年来网络零售的重要新趋势，未来也将持续保持强劲的发展势头，社交电商利用社交网络平台如微信、微博等，进行商品销售和推广，相比传统的电商平台，社交电商更加注重用户的社交互动和信任关系，通过口碑传播和社交分享实现商品的裂变式传播。直播带货则是通过网络直播的形式，由主播或网红在直播间展示和推荐商品，吸引粉丝进行购买，直播带货的互动性和实时性特点，可以有效激发消费者的购买欲望和冲动，带来显著的销售转化。未来社交电商和直播带货将进一步融合，形成更加多元化和创新性的销售模式，商家可以通过社交裂变和直播互动，快速积累用户流量和品牌影响力，也可以借助大数据和人工智能技术，实现精准的用户洞察和个性化运营，提高转化率和复购率。

随着 5G、区块链、物联网等新技术的深入应用，网络零售在速度、安全性和用户体验等方面将实现更大的突破。5G 网络可以提供更加高速和稳定的数据传输，为消费者带来更加流畅和沉浸式的购物体验，还可以推动物联网在网络零售领域的应用，实现商品的智能化和网络化，为消费者提供更加智能和便捷的服务；区块链技术则可以为网络零售提供更加安全和透明的交易环境，通过分布式账本和智能合约实现商品溯源、防伪鉴定、供应链金融等创新应用；物联网技术的应用也将为网络零售带来巨大的想象空间，通过在商品上附加传感器和标签商家可以实现商品的实时跟踪和监控，优化库存管理和物流配送，还可以与人工智能技术结合，实现智能补货、动态定价等功能，提高运营效率和盈利能力。

随着网络零售的不断发展和创新，其在全球商业格局中的地位和影响力将持续提升，网络零售正成为推动全球贸易和经济增长的重要引擎，重塑着人们的消费观念和商业模式。对于消费者而言，网络零售带来了前所未有的购物便利和选择自由，消费者可以足不出户，尽享全球商品，享受个性化和多样化的购物体验，网络零售也为消费者提供了更多的价格比较和产品评价信息，帮助其作出更加理性和明智的消费决策。对于商家而言，网络零售极大地拓展了市场空间和销售渠道，降低了经营成本和进入门槛，中小企业和个体创业者可以通过网络平台，与大型企业竞争同一个市场，实现"弯道超车"和跨越式发展，商家还可以利用网络零售积累的海量数据，洞察消费者需求，优化产品和服务，实现精准营销和差异化竞争。

网络零售的发展也为社会经济带来了深远的影响，网络零售创造了大量的就业机会，促进了创新创业和经济转型升级，网络零售还推动了物流、金融、技术等关联产业的发展，形成了庞大的产业生态系统。在全球化背景下，网络零售更是成为国际贸易和文化交流的重要桥梁，跨境电商的兴起，让更多的国家和地区参与到全球贸易的分工体系中，促进了贸易的均衡发展和共同繁荣，网络零售也成为传播文化和价值观的重要载体，促进了不同国家和民族之间相互了解和包容。网络零售正在重构全球商业版图和消费生态，成为驱动经济增长和社会进步的新动力，展望未来网络零售将以更加智能、开放、协同的姿态，继续引领商业变革和创新，为人类社会创造更加美好的未来。

面对网络零售的浩瀚前景，企业需要紧跟时代步伐，拥抱数字化变革，重塑组织架构和业务流程，建立敏捷和韧性的运营体系，企业还需要加强与消费者的沟通互动，深入洞察其需求和体验，不断创新产品和服务，提供更加个性化和人性化的购物体验。政府也应积极营造良好的政策环境，支持网络零售的创新发展，完善电子商务法律法规，规范市场秩序，保护消费者权益；加强信息基础设施建设，促进网络和物流等配套设施的升级改造；鼓励技术创新和应用，加快5G、人工智能、区块链等新技术在网络零售领域的深度融合；促进线上线下融合发展，推动实体商业与网络零售的协同共进。作为消费者，我们也应积极拥抱网络零售带来的便利和机遇，理性选择，合理消费，在享受网络零售的同时也要提高自我保护意识维护自身的合法权益，我们还应主动参与到网络零售的生态建设中，通过评价、分享、互动等方式为网络零售的健康发展贡献自己的力量。网络零售代表着人类商业文明的新高度，它不仅改变了我们的消费方式和商业模式，也深刻影响着我们的生活方式和社会结构，站在历史的转折点，让我们携手共进，共同开创网络零售的美好未来，让这场数字化的商业革命成为推动人类社会进步的不竭动力。

5.2.5　智慧教育

随着信息技术的迅猛发展和数字化时代的到来，智慧教育作为教育行业的一大创新方向，正引领着全球教育的深刻变革。通过运用先进的数字工具和平台，智慧教育不仅实现了教学内容的个性化和互动性增强，而且促进了教育资源的公平分配，为不同地区和背景的学生提供了更加优质的教育机会，传统教育模式通常采用统一的教学大纲和课程设置，这种"一刀切"的教学方式很难满足所有学生的个性化学习需求，智慧教育通过利用数字化技术，可以详细分析每位学生的学习能力、兴趣爱好以及学习习惯，进而提供定制化的教学内容和学习路径。例如，智慧教育平台能够根据学生的反馈和学习效果，实时调整教学策略和资源，推荐适合学生的学习材料和教学方法，从而帮助学生更有效地掌握知识和技能，这种个性化的学习体验不仅使学生能够按照自己的节奏和兴趣学习，还能显著提升学习的积极性和效果，学生通过智慧教育平台可以接触多样化的教学资源，如视频课程、互动模拟和在线测验等，这些丰富的教学形式能够满足不同学生的学习偏好，增强学习的灵活性和趣味性。

与传统的课堂教学相比，智慧教育更加注重教学的互动性。数字化平台为教师和学生之间、学生与学生之间提供了丰富的互动途径，教师可以通过在线教学平台实时发布教学材料、布置作业和进行测验，学生则可以在平台上参与到论坛讨论、小组协作和项目学习中，与教师和同学进行深入交流和互动，这种互动式学习环境能够激发学生的思考和创造力，促进学生之间的合作和交流，同时也加强了师生之间的沟通和理解。通过智慧教育平台的实时反馈和评估，教师可以更好地了解学生的学习进度和问题，及时调整教学方法和内容，以适应学生的实际需要，智慧教育较为突出的贡献之一是实现了教育资源的公平分配，在传统教育体系中，优质的教育资源往往集中在大城市和发达地区，而偏远地区的学生则难以获得同等的教育机会，通过智慧教育，高质量的教学资源和优秀教师的课程可以通过互联网传输到世界任何角落，无论学生身处何地，都能享受到一流的教育服务。

例如，在一些发展中国家的农村地区，通过智慧教育平台，学生即使在没有物理学校的情况下，也可以通过网络课堂接受教育，与城市的同龄人共同学习，这极大地缩小了城乡之间的教育差距，随着技术的不断发展和教育理念的不断刷新，智慧教育将继续扩大其影响力，未来的智慧教育将更加侧重于学习过程的个性化和灵活性，同时利用人工智能、大数据等技术进一步提升教学的互动性和效果。此外，智慧教育还将更多地融入虚拟现实（VR）、增强现实（AR）等新兴技术，为学生创造更加沉浸和生动的学习体验，智慧教育不仅是教育数字化转型的产物，更是未来教育发展的重要趋势，通过智慧教育，可以更好地实现教育公平，提高教育质量，培养适应未来社会需要的创新型人才，智慧教育的发展将不断推动全球教育体系向更加开放、公平、高效和智能化的方向前进。

5.2.6 智慧交通

在快速发展的数字化时代中，智慧交通已经成为全球城市交通管理不可或缺的一部分，这一系统通过集成实时数据分析和云技术，不仅优化了交通流量，减少了拥堵，还显著提高了交通安全性和效率，智慧交通的应用正在重塑城市的交通生态，使其更加高效和可持续。智慧交通系统的核心在于其能够实时捕捉、分析并应用大量的交通数据，通过安装在道路和车辆上的先进传感器，这些系统能够实时监控交通状态，包括车流量、交通速度、事故发生及其他关键指标，数据一旦被收集，便通过云技术被上传至中央数据库，进行进一步的分析和处理。

智慧交通系统通过实时数据的分析，可以动态调整交通信号灯的时序，优化路线规划，从而有效减轻城市中的交通拥堵现象，例如，系统能根据当前的交通流量和预测模型调整交通灯的运行周期，确保最大化交通流的效率，减少等待时间和路线拥堵，这种动态调控能够显著提升道路的通行能力，减少碳排放和能源消耗。智慧交通系统对于提高道路安全性有着重要作用，系统通过实时监控可以快速识别潜在的安全隐患，如异常驾驶行为、潜在的交通事故等。例如，车载传感器和道路监控摄像头可以检测到超速、闯红灯等违规行为，并即时向驾驶者和交通管理中心发送警报，此外，系统还能在检测到严重交通事故时，迅速调派紧急救援服务，减少事故造成的伤害。

云技术的应用使智慧交通系统能够实现数据的集中管理和实时共享，这为交通管理提供了巨大的便利，通过将交通数据上传至云平台，不同的交通运输部门和机构可以实时获取并共享信息，实现协同工作，优化整个城市的交通管理策略。这种整合不仅提升了管理效率，也加强了城市各区域间的协调能力，智慧交通系统不仅改善了交通状况，还对城市的社会经济发展产生了深远的影响，通过减少交通拥堵，智慧交通系统帮助城市节约了大量的时间和资源，提高了居民的生活质量和城市的整体吸引力，此外，提高的交通效率也鼓励了更多的商业活动和投资，促进了经济增长。

随着技术的不断进步，智慧交通系统将继续发展，包括更广泛的数据集成、更精准的预测模型以及更高效的实时响应机制，未来的智慧交通可能会融合更多的人工智能和机器学习技术，实现更高级的自动化和优化。智慧交通的发展也面临着诸多挑战，包括技术标准化、数据安全和隐私保护等问题。此外，要全面实施智慧交通系统，需要巨大的初期投资以及公众和政策的广泛支持，智慧交通作为城市发展的一个重要方向，通过提高交通效率和安全性，为城市带来了新的活力和动力，随着智慧交通技术的不断成熟，它将继续推动全球城市的持续发展和转型，向更加智能化和可持续化的未来迈进。

5.2.7　智慧医疗

智慧医疗是医疗健康行业数字化转型和融合发展的重要体现，通过引入先进的信息技术和数据分析手段智慧医疗正在重塑传统医疗模式，为人们的健康保障提供更加高效、精准、个性化的解决方案，下面我们将从电子健康记录、远程监测和预测性健康管理三个方面，深入探讨智慧医疗的应用现状和发展前景。

5.2.7.1　电子健康记录：医疗信息数字化管理的基石

智慧医疗的一个重要基础就是电子健康记录（electronic health record，EHR），传统的医疗记录以纸质形式存在，存在着存储困难、检索不便、易出错等问题，而 EHR 通过将患者的各项医疗信息如病史、检查结果、用药情况等，以数字化的形式记录在统一的数据库中，实现了医疗信息的标准化、结构化管理。EHR 具有诸多优势，它可以提高医疗信息的准确性和完整性，通过规范的数据录入和校验机制；可以有效减少人工录入过程中的差错，确保医疗信息的准确无误；可以集成患者在不同医疗机构的就诊记录，形成完整的病史档案，避免了医疗信息的遗漏和割裂；可以显著提升医疗信息的可访问性和共享性。传统的纸质病历很难在不同医疗机构之间传递和共享，而 EHR 通过云计算和数据共享技术，可以实现患者医疗信息的安全、高效共享，医生可以随时随地访问患者的完整病历，全面了解患者的健康状况，为诊疗决策提供更加充分的依据。此外，EHR 还为医学研究和公共卫生管理提供了宝贵的数据资源，汇聚在 EHR 系统中的海量医疗数据，可以支持流行病学调查、药物警戒、疾病预测等多个领域的研究工作，为医学科技创新和疾病防控提供数据支撑。

目前发达国家普遍建立了较为完善的 EHR 系统，如美国的 HITECH 法案推动了 EHR 的广泛应用。在我国 EHR 建设也取得了积极进展，国家卫生健康委发布了《电子健康档案基本架构与数据标准》，规范了

EHR 的内容和格式，各地医疗机构积极推进 EHR 系统的应用，如上海市的"申康通"平台实现了全市医疗机构间的信息共享。但 EHR 在应用过程中也面临一些挑战，如数据标准不统一、系统间互联互通困难、患者隐私保护等问题，未来 EHR 的建设需要在国家层面加强顶层设计和统筹规划，制定统一的技术标准和数据规范，加强互联互通和安全保障，充分发挥 EHR 在智慧医疗中的基础性作用。

5.2.7.2 远程医疗监测：触手可及的健康守护

远程医疗监测（remote patient monitoring，RPM）是智慧医疗的另一个重点应用领域，RPM 利用各种可穿戴设备和家庭监测设备，实时采集患者的生理数据，通过互联网传输到远程的医疗机构由医生进行分析和诊断，实现对患者健康状态的持续监测和管理。RPM 可以应用于多种疾病的管理，特别是慢性病的长期监测。例如，对于高血压患者，可以佩戴智能血压计实时测量血压，数据自动上传至医疗系统；对于糖尿病患者，可以使用智能血糖仪记录血糖水平并生成趋势图供医生分析；对于心脏病患者，可以佩戴心电监测仪，实时监测心率等指标。RPM 打破了医疗服务的时空限制，使患者可以在家中、办公室等场所接受医疗监测，无须到医院反复就诊，这不仅方便了患者也减轻了医院的诊疗压力，提高了医疗资源的利用效率，RPM 可以帮助医生更加全面、动态地掌握患者的健康状态，及时发现病情变化，优化治疗方案，减少并发症的发生。

RPM 在全球范围内得到了广泛应用，如美国医疗保险和医疗补助中心（CMS）于 2018 年将 RPM 纳入医保支付范围，极大促进了 RPM 的应用，在我国 RPM 发展也很快，如贝瑞和康基因科技与河北省第六人民医院合作，利用基因检测和远程监测，实现了肿瘤患者的精准用药和远程管理，平安好医生推出"一键式"家庭智能健康终端，集成多参数健康监测，支持远程问诊和在线复诊。但 RPM 的规模化应用仍面临挑战，如可穿戴设备的测量精度有待提高、数据传输的安全性和隐私性需要保障、医保支付政策有待完善等，未来 RPM 领域需要医疗机构、医疗器械厂商、通信运营商、保险机构等多方合作，在技术研发、临床应用、商业模式等方面持续创新，不断拓展 RPM 的应用场景和服务模式，提升人们的就医体验和健康水平。随着 5G、物联网、大数据等新技术的发展应用，远程医疗监测将进入全新的发展阶段。5G 具有高速率、低时延、广连接的特点，可以支撑更多种类的可穿戴设备接入互联网，实现亚健康、慢病等全人群的实时监测并支持高清视频问诊、远程会诊等服务；人工智能可以赋能远程监测数据的分析和风险预警，实现智能化、个性化的健康管理；区块链技术可以提升医疗数据共享的安全性，保障患者隐私；AR/VR 技术可被应用于远程康复指导，为患者提供身临其境的康复训练体验，在新技术的推动下远程医疗监测将不断突破时空限制，为人们带来全方位、全周期的健康守护。

5.2.7.3 预测性健康管理：化被动为主动的健康之道

智慧医疗的一个重要使命是从"亡羊补牢"转向"未雨绸缪"，即从被动的疾病治疗转向主动的健康管理，预测性健康管理（predictive health management）正是这一理念的体现，PHM 利用现代信息技术和数据分析方法，从海量的健康医疗数据中挖掘疾病的早期信号和风险因素，提前预测个体的健康风险并给出个性化的预防措施，从而实现疾病的早发现、早预防、早治疗。PHM 的核心是建立个体健康风险评估模型，通过综合分析个体的基因、生理、行为、环境等多维度数据，利用大数据挖掘和机器学习算法，可以发现疾病的复杂模式和规律并对个体患病的可能性进行预测和分级，在此基础上，PHM 可以为高风险人群提供针对性的健康干预措施，如生活方式指导、预防性用药、定期筛查等，帮助其控制风险因素，延缓或阻止疾病的发生发展。PHM 代表了健康管理理念的重大变革，传统的医学模式重治轻防，往往在疾病发生后才采取应对措施，而 PHM 强调"治未病"，通过预测和干预努力将健康风险消灭在萌芽状态，实现从"亡羊补牢"到"防患于未然"的转变，这种理念更加符合医学的预防为主原则，有助于从源头上减少疾病负担，提升健康水平。

PHM 在慢病管理、重大疾病防控等领域得到了积极应用，如美国的 Kaiser Permanente 医疗集团开发了一套慢病风险评估模型，通过分析患者的病史、生活习惯、临床检查等数据，预测其心脏病、糖尿病等的发病风险并提供个性化的生活干预方案，取得了良好的预防效果。我国的阿里健康推出了"AI 医生"产品，利用机器学习算法，对用户的健康行为和体征数据进行分析，评估其患慢性病的风险等级并给出科学的健康管理建议。在重大疾病防控方面 PHM 也发挥了重要作用，例如，某些机构利用人工智能算法，对新冠患者的流行病学史、临床症状、实验室检查等数据进行挖掘分析，构建了新冠重症风险预测模型，可以提前识别高危患者，优化医疗资源配置，降低重症率和病死率。类似地，PHM 还被用于肿瘤的早筛早诊，通过分析高危人群的基因突变、代谢组学等数据预测其罹患某些癌症的风险，并采取早期干预，提高肿瘤防治水平。

但 PHM 要真正惠及大众，尚须克服一些障碍，首先是健康医疗数据的汇聚和共享问题，PHM 需要整合个体全生命周期的海量数据，而这些数据往往分散在不同系统和机构中，如何打通数据孤岛是当务之急；其次是预测模型的准确性问题，疾病发生机制错综复杂，受多重因素影响，现有模型的预测效能还有待提高；最后是干预效果的评估问题，PHM 的许多干预措施是长期的、预防性的，如何科学评价其医疗和经济效果，还需要一套成熟的指标和方法。展望未来 PHM 将不断融合多学科前沿技术，提升疾病预测和干预能力，生物信息学、影像组学等技术将助力疾病风险精准画像，合成生物学、纳米医学等将开辟个性化干预的新路径。PHM 也将与健康管理行业深度融合，从疾病预防拓展到健康增进，从单点服务拓展到全程管理，真正实现"预测—预防—预警—干预"的全链条健康守护，这需要政府、医疗机构、保险企业、科技公司等多方协同，在政策、技术、服务等层面共同发力加快构建基于预测和干预的新型健康管理模式。

智慧医疗正引领着健康服务模式的变革，电子健康档案、远程医疗监测、预测性健康管理等创新应用，正在重塑疾病诊疗、健康管理的理念和路径，通过信息技术的赋能智慧医疗有望打破医疗服务的时空限制，提升健康管理的主动性和精准性，实现从"以治病为中心"到"以健康为中心"的范式转变，这对于应对人口老龄化、慢病高发等健康挑战，提高全民健康水平和生活质量，具有重大意义。但智慧医疗的发展仍面临诸多挑战，如健康医疗数据的互联互通、智慧医疗产品的临床效能评估、商业模式的探索、人才的培养等，这需要产学研医各界共同努力，在夯实基础、创新技术、优化服务、完善政策等方面持续发力，加快推进智慧医疗从点到面、从局部到整体的转化落地，不断开拓健康服务的新模式新业态，为人类健康福祉作出更大的贡献。

5.2.8 智慧金融

智慧金融是传统金融行业数字化转型的重要方向之一，它通过集成和应用大数据分析、区块链技术、人工智能、云计算等先进技术手段，为金融服务提供了全新的模式和路径。这些技术的运用不仅提高了交易的安全性和效率，还增强了用户体验和金融市场的稳定性，使智慧金融成为推动金融产业向数字化转型的重要引擎。智慧金融的发展离不开大数据分析的支持，大数据技术允许金融机构处理、分析历史上无法想象的数据量，通过大数据分析，金融机构能够从海量数据中提取出有价值的信息和规律，从而提供更精准的风险评估、客户画像和市场预测等服务。例如，银行可以利用大数据分析技术优化信贷过程，通过分析客户的消费行为、支付历史、社交媒体活动及其他相关数据，银行能够对客户进行更准确的信用评级和风险控制，这种数据驱动的方法不仅提高了贷款的审批效率，还降低了贷款的违约风险，此外，大数据还能帮助银行识别和预防欺诈行为，通过实时监控交易模式和行为即时响应可疑活动。

保险行业也通过大数据技术实现了创新。保险公司利用客户的健康数据、生活习惯、历史保险索赔数据等信息，通过复杂的算法精准定价保险产品，这种个性化定价策略不仅使保险产品更具竞争力，还帮助公司管理风险和提升盈利能力，例如，通过分析健康追踪设备中的数据，保险公司能够为那些维持健康生活方式的客户提供折扣，激励更多的健康行为，从而降低整体的医疗成本。除了大数据分析，区块链技术在智慧金融中扮演着至关重要的角色，作为一种去中心化的分布式账本技术，区块链提供了防篡改、高透明度的特性，这些特性使金融交易更加安全、透明，例如，在跨境支付领域，区块链技术可以简化交易流程，减少中介机构，从而降低成本并缩短交易时间，使用区块链技术，银行和金融机构能够实现几乎实时的交易清算，提高资金流动性和操作效率。

区块链技术在供应链金融中的应用同样展现出巨大潜力，通过建立一个去中心化的平台，所有供应链参与者——供应商、制造商、分销商、零售商以及金融机构可以在同一平台上实时共享信息，这大大提高了整个供应链的透明度和效率。例如，通过区块链技术，制造商可以更快地确认订单支付，供应商可以及时获得资金以满足生产需求，而银行则可以在更确信的基础上提供融资，随着人工智能和机器学习的加入，智慧金融的能力得到进一步扩展，这些技术可以帮助金融机构实现更高级的决策支持，如通过机器学习模型预测市场趋势，或通过自然语言处理（NLP）技术自动处理客户服务查询，提升服务效率和质量。智慧金融的实施不仅是技术的革新，更是对整个金融服务业态的重构，未来随着技术的不断创新和应用，智慧金融将进一步推动金融产业向数字化转型和融合发展，提高整个行业的运作效率，增强金融市场的开放性和创新性，为金融行业的可持续发展注入新的活力和动力，通过这些方式，智慧金融不仅优化了客户体验，还为金融机构和政策制定者提供了更强大的工具，以应对未来市场的挑战和机遇。

5.3　我国产业融合未来的发展建议

5.3.1　加强核心技术研发与创新

加强核心技术研发与创新是推动我国产业融合发展的关键举措之一，随着数字化技术的迅猛发展，人工智能、大数据、云计算等核心技术已经成为支撑产业转型升级的基石。这些技术对提升产业竞争力、实现经济高质量发展具有决定性意义。因此，我国必须加大对这些核心技术的研发投入，加强创新能力，促进技术的突破和广泛应用。政府应加大对核心技术研发的支持力度，包括制定科技政策、提供项目资助、实施税收优惠等措施，例如，可以设立专门的科技创新基金，支持在人工智能、大数据、云计算等领域的基础研究和应用研究。同时政府可以设立国家实验室，引导高校和研究机构集中力量进行关键技术的攻关，政府的角色还包括加强对重点领域和关键技术的引导和组织，可以通过国家重点研发计划，推动产学研用相结合，促进科研成果的转化和应用。此外，政府应当建立和完善知识产权保护机制，确保创新成果可以得到合理的利益回报，从而激励更多的科研投入和技术创新。

加强产业界和学术界的合作与交流同样至关重要，产业界和学术界是推动技术创新和产业发展的重要力量。企业可以通过与高校、科研院所建立战略合作关系，共同开展科研项目和技术攻关，例如可以共同设立研发中心，共享实验设施和科研成果，这种合作不仅可以加速技术的研发进程，还可以降低研发成本，提高研发效率。在人才队伍建设方面，应当重视培养和引进高层次的技术人才和创新人才，建立健全的人才培养体系，提供丰富的教育资源和实践平台，吸引更多年轻人投身科技研究和创新实践，同时应当通过引进国内外优秀人才，构建高水平的科研团队和创新团队，加强人才队伍的结构优化和能力提升。此外，加强国际合作与交流，积极参与国际科技创新合作和项目，也是推动技术创新的重要方式，通过与发达国家和国际组织的合作，可以共享科研资源，共同开展前沿技术的研究和应用，例如，参与国际合作项目可以加速技术标准的国际化，提高我国产业的国际竞争力。

另外，应加强对国际科技发展动态的监测和研究，把握全球科技发展趋势，借鉴国外先进经验和做法，加快科技创新和产业融合发展步伐，通过这些措施，可以确保我国在全球科技竞争中的优势，促进产业升级和经济高质量发展。加强核心技术研发与创新是推动我国产业融合发展的重要举措，通过政府支持、产学研用合作、人才队伍建设和国际合作等多方面的努力，可以推动核心技术的突破和应用，加快产业融合发展，实现经济社会的全面进步，这不仅是技术发展的需要，更是全社会共同参与和努力的结果。

5.3.2　优化数字基础设施建设

在数字化时代，优化数字基础设施建设是我国产业融合未来发展的重要举措之一，随着数字经济的不断发展和普及，高速互联网、数据中心和智能网络等数字基础设施已成为支撑数字化服务和产业融合发展的重要支柱，因此，继续投资这些基础设施的建设，并对其进行优化，以适应不断增长的数据处理和分析需求，为各类数字化服务提供强大的后台支持，具有重要的现实意义和战略意义。高速互联网是数字经济发展的"动脉"，为各类业务活动提供了必要的通信基础，随着大数据、云计算、物联网等技术的快速发展，高速互联网的重要性日益凸显。我国应当加大对高速互联网的建设力度，提升网络的覆盖范围、速度和稳定性，具体来说，可以通过建设更多的光纤网络和提升无线通信技术（如 5G 和未来的 6G 技术）的部署速度，确保从大城市到偏远地区的每个角落都能获得高质量的网络服务。

数据中心作为数字基础设施的核心，承载着海量数据的存储与处理任务。为了应对数字化服务日益增长的需求，必须加强数据中心的建设和优化，这包括扩大数据中心的规模、提高其能效比，以及采用先进的冷却技术和能源管理系统减少能耗。此外，保障数据的安全性和隐私也至关重要，保障数据安全需要采用先进的安全技术和严格的管理措施，如数据加密、访问控制和物理安全等，以防止数据泄露和滥用。智能网络的建设是适应未来数字化需求的关键，智能网络通过集成先进的网络技术和人工智能，能够实现网络配置的自动化、流量的智能调度和网络安全的实时监控，这样不仅提升了网络的效率和可靠性，还能够根据不同业务的需求提供定制化的网络服务，为此，我国应当加大研发投入，探索如软件定义网络（SDN）、网络功能虚拟化（NFV）等新兴技术，推动传统网络向智能网络的转型。

为了有效推进数字基础设施的建设，还需要考虑以下 4 个方面：
（1）政策和法规的支持：政府应出台一系列支持政策，如资金扶持、税收优惠、土地使用优惠等，以激励和引导企业和社会资本投资数字基础设施。（2）跨行业合作：数字基础设施的建设和优化需要电信运营商、设备制造商、内容提供者和政府等多方面的合作，通过建立合作机制，整合各方资源和优势，可以提升建设效率和服务质量。（3）国际合作：在全球化的背景下，与国际先进企业和研究机构合作，引进先进技术和管理经验，是加速我国数字基础设施现代化的重要途径。（4）持续的技术创新：随着技术的不断进步，新的技术如量子通信、边缘计算等将对网络基础设施提出新的要求，我国应当加强这些前沿技术的研发和应用，确保数字基础设施能够支持未来的发展需要，通过这些措施，可以确保我国在数字经济时代拥有坚实的基础设施支持，为产业融合和高质量经济发展提供强有力的保障。

5.3.3 提升产业间数据共享与协作

在数字化时代，数据作为一种关键资源，对于推动产业间的信息流通和资源整合具有决定性作用，为了推动我国产业融合未来发展，需要不断提升产业间数据共享与协作。具体有：建立更加开放的数据共享平台，可以促进各个产业之间的数据交流与共享，打破信息壁垒，实现跨界合作，进而推动产业融合发展，要实现产业间的有效数据共享与协作，必须建立统一的数据标准和格式，目前不同产业由于历史发展和技术路径的不同，形成了各自独特的数据格式和标准，这在很大程度上阻碍了数据的有效共享，统一的数据标准和格式是确保不同产业之间数据可以互相理解和有效共享的基础。例如，金融行业和健康医疗行业能通过统一的数据格式，互相提供风险评估和健康管理服务，共同开发新的商业模式。此外，加强数据安全性保障措施也是实现数据共享的前提，数据安全问题不仅关乎个人隐私权和数据完整性，还直接影响企业的商业利益和国家的经济安全，在数据共享过程中，必须采取先进的加密技术，严格的访问控制以及综合的安全监控体系，以确保数据在传输和存储过程中的安全。例如，可以采用区块链技术提供不可篡改的数据记录，以增强数据共享的透明度和安全性，加强数据治理和管理能力建设也是提升数据共享与协作的关键，良好的数据治理框架可以保证数据的质量和可靠性，确保数据共享的价值最大化，包括建立完善的数据管理流程、制定明确的数据使用和共享规范、建立数据质量评估和监控机制，通过有效的数据治理，可以减少数据冗余和不一致性，提高数据的可用性和准确性。

进一步而言，推动产业间数据共享与协作还需要政策和法律的支持，政府可以通过制定相关政策和法规，鼓励数据的开放和共享，同时保护数据产权和隐私，例如，制定数据共享激励政策，提供税收减免、财政补贴等激励措施，鼓励企业和研究机构开放数据资源。此外，建设全国性或行业性的数据共享平台也是提升数据共享与协作的有效途径，该平台不仅能提供数据存储、处理和分析服务，还能提供标准化、格式化的数据产品，降低企业和机构的数据处理成本，提高数据应用的效率和便捷性，通过这些措施，不仅能够推动产业间数据共享与协作的深入发展，还能为我国产业融合未来发展提供强有力的支持，将有助于构建一个更加开放、高效和安全的数据共享环境，为我国的数字化转型和产业升级提供坚实的基础。

5.3.4　培养跨领域数字技术人才

为了适应产业数字化转型和融合发展的需求，培养跨领域数字技术人才显得尤为重要，这类人才不仅需要具备深厚的专业知识，还必须能在多个领域进行融合和创新。因此，建立一个跨学科的教育和培训体系成为必要的举措，该体系需要覆盖计算机科学、工程技术、管理学、人文社科等多个相关领域，以培养具备全面技术和理论知识的数字技术人才，构建跨学科的教育体系要实现课程内容的广泛覆盖和深度整合，这意味着教育机构需要开发包括数据科学、人工智能、网络安全、数字营销等在内的课程，同时也要加强对法律、伦理、社会科学的教学，以帮助学生形成全面的视角。教育课程应设计为模块化，使学生可以根据自己的兴趣和未来的职业方向选择合适的学习路径，此外，这种教育体系强调了理论与实践的结合，理论教学虽然重要，但没有实际操作的经验，学生很难将知识应用于实际并解决问题，因此，高校和职业培训机构应与企业合作，提供实习、实训和项目驱动的学习机会，通过这种方式，学生可以在真实的工作环境中运用其跨领域的知识和技能，增强其解决复杂问题的能力。

与产业界的密切合作对于跨领域技术人才的培养至关重要，教育机构可以与本地企业、科研机构甚至国际公司合作，开展联合研究项目，为学生提供参与真实项目的机会，例如，计算机科学学生可能会参与开发新的软件应用，而管理学学生则可以在项目管理和数据分析方面提供支持，通过这种跨学科的合作，学生能够了解不同领域的工作流程和需求，提高了适应能力和创新能力。在数字化时代，仅靠技术技能是不够的，跨领域的数字技术人才还需要具备良好的沟通能力、团队合作精神和领导力，教育机构应通过团队项目、领导力培训和沟通技巧工作坊等方式，加强学生的个人发展和社会技能。此外，通过模拟真实工作环境的团队项目，学生可以学习如何在多元化的团队中有效工作，这对于未来在全球化的工作环境中取得成功至关重要。

随着技术的迅速变化，跨领域数字技术人才的学习永远不应停止，教育机构可以通过在线课程、研讨会、认证课程和短期职业培训提供持续教育和专业发展课程，帮助毕业生保持其专业知识的更新。这些资源不仅能帮助技术人才跟上技术的最新发展，还能帮助其在职业生涯中不断前进和适应不断变化的行业需求。通过建立跨学科的教育体系、加强实际操作和项目经验、培养综合素质及团队合作能力，以及支持持续学习和职业发展，能够培养出能够适应未来产业需求的跨领域数字技术人才，这些人才将成为推动我国产业融合未来发展的重要力量。

5.3.5 支持中小企业数字化转型

为了促进我国产业融合未来发展，中小企业的数字化转型显得尤为重要，中小企业在我国经济中占据着重要的地位，但由于资源和规模的局限，在进行数字化转型时面临着诸多挑战，因此政府应通过制定有利政策和提供财政补贴为中小企业提供有力的支持，帮助克服转型过程中的障碍，这不仅能提升这些企业的竞争力，还将推动整个产业的数字化升级和发展。政府可以设立专门的基金，用于支持中小企业在数字化过程中的技术升级、人才培训和系统改造，这些基金可以用于补贴企业购买必要的软硬件、支付技术服务费用以及对员工进行数字技能培训。此外，政府可以提供税收优惠政策，为正在进行数字化转型的中小企业减免税款，降低了运营成本，例如可以对购买国内软件和信息技术设备的中小企业给予增值税退税或减免政策。

建立技术支持平台，为中小企业提供必要的技术咨询和支持，这些平台可以整合来自高校、科研机构和大型企业的技术资源，提供从技术评估到实施，再到后期维护的全过程服务，这对于那些缺乏技术基础和经验的中小企业尤其重要。同时政府可以推动行业内的资源共享，鼓励大型企业与中小企业之间的合作，通过这种合作，中小企业可以以较低的成本获得先进的技术和管理经验，而大企业则可以扩大其业务的影响力和市场覆盖范围。政府应简化中小企业接入数字技术的流程，包括减少必要的行政手续、提供一站式服务窗口和建立在线服务平台，使中小企业能更快捷、更便宜地获取和部署数字技术，例如，可以建立一个全国性的数字化转型服务平台，为中小企业提供注册、咨询、资金申请等一系列服务。

考虑到中小企业的多样性和特殊性，提供定制化的数字化解决方案是非常有必要的，政府可以协调专业的 IT 公司和咨询机构，根据不同行业和企业的具体需求，设计个性化的数字化转型方案，这些方案应涵盖企业的业务流程、管理模式和市场策略等各个方面，确保数字化转型能够有效支撑企业的核心竞争力提升。培养和引进数字化人才是中小企业转型成功的关键，政府可以与教育机构合作，开设针对中小企业需求的数字技术相关课程和培训项目，同时通过组织线上和线下的培训研讨会，提升中小企业管理者和员工对数字化的认识和应用能力，通过政策支持、财政补贴、技术支持、资源共享、简化技术接入流程、提供定制化解决方案以及人才培养等综合措施，可以有效促进中小企业的数字化转型，增强其市场竞争力和自主创新能力，为我国产业融合和经济高质量发展提供有力支撑。

5.3.6　加大政策扶持与资金投入

为促进我国产业融合未来发展，政府需要进一步加大政策扶持与资金投入，特别是支持企业在创新和数字化转型方面的努力，在当前全球经济环境中，数字化转型已成为推动产业升级和创新发展的核心动力。政府的政策支持和资金投入在这一过程中起到了至关重要的作用，不仅可以激发企业的创新潜能，还能加速整个产业的转型进程，政府需要通过一系列具体且有力的政策措施支持企业的创新和数字化转型，包括税收优惠政策，如对投资研发和技术创新领域的企业给予所得税减免、降低增值税税率、提供研发费用加计扣除等优惠，这些措施可以显著降低企业的运营成本，提高其投资创新的积极性。

此外，政府应考虑引入更为灵活的税收政策，针对不同规模和成长阶段的企业制定差异化的税收优惠措施，例如，对初创和小型企业在初期转型阶段给予更大力度的税收减免，帮助其度过资金紧张的早期阶段。政府可以通过直接的资金补助支持企业，特别是中小企业在数字化转型过程中的各种需求，包括对企业采购先进技术设备、软件和服务的直接补贴，资助企业进行市场拓展和技术创新的活动。例如，为企业购买云计算服务和大数据分析工具提供补助，帮助企业建立更加高效的信息管理和分析系统，政府还应设立专项基金，支持企业在关键技术如人工智能、物联网和区块链等领域的研发活动，这种基金可以针对具有突破性的创新项目，提供从研发到市场化的全链条支持。

加大对数字化基础设施建设的投入，是确保企业能够顺利进行数字化转型的关键，包括投资高速互联网的建设、数据中心、智能制造工厂和物联网基础设施等，通过加强这些基础设施的建设，可以为企业提供必要的技术支持和服务平台，从而降低企业的运营成本和提高运营效率。例如，政府可以投资建设跨地区的高速数据传输网络，提高数据传输的速度和安全性，支持企业实现更广范围的数据共享和远程协作，政府应加大对于科研项目的资金投入，尤其是那些能够推动关键技术突破和新模式探索的项目，这不仅可以提升国家在全球的科技竞争力，也能为产业转型提供技术支撑，政府可以通过建立公私合作平台，鼓励高校、研究机构与企业联合研发，共同开发前沿技术和产品。

政府需要建立一个持续性的评估和反馈机制，及时了解政策执行的效果和企业转型的进展，通过这种机制，可以及时调整政策方向和资金投入的重点，确保资源的有效利用，并最大限度地促进产业融合和经济高质量发展。通过这些综合措施，政府可以有效地支持企业特别是中小企业在创新和数字化转型过程中遇到的挑战，帮助提升竞争力，驱动整个产业的持续发展和升级，这不仅将推动我国产业融合未来发展走上新的道路，也将为实现经济持续增长和高质量发展的目标创造坚实的基础。

5.3.7　强化国际合作与开放创新

为了推动我国产业融合未来发展，强化国际合作与开放创新成为一项至关重要的举措，通过与世界各国及国际组织的广泛合作，我国有机会引进全球领先的技术和管理经验，从而加速本土产业的升级和创新，极大提升我国在全球市场中的竞争力。全球化的经济环境要求各国之间在技术、资源和知识上进行更加紧密的交流与合作，我国通过与发达国家和技术领先的国际组织建立长期的合作关系，不仅可以通过直接合作获得技术转移，还能通过观察和学习这些国家和组织的成功经验指导我国产业的发展方向和政策制定。

参与国际项目和标准的制定也是开放创新和技术共享的重要手段，通过这种方式，我国不仅能将自身的优势技术和产品推向国际市场，还能在国际舞台上"发声"，参与到全球规则的制定中，从而更好地保护我国企业的海外利益，并确保在国际竞争中处于有利位置。此外，我国还应加强与"一带一路"共建国家的合作，"一带一路"倡议不仅是政治和经济的合作平台，更是技术和创新合作的重要桥梁。通过在数字经济、智能制造、物联网等前沿科技领域与共建国家进行合作，我国不仅可以输出自身的技术和产品，还可以吸引外来的创新资源和人才，共同探索新的市场机会，实现互利共赢。与此同时，我国还需要加强与发展中国家的合作，共同应对全球数字经济发展中的挑战，通过南南合作和区域合作机制，我国可以与这些国家分享发展经验，交流技术知识，帮助建立和完善数字基础设施，提升其整体的产业水平，这种合作不仅能帮助发展中国家加速其数字化进程，也有助于我国企业开拓新兴市场，增强自身的国际影响力。

为了有效实施这些国际合作策略，我国应当建立一套更为系统和高效的国际合作机制，包括优化外交政策，提供必要的财政和政策支持，以及建立专门的国际合作项目管理和评估体系，通过这些机制，可以确保国际合作项目的顺利实施，及时解决合作过程中出现的问题，确保合作成果的转化和应用。国际合作的成功也依赖于国内产业和技术的基础坚实，因此我国还需要持续加大在科研和技术创新上的投入，提高国内产业的研发能力和创新水平，这不仅能够为国际合作提供更多的技术支持和产品供给，也能在国际合作中提高我国的议价能力和影响力。强化国际合作与开放创新对于推动我国产业融合和未来发展至关重要，通过与全球伙伴的紧密合作，我国可以更好地引进先进技术，学习管理经验，参与国际标准的制定，推动技术共享，最终提升我国在国际竞争中的地位，为实现高质量发展目标奠定坚实的基础。

5.3.8 提高消费者数字素养和参与

随着数字技术的迅速发展，数字素养已成为当代社会中不可或缺的一项技能，提高消费者的数字素养意味着赋予更多的权利和能力，使其能够更好地适应和利用数字化时代带来的机遇，在数字化时代，消费者的数字素养不仅关乎个人的生活和工作，更涉及社会的发展和进步。提高消费者的数字素养可以增强其对数字产品和服务的使用能力，随着智能手机、平板电脑和智能家居设备的普及，消费者需要具备基本的数字技能才能充分利用这些工具。例如，学会使用各种应用程序、了解互联网上的搜索技巧、学会在线购物和支付等都是数字素养的基本内容，通过提供相关的培训和教育，消费者可以更加熟练地使用各种数字产品和服务，提升生活和工作的效率。

提高消费者的数字素养可以增强其对数字信息的理解和分析能力，在"信息爆炸"的时代，消费者需要具备辨别信息真伪、评估信息可信度的能力，不仅包括对媒体报道和社交媒体信息的理解，还包括对数字化数据的分析和解读，通过数字素养教育，消费者可以学会如何辨别虚假信息、如何利用搜索引擎查找可信信息、如何使用数据分析工具进行数据处理等，从而更好地应对信息化社会带来的挑战。此外，提高消费者的数字素养还可以增强其对数字安全和隐私保护的意识和能力，在网络空间中，个人信息安全和网络隐私保护变得尤为重要，消费者需要了解如何设置安全密码、如何防范网络钓鱼和恶意软件攻击、如何保护个人隐私等，通过数字素养教育，消费者可以学到各种网络安全知识和技能，增强自我保护意识，有效防范网络安全威胁。

提高消费者的数字素养还可以促进更好地参与到数字化经济和社会中。数字化经济已经成为当今世界经济的主要驱动力之一，消费者需要具备一定的数字技能才能参与到数字化经济中。例如，了解如何在互联网上创业、如何利用社交媒体进行个人品牌建设、如何利用数字技术提升个人竞争力等都是数字素养的一部分，通过提高数字素养，消费者可以更好地适应数字化经济的发展趋势，抓住数字化经济带来的机遇。提高消费者的数字素养对于推动数字化社会的发展具有重要意义，通过数字素养教育，消费者可以提升自己的数字技能，增强对数字产品和服务的使用能力，提高对数字信息的理解和分析能力，增强对数字安全和隐私保护的意识和能力，促进其更好地参与到数字化经济和社会中，这不仅有助于个人实现自身的发展和提升，也有助于推动整个社会朝着数字化转型的方向迈进，实现数字经济的持续健康发展。

5.3.9　强化数字安全防护措施

在当今数字化时代，随着信息技术的不断发展和应用，数字安全已成为社会和经济发展中的重要议题，数字安全的意义不仅仅体现在保护个人隐私和企业数据安全上，更关乎国家安全和社会稳定，因此强化数字安全防护措施至关重要，需要采取一系列综合措施保障数字系统的安全稳定。例如，建立完善的法律法规和政策体系是加强数字安全防护的基础，政府和相关部门应当制定和完善涉及网络安全、数据保护等方面的法律法规，明确各方的权利和义务，规范数字化环境下的行为规范和责任分工，同时加强对数字安全的监管和执法力度，严惩违法行为，有效遏制网络犯罪和数据泄露事件的发生。

加强技术研发和创新是提升数字安全防护水平的关键，随着网络技术的不断发展和攻击手段的不断升级，传统的安全防护手段和技术已经不能满足日益增长的安全需求，因此需要加大对数字安全技术的研发投入，提升网络安全防护系统的智能化和自适应能力。例如，利用人工智能和大数据技术对网络流量进行实时监测和分析，及时发现并应对网络攻击行为，提高网络安全的实时性和准确性。加强国际合作和信息共享也是提升数字安全防护水平的重要途径，网络空间具有跨境性和全球化特点，网络攻击和数据泄露往往跨越国界进行，单一国家或组织难以独立解决这些问题，因此需要加强国际合作，建立起多边、双边和跨区域的网络安全合作机制，共同应对网络安全挑战，同时加强信息共享和合作调查，及时获取并传递网络安全威胁情报，提高网络安全防护的协同效能。

加强对数字安全人才的培养和引进也是保障数字安全的关键。数字安全领域的专业人才短缺是当前数字安全防护的一个突出问题，需要加大对数字安全人才的培养力度，建立一支高素质、专业化的数字安全队伍，同时鼓励引进国际顶尖的数字安全人才和团队，借鉴其先进的经验和技术，提升国内数字安全防护的水平和能力。另外，提高公众的安全意识和参与度也是保障数字安全的重要环节，公众作为数字化社会的主体，其安全意识和自我防护能力直接影响整个数字安全环境的稳定和安全，因此，需要加强数字安全教育和宣传，提高公众对数字安全问题的认知和警惕性，培养公众正确的网络安全意识和行为习惯，共同维护数字化社会的安全稳定。强化数字安全防护措施是维护网络安全、保护个人隐私和防止数据泄露的重要举措，通过建立完善的法律法规和政策体系、加强技术研发和创新、加强国际合作和信息共享、加强对数字安全人才的培养和引进，以及提高公众的安全意识和参与度，可以有效提升数字系统的安全防护水平，确保数字化社会的稳定和安全发展。

5.3.10　推广绿色数字技术应用

在数字技术飞速发展的今天，绿色数字技术的应用已成为环保和可持续发展的关键领域，绿色数字技术旨在利用数字化手段提高资源利用效率、减少碳排放和环境污染，为实现可持续发展目标作出贡献，推广绿色数字技术的应用，不仅可以促进数字化经济的健康发展，还可以减缓环境恶化的趋势，为人类创造更加清洁、繁荣和可持续的未来。在推广绿色数字技术的过程中，优化数据中心的能效设计是一个重要方面，数据中心作为数字化时代的核心设施，是大量数据存储和处理的中心，其能源消耗巨大，对环境的影响不可忽视。因此，采用先进的节能技术和设备，优化数据中心的能效设计，不仅可以降低能源消耗和碳排放，还可以减少环境负荷，为数字化经济的可持续发展打下良好基础。

推广使用可再生能源也是实现绿色数字技术目标的重要途径之一，传统的数字技术往往依赖化石能源，其使用会带来大量的温室气体排放和环境污染，而可再生能源，如太阳能、风能等，是清洁能源的重要代表，具有取之不竭、环保无污染的特点，因此，通过大力发展可再生能源产业，提高可再生能源的利用比例，可以有效降低数字技术对环境的不利影响，实现数字化经济与环境保护的双赢。除了优化能源利用和采用可再生能源外，提高硬件的能效标准也是推广绿色数字技术的重要举措之一，硬件设备在数字化时代的应用越来越广泛，但其使用也带来了大量的能源消耗和环境负荷，因此，通过制定更为严格的硬件能效标准，推动硬件制造商设计和生产更加节能环保的产品，可以有效减少数字技术对环境的不良影响，促进数字经济的可持续发展。

开发和推广低碳应用与服务也是推广绿色数字技术的重要举措之一，低碳应用和服务是指在数字化发展过程中，注重减少碳排放和环境负担的应用和服务。例如，推广在线办公、远程会议等数字化办公方式，可以减少因通勤而产生的碳排放；推广数字化学习平台和在线教育资源，可以减少纸质教材的使用，降低教育行业对森林资源的消耗，从而实现数字化与环保的有机结合，推广绿色数字技术的应用是实现数字化与环保双赢的关键举措，通过优化数据中心能效、采用可再生能源、提高硬件能效标准以及开发和推广低碳应用和服务等多种方式，可以有效降低数字技术对环境的不良影响，推动数字经济的可持续发展，为人类创造更加清洁、繁荣和可持续的未来。

5.3.11 深化区域数字经济发展策略

深化区域数字经济发展策略不仅是对当前数字化趋势的应对，更是对地方经济未来发展的战略性规划，在数字技术不断创新和应用的推动下，各地区面临着不同的机遇和挑战，因此需要制定针对性的发展策略，以实现经济的持续增长和社会的全面进步，深化区域数字经济发展策略需要充分考虑地区的产业结构和经济特点。不同地区的经济发展水平和产业结构存在差异，有的地区以制造业为主导，有的地区以服务业为主导，因此，在制定数字经济发展策略时，需要根据地区的实际情况确定重点发展方向和政策措施。例如，对于制造业比重较大的地区，可以通过推动智能制造和工业互联网的发展，提升产业转型升级的水平；对于服务业比重较大的地区，可以重点发展数字经济相关的互联网金融、电子商务等新兴产业，促进服务业的数字化转型。

深化区域数字经济发展策略需要加强政策协调和资源整合，地方政府在制定数字经济发展策略时，需要与相关部门和行业组织密切合作，形成政策协同效应，避免政策重叠和资源浪费，同时还需要加强对各类资源的整合和优化利用，充分发挥政府、企业、学术界和社会组织等各方面的作用，形成合力推动数字经济发展的良好局面。深化区域数字经济发展策略还需要注重人才培养和创新创业环境的建设，人才是推动数字经济发展的核心动力，地方政府应加大对数字经济人才的培养和引进力度，建立健全的人才培养体系和激励机制，吸引更多优秀人才投身数字经济领域，同时还需要加强对创新创业环境的建设，打破制约数字经济发展的体制机制障碍，为创新创业提供更加宽松、开放的政策环境和市场环境，激发创新创业的活力和动力。

深化区域数字经济发展策略还需要加强与国际合作和交流，数字经济具有跨境性和跨界性的特点，地方政府应加强与其他国家和地区的合作和交流，分享经验、资源和市场机遇，拓展数字经济发展的国际空间，同时还可以借鉴其他国家和地区的成功经验和做法，加快数字经济发展的步伐，提升地区的竞争力和影响力。深化区域数字经济发展策略是实现地方经济转型升级和可持续发展的关键举措，地方政府应根据本地区的经济特点和发展需求，制定具体可行的数字经济发展策略，加强政策协调和资源整合，注重人才培养和创新创业环境的建设，加强与国际合作与交流，共同推动数字经济的健康发展，实现地区经济的转型升级和可持续发展。

5.3.12　促进法规与标准化体系建设

在推动法规与标准化体系建设的过程中，一个国家必须考虑多方面的因素以确保该体系能够成功地实施和被广泛地接受，其中包括技术发展的最新动态、产业界的需求以及与国际标准的一致性等关键要素，法规和标准制定的过程也需要高度透明和多利益相关者的广泛参与，以增加所有方对最终结果的认同感和实施的有效性。

随着科技快速发展尤其是在人工智能、大数据、云计算和物联网等领域，标准化体系必须能够及时反映和适应这些技术的最新发展，这需要政府和标准化机构与科技公司及研究机构保持紧密合作，确保制定的标准既能够促进技术创新，又能确保技术应用的安全性和可靠性。例如，对于人工智能领域，如何在保障算法透明度和消费者权益的同时支持算法的创新和个性化应用，是标准制定中的一大挑战，法规与标准的制定过程应当考虑行业的具体需求，这意味着行业代表应当在标准制定的每一个阶段都有发言权，确保制定的标准不仅科学合理还要切实可行。企业在实际操作中遇到的问题和挑战应成为标准制定的重要参考，通过行业协会或专业团体的协调，可以组织定期的论坛和研讨会，收集和汇总行业内的意见和建议，作为标准制定的重要依据。

国际合作在法规与标准化体系建设中扮演着越来越重要的角色。随着全球化经济的发展，国际市场对统一的技术标准需求日益增长，这不仅可以降低国际贸易中的技术壁垒还可以促进全球产业链的高效协同。因此，参与国际标准化组织的活动，如国际标准化组织（ISO）或国际电工委员会（IEC），并在国际标准的制定中发挥作用，对一个国家的产业发展至关重要，通过这种方式不仅可以保证国内制定的标准与国际接轨，还可以在全球范围内推广本国的技术和产品。在提升公众参与度方面，确保法规与标准制定过程的透明性和公众的知情权也非常重要，其可以通过公开征求意见、举办公开研讨会和在线论坛等多种形式实现。此外，让公众了解标准制定的过程和内容，听取他们的意见和建议，不仅可以提高标准的社会接受度还可以增强公众对新技术的信任和支持。

随着数字化技术的广泛应用，数字安全成为一个不可忽视的重点领域，在制定相关法规和标准时需要特别强调保护个人数据和隐私的重要性，加强对数据处理和传输过程的监管，确保所有技术应用都符合严格的数据保护标准。为了应对网络攻击和数据泄露等安全风险，法规还应包括对企业在数据安全方面的责任和义务的明确要求，以及在发生数据安全事件时的应对措施，通过这些综合措施法规与标准化体系的建设将为产业数字化融合提供坚实的基础，不仅支持技术发展和创新还保护消费者权益，促进健康有序的市场环境，最终推动社会整体的进步和繁荣。

第 6 章

企业数字化转型

6.1 企业数字化转型问题及思路

6.1.1 存在问题

在当今企业迈向数字化转型的旅程中，众多企业正面临着一系列复杂的挑战和问题，现有技术与业务流程的不匹配成为首要问题，随着科技的迅速进步，新兴技术的融入为企业带来了无限的机遇，同时也带来了不少挑战。许多企业发现，现有技术基础难以与新技术兼容，这直接导致数字化转型的进程受到阻碍，例如，一些传统的业务流程可能无法适应新技术的需求，或者现有系统无法与新系统有效集成，这种情况下，企业不得不进行全面的技术升级和业务流程的重构，以确保数字化转型能够顺利进行。员工对新技术的接受程度及技术应用的成本效益比也是企业在数字化转型过程中必须面对的重要问题，新技术虽然能够显著提升企业的运营效率和服务质量，但员工对新技术的接受程度往往变成阻碍转型成功的关键因素，部分员工可能对新技术持抵触态度，担心新技术可能威胁自己的职位安全，或是对如何有效使用新技术感到不熟悉，从而影响了技术的应用效果。同时，企业在引入新技术时往往需要投入巨大的成本，包括技术采购、人员培训、系统集成等各个方面的费用，这些投入是否能够带来相应的经济效益，是企业在决策过程中必须仔细权衡的问题。

针对这些挑战，企业需要采取一系列切实可行的措施应对并寻找解决方案，企业需要制定一个全面的数字化转型战略和详细的实施规划，这一规划不仅要明确转型的具体目标和实施路径，还应充分考虑现有的技术基础和业务流程，确保新技术的引入能与现有系统有效对接，实现平滑过渡。企业应该注重加强员工的培训和技术普及工作，提高员工对新技术的接受度和应用能力，企业应该为员工提供必要的培训和支持，帮助理解和适应数字化转型带来的变化，通过组织系列培训课程，增强员工对新技术的了解，提升操作的熟练度和使用效率，从而确保技术投入能够达到预期的效果。

企业还应该进行细致的成本效益分析，确保每一项技术投入都能产生足够的经济回报，包括评估技术采购成本、运营成本以及预期带来的效率提升和收益增加，通过这种方式，企业能够合理配置资源，优化投资结构，最大限度地提升数字化转型的成本效益比。除此之外，企业在推进数字化转型的过程中还应该采取灵活的策略，根据市场变化和技术发展调整转型策略，包括定期评估转型进程和效果，根据反馈调整实施方案，以及在必要时进行策略的微调和优化。企业数字化转型是一场复杂且充满挑战的改革过程，需要企业在多个层面上作出努力和改变，通过科学合理地制定转型策略，注重技术与业务流程的匹配性，加强员工的培训与支持，以及合理评估投入与收益比，企业可以有效应对数字化转型过程中遇到的挑战，找到合适的解决方案，从而顺利推进转型进程，为企业的持续发展注入新的活力。

6.1.2　解决思路

在企业数字化转型的过程中，企业面临诸多挑战，为了有效克服这些困难并实现顺利的转型，企业可以采取多种策略和方法解决问题，选择与现有业务流程兼容的技术解决方案是实现顺利数字化转型的关键。

这要求企业在引入新技术时，必须充分考虑到现有的业务流程和技术基础，确保新技术能够与现有系统无缝对接。例如，如果企业已经有一套完整的供应链管理系统，那么在引入基于云计算或大数据的新技术时，就应选择能够集成到现有系统中的解决方案，这种整合不仅可以避免破坏已有的业务流程，还可以通过技术的升级来优化和提高业务效率。

重视员工培训和技术普及也至关重要，员工是数字化转型成功的关键因素，员工的技能水平和对新技术的接受程度直接影响转型的效果。因此，企业需要投入必要的资源对员工进行系统的培训，确保员工能够熟练掌握新技术，并理解其在日常工作中的应用，这不仅有助于减少员工对新技术的抵触情绪，还可以激发的创新思维，使成为数字化转型的积极推动者。例如，通过设置专门的培训课程，邀请技术专家进行现场演示和答疑，或使用在线学习平台让员工自主学习，这些都是提升员工技能的有效方法。进行小规模的试点项目是另一种测试新技术并评估其实际效益的有效策略，在数字化转型的初期，企业面临许多不确定性，如技术是否适合企业现状、是否能够带来预期的效益等，通过在部门或团队内实施小规模的试点项目，企业可以在有限的范围内测试新技术的可行性和效果，收集相关数据和反馈，从而评估其在更广泛应用前的潜在价值和风险，这种方法可以显著降低转型失败的风险，提高整体转型的成功率。

企业还应考虑建立一个跨部门的数字化转型团队，负责协调和监督转型过程中的各项活动，这个团队应该由来自不同部门的关键人员组成，包括信息技术（IT）专家、业务经理和人力资源代表等，共同评估新技术的影响，制订实施计划，并确保转型活动能够顺利进行，通过跨部门合作，可以确保转型策略全面考虑各方面的需求和潜在影响，增强各部门之间的沟通和协调。此外，企业应积极寻求外部专家的咨询和支持，在复杂的数字化转型过程中，外部顾问可以提供专业的技术支持和管理经验，帮助企业识别潜在的技术机会，规避转型过程中的风险，他们的经验可以为企业带来新的视角和创新思路，提升转型策略的有效性和前瞻性。通过选择与现有业务流程兼容的技术解决方案，加强员工的培训和技术普及，实施小规模试点项目，建立跨部门协调团队，并寻求外部专家的支持，企业可以有效地应对数字化转型过程中的挑战，确保转型活动能够顺利进行，最终实现业务的持续创新和发展。

6.2 企业数字化转型的路径

6.2.1 明确数字化转型的目标

企业数字化转型的成功依赖明确的转型目标，这些目标不仅为转型提供了方向，还确保转型活动与企业的总体商业战略紧密对接，以便针对性地解决企业在现实运营中遇到的具体问题。在设定这些目标时，企业必须综合考虑多个关键因素，以确保目标的实用性和有效性，数字化转型的目标需要具体并明确，这些目标应当是量化的，能够通过数字来衡量其进展和成效。例如，企业可能会设定目标为"通过引入先进的客户关系管理系统提高客户满意度评分至少15%"，或者"通过自动化关键生产流程，达到至少20%的生产效率提升"，具体的目标不仅为企业提供清晰的方向和明确的执行路径，而且有助于动员全公司上下共同努力，朝着共同的目标前进。

数字化转型的目标必须是可衡量的。企业应能通过定量的指标或具体的数据跟踪和衡量这些目标的实现程度，例如，如果目标是"提升市场份额"，企业需要定义具体的市场份额数字或百分比，并设定相应的时间框架，通过定期检查这些关键性能指标（KPIs），企业可以实时监控进展，确保转型活动在正确的轨道上，同时及时调整战略以应对任何偏差，此外，设定的目标应能明确指导企业未来的技术投资和资源配置。在制订目标时，企业需要考虑自身的资源能力，评估实现这些目标所需的技术支持、资本投入和人力资源，例如，若目标是"全面实现业务流程自动化"，则企业需评估现有技术基础设施的适应性，计算升级或新建设备的成本，以及培训员工操作新系统的费用和时间，通过这种方式，企业可以确保每项技术投资都是有目的的，能够直接支持到达既定的数字化目标。

数字化转型的目标也应该具有前瞻性和可持续性，这意味着在设定目标时，企业不仅要考虑当前的市场需求和技术趋势，还应预见到未来可能的发展方向，例如，随着人工智能技术的不断进步，企业可以考虑将人工智能（AI）整合到客户服务中，以提高响应速度和服务质量，这不仅可以提升当前的客户满意度，还能够为未来可能增加的服务需求打好基础。企业在数字化转型过程中需要明确具体、可衡量的目标，并确保这些目标能够指导未来的技术投资和资源配置。通过明确的目标设定，企业不仅可以确保转型努力与商业战略一致，还可以有效地动员所有员工共同向目标努力，从而最大限度地提升转型的成功率，实现业务的持续增长和发展。在这个过程中，明确的目标起到了路标的作用，指引企业在快速变化的市场环境中稳健前行。

6.2.2　评估现有技术基础与需求

在企业开始其数字化转型的旅程之前，一项至关重要的初步工作是对现有的技术基础设施进行彻底的评估。该评估过程应当全面覆盖软件、硬件及员工的技能层面，以确保企业能够清晰认识到自身在技术能力上的优势与短板，同时识别出为未来数字化需求所必需的技术和资源。对企业当前使用的软件系统进行详尽的评估是此过程中的一个关键步骤，包括但不限于理解现有软件的功能范围、性能水平、稳定性及其与其他系统的兼容性或集成能力。通过这种深入的分析，企业能够判断现有的软件系统是否满足未来的业务需求或者是否需要通过升级或更换来强化其数字化能力。例如，企业可能发现现有的客户关系管理（CRM）系统不支持高级数据分析和自动化功能，这直接影响客户服务和市场营销的效率，因此升级或更换成一个更为现代且功能全面的系统变得迫切需要，硬件设施的评估同样不容忽视。企业需要全面审视现有硬件的性能指标、处理能力和扩展可能性，这一点对于那些计划实施如大数据分析、人工智能等技术密集型项目的企业尤为重要，因为这些技术通常对处理速度和数据存储有着更高的要求，如果现有的硬件设施无法满足这些高级应用的需求，企业便需要考虑投资新的服务器、增强的存储解决方案或其他关键硬件，以支撑这些技术的运行和数据的安全存储。

除了软件和硬件之外，对员工的技能水平进行评估也是不可或缺的，数字化转型不仅仅是技术的更新换代，同样涉及人才的培养和技能的提升，企业需要确保其员工能够熟练地操作新技术，并能够适应数字化工作环境的变化，这通常意味着，企业必须实施一系列的技能培训和教育计划，尤其是在数据科学、软件开发、系统管理等领域。这些培训应当与企业的长期数字化战略紧密对接，确保员工的技能升级能够推动整个组织的技术进步和业务创新，通过上述全面的评估，企业不仅可以深入了解自身的技术状况，还能够制定出更加科学和精确的数字化转型策略，该策略将指导企业在哪些领域内进行技术投资，如何优先级排序各项技术更新，以及如何调配资源以最大化投资回报。同时，该评估还可以帮助企业识别可能的风险和挑战，从而在实施过程中采取相应的缓解措施，通过对现有技术基础设施的全面评估，企业不仅能够为即将到来的数字化转型做好充分准备，还能确保这一转型过程能够顺利进行，最终实现企业业务的持续增长和发展，这一过程虽复杂且挑战重重，但对于希望在数字时代中保持竞争力的企业来说，是必经之路。

6.2.3 设计数字化战略与路线图

在企业数字化转型过程中设计全面的数字化战略和实施路线图是关键的一步，该战略应当基于企业的现状和未来目标，考虑市场趋势和竞争环境从而确保转型的有效执行和持续发展，企业需要清楚定义其数字化战略中的技术选择，这涉及根据企业的具体业务需求和现有技术基础挑选适合的数字化解决方案和技术工具。

企业应当选择能够支持其核心业务操作的软件平台和开发框架，并考虑到云服务提供商的选择以确保所选技术能够为企业带来最大的效益。例如，如果企业主要关注客户关系管理，那么选择一个具有强大数据分析和客户服务功能的客户关系管理（CRM）系统将是关键，企业还应考虑技术的可扩展性和安全性，确保新技术能够随着企业的成长而适应未来的需求。

　　数字化战略中还必须包含一个详细的项目时间表，这个时间表应详细规划每一个转型阶段的关键活动、完成时间和负责团队，这不仅有助于确保项目的按时推进，也方便企业在遇到不可预见的挑战时作出快速反应和调整。例如，企业可以将转型项目分解为几个小阶段，每个阶段设定具体的目标和预期成果，这样即便在某一阶段遇到问题，也不会影响整体项目的进度。

　　预算的合理配置同样是设计数字化战略中不可或缺的一部分，企业需评估整个数字化项目的预期成本并据此合理分配预算，包括技术采购、系统开发、员工培训和后期维护的费用，合理的预算分配可以确保企业在不超支的情况下完成数字化转型，同时也要确保资金的使用能带来最大的回报。例如，企业可以优先投资于对提升业务效率和客户满意度最为关键的技术，以快速实现投资回报，企业在制定数字化战略时，还需要明确转型的预期成果和收益，这应包括具体的业务指标，如成本削减百分比、收入增长、市场份额扩大、客户满意度提升等，这些指标不仅帮助企业量化转型的效果，还能持续激励团队向着共同的目标努力，设定明确的 KPIs 能够让企业在转型过程中持续跟踪进展，并在必要时进行战略调整。

　　设计一套全面的数字化战略和实施路线图是企业成功转型的关键。该战略需要基于企业的现状和长远目标，明智选择技术解决方案，设定具体的实施时间表和预算并明确转型的预期成果，通过这样系统的规划和实施，企业不仅能够确保数字化转型的顺利进行，还能在竞争激烈的市场中取得持续的发展和竞争优势。此外，这种战略思维也要求企业领导层深入理解数字技术的潜力和局限，以及这些技术如何与企业的特定业务模型相结合，领导者需要具备开放的思维以接纳新的技术解决方案并在组织中推动文化变革，鼓励创新思维和快速试错，企业还需要构建一个支持数字转型的内部生态系统，包括培养技术熟练的人才、建立数据驱动的决策流程和优化客户体验等，只有通过这样综合的策略部署，企业才能确保在数字化浪潮中抓住机遇，实现长远的成功。

6.2.4 选择合适的数字化技术工具

在企业数字化转型的过程中，选取符合具体业务需求的数字化技术工具是关键的一步，正确的技术选择不仅能显著提升企业的运营效率和效果，还能帮助企业在激烈的市场竞争中占据优势。企业在选择技术工具时需要考虑包括云计算服务、大数据分析工具、人工智能应用在内的多种因素，确保所选工具能完美契合企业的业务目标和现有技术基础。

企业必须深入分析自身的业务需求，这是选择合适技术工具的前提，企业应全面理解自身的业务流程、数据处理需求以及面临的主要痛点和挑战，这一步骤通常需要跨部门合作，通过与业务部门和技术团队的紧密沟通收集各方面的意见和需求，形成一个全面的需求概述。例如，企业可能需要一个能够处理大量数据并提供实时分析的工具优化库存管理，或者需要一个增强客户互动并个性化推荐产品的智能 CRM 系统，企业需要评估不同技术工具的适用性和性能，确保所选工具能够满足特定的业务需求，包括考虑工具的功能性、用户友好性、技术成熟度及其与现有系统的兼容性。在这一过程中，企业应广泛比较市场上各种可用的解决方案，考虑其优势和限制，甚至可以考虑开展试点测试，验证工具的实际运行效果和稳定性。

技术工具的可扩展性和整合性也是选择时的重要考量，随着企业业务的扩展和市场需求的变化，所选技术工具应具备良好的灵活性和扩展能力以适应未来的发展需求，新技术能与企业现有的 IT 架构和其他业务系统有效集成是实现高效运作的关键，这需要技术供应商提供良好的技术支持和进行持续的服务保障，此外，安全性和合规性也是企业在选择技术工具时必须严格考虑的因素。在数字化程度日益加深的今天，数据安全和隐私保护已成为企业不可忽视的重大议题，企业应选择那些具备强大安全功能的技术工具如数据加密、访问控制和安全审计等，以满足国内外的法规和标准。

选择合适的数字化技术工具是企业数字化转型的重要环节，该选择过程需要企业基于深入的业务需求分析，全面评估各种技术工具的性能和适用性，同时考虑技术的扩展性、整合性、安全性和合规性。通过这样细致入微的准备和选择企业才能确保所选技术工具能有效支持其数字化转型，帮助企业在未来市场中保持竞争力并实现持续发展。企业在数字化转型过程中还需关注员工的培训和技能提升，因为新技术的引入不仅是技术层面的更新，同样也需要员工能够熟练掌握新工具以发挥这些技术的最大效能，因此，配套的培训计划和持续的技能发展也是成功数字化转型的关键组成部分，企业应设计包括在线课程、研讨会、实战演练等多种培训方式，确保员工能够快速适应新的工作模式和技术环境。

6.2.5　重构业务流程以适应新技术

在企业进行数字化转型的过程中，重构现有的业务流程以适应新技术的引入至关重要，这一过程的目标是通过调整和优化业务流程，使之能够更有效地配合新技术从而提升企业的运作效率和市场竞争力，企业需要对现有业务流程进行彻底的审查和分析，包括对企业当前所有业务流程的详细评估，考察每个环节和操作的执行效率以及这些流程在实际操作中所面临的问题和挑战。企业应该识别出过时的、低效的或与新技术不兼容的流程环节，并确定这些环节中存在的具体问题和瓶颈。例如，如果企业发现其客户服务流程中存在大量不仅会降低工作效率还会增加出错可能性的手动数据输入工作，那么这一流程就是重构的重点。

企业需要制定具体的业务流程重构计划和策略，该计划应明确重构的具体目标如提高处理速度、减少操作错误、增强客户满意度等，计划还应详细规划每一个重构步骤，包括所需的资源、预算、时间框架和负责人。在这个过程中，企业应考虑到现有的技术基础设施、人力资源的技能状况和可能的财务约束，例如，如果目标是实现订单处理流程的自动化，企业可能需要投资新的软件系统并培训员工使用这一系统。

随着重构计划的实施，企业需要在实际操作中不断调整和优化新流程，这可能涉及重新设计流程图、调整工作职责、优化信息传递路径等多个方面，在这一过程中，企业应充分利用现代信息技术如流程自动化工具和数据分析软件支持新流程的实施和监控，通过这些工具，企业不仅可以更高效地管理流程还可以实时监控流程执行的情况，及时发现并解决新流程中可能出现的问题，企业还需在重构过程中加强与员工的沟通与培训，因为业务流程的变更往往会影响员工的日常工作，如果没有充分的准备和适应，可能会导致抵触和混乱，因此，企业应提前向员工介绍重构的目的和好处，听取员工的意见和建议并提供必要的培训，帮助员工熟悉新的工作流程和操作方法。

为确保业务流程重构能持续产生积极效果，企业应建立一套有效的流程监控和持续改进机制，包括定期评估重构后流程的性能，如通过客户反馈、员工反馈和操作数据分析流程的效率和效果，根据评估结果，企业可能需要进一步调整和完善流程以适应不断变化的市场需求和技术发展，通过系统的规划和实施以及持续的优化和调整，企业能够确保新引入的技术能够得到最有效的应用从而提高整体运营效率，增强市场竞争力。重构业务流程是企业数字化转型中的一个复杂但至关重要的环节，它不仅涉及技术的应用和系统的更新，还涵盖了人力资源管理和组织文化的适应，确保所有层面的和谐一致是成功实施数字化转型的关键。

6.2.6 培训员工与文化适应

在企业数字化转型的过程中技术的更新和系统的整合虽然至关重要，但员工的培训与企业文化的塑造更是决定成功的关键因素，数字化转型不仅仅是一场技术革命，更是一次企业文化和组织结构的全面革新，因此企业必须投入充足的资源和精力，不仅在技术上进行升级还要在人力资源和文化建设上下功夫。

员工培训是确保数字化转型顺利进行的基石，随着新技术的广泛应用，传统的工作方式和思维模式需要被更新的技能取代，因此企业应当制定一套全面的培训策略，覆盖从基础操作技能到高级决策制定的各个层面。例如，对于新引入的 CRM 系统，企业不仅要提供基础的操作培训，还应该包括如何利用系统数据进行客户分析和市场预测的高级培训，通过在线课程、面对面的教学、实操工作坊等多种方式，使每一位员工都能在变革中找到自己的定位，有效提升其在数字环境下的工作效率和创新能力。

塑造一种能够适应新技术和新流程的企业文化至关重要，这种文化应该鼓励创新，容忍失败，强调团队合作与知识共享。企业可以通过制定鼓励创新的政策如设立创新基金，表彰那些提出或实施创新解决方案的团队和个人，建立一个公开透明的沟通机制，让员工敢于表达自己的想法和意见，这不仅能增强员工的归属感还能激发员工的创造力，使他们成为企业转型的积极参与者。心理健康和情绪管理也是数字化转型中不可忽视的一环，转型过程中，难免会有员工感到不安或抵触，特别是那些习惯传统工作方式的员工，企业应通过开展定期的心理健康工作坊、提供职业咨询服务以及建立一个支持性的网络，帮助员工理解变革的必要性，调整他们的心态从而更好地适应新的工作环境。此外，关注员工的个人成长和职业发展，提供必要的支持和资源，也是增强员工对企业忠诚度和提升工作满意度的有效途径。

企业高层领导的角色同样不可或缺，领导者不仅需要通过自身的行为树立榜样，更要通过与员工的积极沟通理解他们的需求，通过定期召开员工大会、部门会议和一对一的访谈，领导者可以及时捕捉员工的反馈和建议，有效传达公司的战略目标和长远计划，这种沟通确保了团队成员之间目标的一致性和行动的协同性，为数字化转型的成功打下坚实的基础。企业在推进数字化转型的还需不断评估其效果和影响，及时调整战略和实施计划，通过持续地学习和调整企业不仅能够确保技术投资的高效运用，还能促进员工的全面发展从而为企业创造持续的竞争优势，这一系列的措施将为企业的长远发展提供坚实的人力资源支持和强大的文化动力，最终实现企业的持续成长和成功。

6.2.7　实施阶段性数字项目

在企业的数字化转型过程中实施阶段性数字项目是一种行之有效的策略，这种方法允许企业通过分阶段实施逐步推进转型，从而更有效地管理变革过程中的风险并确保每一步都能稳健前行，这样的实践不仅帮助企业逐渐适应技术变革，还能在动态变化的市场环境中保持灵活和敏捷。

分阶段实施数字项目可以大大降低项目的整体风险，在数字化转型的过程中企业可能会遇到各种技术挑战，如系统兼容性问题、数据安全问题以及技术实施的复杂性等。人员的适应性和管理变革也是转型过程中不可忽视的风险因素。因此，通过将大型的数字化项目分解为多个小阶段，企业能够集中资源和注意力解决特定的问题，每个阶段的成功完成都为后续阶段提供了坚实的基础。这种方法不仅减轻了一次性投入的经济压力，还允许企业在发现潜在问题时及时调整策略从而减少损失并提高项目的整体成功率，分阶段实施使企业能够逐步适应市场和技术的变化，在数字化转型的每一个阶段，企业都有机会重新评估并调整其业务战略以适应最新的市场需求和技术发展。例如，在一个阶段完成后，企业可能会发现新的技术工具或解决方案，这可能会使接下来的阶段能够以更高效的方式进行。

阶段性实施也允许企业根据客户反馈和业务表现调整其业务模型和运营策略，确保数字化转型的每一步都是在增加企业价值和提升客户满意度的同时进行，每个转型阶段的成功实施都是一个关键的学习机会，企业可以从每一个实施阶段中收集宝贵的数据和经验，这些信息可以用来优化后续的转型计划，通过系统地分析每一阶段的成果企业可以更好地理解哪些策略有效，哪些需要改进，这种迭代的方法不仅提高了项目的适应性和弹性，也增强了企业在面对不确定性和市场变动时的应对能力。为了有效实施阶段性数字项目，企业需要建立一个全面的监控和评估系统，包括定期审视项目进展、成本效益分析、技术性能评估以及员工和客户的反馈收集。

通过一系列的评估措施企业可以确保每一阶段的目标得到实现，并在必要时进行调整或优化，实施阶段性数字项目是企业进行数字化转型的一种高效方法，通过这种方法企业不仅可以降低风险、提高项目的成功率，还可以保持高度的灵活性和适应性，最终实现持续的业务创新和增长。通过精心设计每一阶段的目标和计划并确保全方位地监控和评估，企业可以在数字化的道路上稳健前行，充分发挥数字技术的潜力，提升企业的竞争力。此外，阶段性的实施还可以帮助企业逐步建立起一个对新技术更加开放和接纳的企业文化，这对于保持企业在技术快速发展的时代中的竞争力至关重要，这种逐步的方法也有助于员工适应新的工作方式，减少因快速变革而带来的抵触情绪和不安感，从而在整个组织中营造一个积极的变革氛围。

6.2.8　监测、评估与持续优化

在企业的数字化转型过程中监测、评估与持续优化构成了确保项目成功的核心环节，这些活动不仅帮助企业实时掌握转型进展，还确保能够在必要时进行调整和优化以适应不断变化的市场需求和技术进展。对于数字化转型，项目的持续监测是不可或缺的，企业需要建立一套全面的监测系统，用以追踪项目的各个方面，包括技术实施的进度、资源的配置使用情况、成本的控制以及达到的初步成果等。

这种监测不仅包括量化的数据，如项目里程碑的完成情况、预算使用率、系统性能指标等，还应包括质性的反馈如员工对新系统的接受程度和客户对改进服务的反响，通过实时监测这些指标，企业能够及时发现项目中的偏差或不足，快速响应，采取必要的措施进行调整。定期的项目效果评估是判断数字化转型成功与否的关键，企业应定期审视项目所达成的具体成果，包括业务效率的提升、成本节约的具体数字、市场响应以及客户满意度等方面，评估过程中，可以使用各种工具和方法，如满意度调查、业务前后比较分析、投资回报率（ROI）计算等全面了解项目的成效。通过这些评估，企业不仅能够验证当前的转型策略和技术选择的有效性，还能够识别出转型过程中可能忽视的新机会或需要进一步改进的领域。

基于监测和评估的结果，企业应持续优化其业务流程和技术应用，优化是一个持续的过程，涉及业务流程的再设计、技术系统的升级、员工技能的进一步培训等方面。例如，如果数据显示某个业务流程的自动化带来的效率提升没有达到预期，企业可能需要调查原因，是否因为员工对新系统的熟练度不够，或是系统本身的设计存在缺陷。根据这些信息，企业可以调整培训策略，或与技术供应商合作进行系统的优化调整。企业应建立一个强大的反馈机制，将员工、客户以及合作伙伴的反馈纳入持续优化的考量之中，这种开放的反馈文化不仅可以增强员工的参与感，还可以帮助企业更好地了解市场的需求和客户的期望，从而使转型项目更加贴近市场和用户的实际需要。

监测、评估与持续优化是数字化转型过程中的重要支撑活动。通过实施一系列的措施，企业不仅可以确保数字化转型项目按计划推进，还可以在项目实施过程中不断学习和调整，确保转型活动能够真正带来预期的业务价值和市场优势。这种动态的管理过程是企业在复杂多变的市场环境中持续发展的关键，帮助企业构建起更加灵活、适应性强的运营模式，通过这种系统性的监测与评估企业能够确保每一步的转型都是基于实际数据和反馈的，这有助于减少基于假设的决策错误，同时增强企业对市场动态的响应能力。持续的优化过程使企业能够在竞争中保持先进性，不断通过技术创新提升自己的业务模式和服务，保持与时俱进的竞争力，这种从数据到洞察，再到行动的循环，是数字化转型成功的关键要素，为企业带来持续成长和进步的动力。

6.2.9 加强数据治理和信息安全

在当今的企业运营中数字化转型不再是一个可选的策略，而是必须采取的关键措施，随着科技的快速发展和数据量的飞速增长，数据治理和信息安全已经成为企业保护自身核心竞争力、提高运营效率及维护品牌声誉的基石，在这个过程中，强化数据治理和信息安全的重要性不断被推至前所未有的高度。

数据治理是确保企业数据准确性、完整性、可靠性和安全性的系统性策略，它涉及数据的全生命周期，包括数据的创建、存储、使用和删除，高质量的数据治理不仅可以帮助企业提高决策的效率和准确性，还能够确保企业符合越来越严格的法规要求。例如，数据质量管理确保数据在整个生命周期中保持高质量；数据安全保护措施则防止数据泄露和非授权访问；数据隐私保护帮助企业尊重并保护个人隐私；而数据合规性管理则确保企业的数据处理活动符合相关法律和行业标准。

信息安全在数字化时代同样至关重要，随着业务流程的数字化和网络技术的普及，企业面临的信息安全威胁也日益增多，网络攻击、数据泄露、恶意软件、内部威胁等都可能严重损害企业的财务状况和市场声誉。因此，建立一个全面的信息安全管理体系，包括但不限于信息安全政策的制定、安全技术架构的搭建、安全监控和事件响应能力的增强，是每一个数字化企业都必须面对的挑战。这不仅需要技术上的持续创新如采用先进的加密技术、入侵检测系统和防火墙，还需要在组织层面上建立强有力的政策和流程。

技术创新是推动企业数字化转型的重要动力，随着云计算、大数据分析、人工智能和机器学习等技术的发展，企业能够获得前所未有的运营效率和市场洞察力，这些技术不仅提高了数据处理的速度和效率，还开辟了新的业务模式和增长机会，企业需要不断地探索和引入这些新技术，将其融入日常运营和决策过程中以保持在竞争激烈的市场中的领先地位。与此同时，人才培养也是不可或缺的一环，随着技术的迅速变革，企业亟须建立一支能够迅速适应新技术、新工具的专业团队，这不仅有技术人员，还有能够进行风险评估、政策制定和系统管理的信息安全专家，企业需要对这些团队进行定期的培训和教育，不断提升他们的专业技能和安全意识。

国际标准和最佳实践的运用也是确保企业全球业务顺畅运作的关键，诸如 ISO 标准、《通用数据保护条例》（GDPR）等，不仅帮助企业建立起全球认可的操作规范，还能有效应对跨境数据流动中的法律和合规风险，通过深入理解和应用这些标准企业不仅能够更好地保护自己免受信息安全威胁，还能在全球市场中树立起强有力的竞争优势。数据治理和信息安全是数字化转型的两大支柱，通过加强这两方面的管理和创新，企业不仅能够保护自己免受现有的信息安全威胁，还能够在不断变化的市场环境中寻找到新的增长点。企业需要全方位地加强技术创新和人才培养，同时深入理解和运用国际标准和最佳实践，以确保自己在全球数字化浪潮中能够生存并茁壮成长。

6.2.10　增强客户参与和体验

在当今的数字化转型时代，企业的竞争空前激烈，在此背景下提高客户参与度和优化客户体验不再是选择，而是企业生存和发展的关键，随着市场需求的不断变化，客户期待获得更快、更个性化的服务，因此，企业需要采取一系列有效的措施满足这些需求，增强客户的参与度并通过提升客户满意度巩固市场地位并实现可持续发展。

建立一个完善的客户关系管理系统（CRM）是提升客户参与度的基石，CRM系统能够帮助企业全面了解客户的需求和偏好并及时掌握客户动态，通过有效的客户分类和管理，企业能够建立精确的客户画像，深入挖掘客户的潜在需求从而为客户提供更加个性化的服务和产品。例如，通过分析客户的购买历史和行为模式，CRM系统可以帮助企业识别最有可能再次购买的客户群体，从而针对性地发送营销邮件和推广信息，大幅提高营销的效果和ROI。

利用大数据分析消费者行为是提升客户体验的另一个关键策略，在互联网和移动设备普及的今天，客户产生的数据量急剧增加，这些数据包括搜索记录、购买行为、社交媒体互动等。通过运用大数据分析工具和技术，企业可以深入分析这些数据，了解客户行为和偏好从而发现市场机会，基于大数据分析的客户行为模型能够帮助企业预测客户未来的行为，实现产品和服务的精准推荐。例如，通过分析客户在网上的浏览轨迹和购买历史，企业可以推荐相似或相关产品，增加交叉销售的机会。

利用移动平台和社交媒体工具加强与客户的互动也是提升客户参与度的有效手段，移动应用和社交媒体已成为人们日常生活的一部分，为企业与客户进行即时互动提供了平台。企业可以通过这些平台分享产品信息、促销活动和优惠信息，激发客户的参与和购买意愿，通过社交媒体上的用户评论、点赞和分享企业可以直接收集客户的反馈和需求，这对产品和服务的及时调整至关重要。例如，通过监控社交媒体上的趋势和讨论，企业可以迅速了解消费者对产品的看法和市场动向，及时调整营销策略和产品开发方向。

营造良好的客户体验环境是加强客户参与的另一重要方面。企业应通过提供优质的售后服务、建立客户社区和开展丰富的线上线下互动活动等方式，为客户创造更加愉快和便捷的购物体验。例如，定期举行用户聚会和反馈会，不仅可以增强用户的归属感和忠诚度还可以收集到宝贵的用户反馈，帮助企业改进产品和服务。企业在推进数字化转型的过程中，还需不断创新技术和培养人才，投入资源进行技术研发，引入先进的解决方案如人工智能、机器学习等，可以优化客户服务流程和产品推荐系统，企业也需要培养一支能够熟练运用这些高新技术的团队，确保企业在激烈的市场竞争中能够持续领先，通过这些综合策略的实施企业不仅能提升客户满意度和忠诚度，还能在数字化转型的道路上更加稳健地前行，实现长远的业务增长和市场扩展。

6.2.11　探索新兴技术的应用潜力

在当今的商业环境中企业数字化转型不再是一个选择，而是生存和发展的必要条件，随着技术的快速发展，特别是人工智能（AI）、物联网（IoT）和区块链等新兴技术的进步，企业有了前所未有的机会去革新其业务模式、优化运营流程并提高市场竞争力。

AI 技术在企业数字化转型中扮演了核心角色，AI 的应用范围非常广泛，它通过机器学习、大数据分析和自然语言处理等技术，可以模仿甚至超越人类的决策能力，在客户服务方面，AI 可以通过聊天机器人和自动化响应系统提供全天候的服务，大大提高客户满意度和效率。例如，金融行业的客户支持机器人可以实时解答用户的查询并处理交易或账户管理问题，减少了客户等待时间和企业的人力成本，在营销领域，AI 技术可以利用用户数据分析消费者的行为和偏好，通过个性化推荐算法提高营销活动的精准度和效果。例如，电商平台可以根据用户的购买历史和浏览习惯推送最可能感兴趣的商品广告，从而提高转化率和客户忠诚度。

生产制造行业中，AI 技术同样发挥着巨大的作用，通过智能化的制造系统和预测性维护企业可以实现生产过程的自动化，提高生产效率和产品质量，同时减少设备故障和维修时间，AI还能优化库存管理和物流，通过精确的需求预测和库存控制减少库存积压和物流成本。

物联网技术也在企业数字化转型中发挥了重要作用，通过在设备中安装传感器，企业能够实时监控和管理生产线，实现设备的最优运行和能源管理，在物流行业物联网技术可以帮助追踪货物的实时位置和状态，确保货物安全和及时配送，物联网技术在智慧城市的建设中也显示出巨大潜力，通过智能交通系统、能源管理和公共安全系统提高城市的管理效率和居民生活质量。

区块链技术以其独特的安全性、透明性和不可篡改性，在多个领域展示了应用潜力。在数据安全方面区块链可以保护企业数据不被未经授权的访问和篡改，供应链管理中，区块链提供了一种有效的方式追踪商品从生产到消费的全过程，提高供应链的透明度和效率。金融行业中，区块链技术正在重新定义交易和资产管理方式，通过智能合约和加密货币等工具降低了交易成本并提高了交易速度和安全性，新兴技术的融合不仅推动了企业的业务创新，还在不断提高企业运营的效率和质量。随着技术的不断发展和成熟，企业应持续探索和应用这些技术以保持在激烈的市场竞争中的领先地位，企业应建立一个持续学习和创新的文化，不断适应技术变革，推动企业向数字化、智能化转型，通过这些措施企业不仅能实现短期的经济效益更能在未来的发展中持续保持竞争优势。

6.2.12 拓展数字化转型到供应链管理

将数字化转型延伸到供应链管理是企业提高整体业务效率和增强竞争力的重要策略，在转型过程中，企业不仅需要改变技术层面，更要深化对管理和运营模式的革新，通过实施先进的供应链管理系统，企业能够整合内部及外部资源，提高供应链的透明度和协同性从而达到优化供应链操作的目标。数字化供应链的核心在于信息技术的深度应用，通过部署企业资源计划（ERP）系统、云计算平台和物联网技术，企业可以实现数据的实时收集和分析，数据包括但不限于物流信息、库存水平、订单处理状态等，这些都是供应链管理的关键元素。实时数据的获取不仅加快了决策过程也提高了决策的准确性，使企业能够快速响应市场变化。

通过采用大数据分析和机器学习技术，数字化供应链可以预测市场趋势和消费者需求，优化库存管理和物流安排，这种预测能力使企业能够减少库存积压，避免过度生产，同时确保客户需求得到及时满足从而降低成本并提高客户满意度。供应链的数字化也极大地改善了供应链各环节间的信息对称性，通过建立统一的信息平台，供应商、制造商、物流公司和零售商可以共享关键信息，如生产进度、库存水平和物流状态，这种信息共享机制不仅增强了供应链的透明度也促进了各参与方之间的信任与合作，降低了因信息不对称引起的误解和冲突。

数字化供应链还引入了智能化的风险管理，通过持续监控外部环境和内部操作状态系统能够实时识别潜在的风险因素，如供应中断、需求波动或物流延迟并通过自动调整计划和流程应对这些风险，这种智能化的应对机制显著提高了供应链的抗风险能力和稳定性。在灵活性和创新方面，数字化供应链通过模块化设计允许企业快速调整供应链结构，以适应市场变化和新技术的应用，数据分析不仅用于优化现有流程也可以探索新的业务模式和产品创新，通过分析消费者行为和市场趋势，企业可以发现未被满足的市场需求或潜在的增长领域，进而开发新产品或服务，开辟新的收入来源。

数字化转型的实施需要企业具备相应的技术和管理能力，企业应投入必要的资源进行技术升级和人员培训，确保员工能够熟练使用新系统和工具。企业领导层需要展现出对数字化转型的坚定承诺并通过战略规划和资源分配，引领企业向数字化目标迈进。此外，实施供应链管理系统和推进供应链的数字化转型，企业不仅可以提高供应链操作的效率和透明度，还可以增强整体业务的灵活性和创新能力，这不仅有助于企业应对快速变化的市场环境，也为持续增长和发展提供了坚实的基础，通过这些战略性的调整，企业能够在激烈的市场竞争中保持领先地位，实现可持续的业务成功。

6.3 企业数字化转型的实践

6.3.1 确定转型起点与关键领域

在企业启动数字化转型的过程中，决定转型的起点与关键领域是确保转型成功的首要步骤，这个选择不仅影响转型的初始效果，还关系企业未来发展的战略布局，确定正确的起点和关键领域可以帮助企业有效利用有限的资源，迅速实现业务改善，并为持续的数字化发展奠定坚实的基础。企业需要进行全面的业务审视，分析当前的业务结构、市场状况、内部强项与短板，以及未来的业务发展方向，这一分析应包括对企业各部门的业务规模、收入贡献、核心竞争力以及市场竞争态势的评估，此外，也需要考虑各业务部门在当前市场环境下的增长潜力和盈利能力。通过这些综合分析，企业可以识别那些对公司具有战略意义、同时又存在优化空间的业务部门或流程。例如，对于面临激烈市场竞争和客户需求快速变化的企业，客户服务和销售管理通常是数字化转型的理想起点，这是因为在这些领域中，数字技术可以直接提高服务效率，增强客户互动和满意度，从而快速带来可观的商业回报并增强企业的市场竞争力。同样地，供应链管理也是一个关键领域，尤其是对于那些供应链操作复杂或涉及多方协作的企业，数字化转型可以通过优化库存管理、提高物流效率降低成本和增加响应速度。

在确定了潜在的起点后，企业需要进一步评估这些领域的数字化转型可行性，包括技术实施的复杂度、所需的投资规模、预期的回报时间等，企业应考虑当前技术基础和人员技能是否足以支持新系统的实施，以及是否需要外部的技术支持或合作。此外，企业还需要评估相关的法规和合规要求，确保数字化项目的实施不会受到法律和监管的限制，进一步地，企业还应制订具体的实施计划，包括项目的时间表、预算、关键里程碑以及性能指标，在实施过程中，应持续监测项目进展和业务影响，及时调整策略以应对新出现的挑战，另外企业还需要建立起相应的培训机制，确保员工能够熟练掌握新技术和新工具，以发挥数字化转型的最大效能。通过这样细致入微的准备和规划，企业可以确保数字化转型的起点和关键领域的选择最大限度地符合其业务发展的实际需求和长远目标，这不仅有助于短期内快速实现业务提升和成本优化，还可以在长远中帮助企业建立起更为灵活、高效的运营模式，为未来的市场竞争提供坚实的技术和管理支撑。因此，企业在进行数字化转型规划时，必须认真对待这一步骤，通过科学的方法和全面的考量，作出明智的选择，以确保数字化转型能够实现其最大的价值和效益。

6.3.2　实施核心技术的集成

在企业的数字化转型过程中，核心技术的集成起到了至关重要的作用。这些技术包括但不限于云计算、人工智能（AI）、物联网（IoT），它们不仅构成了数字化转型的基础框架，也是推动企业提升竞争力、实现长期可持续发展的关键因素，为了有效实施这些核心技术并确保能够全面支持企业的业务目标，企业需要进行精心的规划和定制化的部署策略，云计算技术的集成是实现灵活的 IT 基础设施和成本效益的重要步骤，云计算允许企业通过互联网存储、处理和分析数据，无须在本地维护和管理大量的物理服务器和数据中心。在部署云计算时，企业需要评估自己的业务需求和数据安全要求，选择最适合自己的云服务模式——无论是公有云、私有云还是混合云，选择云服务提供商时，企业应考虑其服务的可靠性、安全性以及是否能提供灵活的服务选项，此外，构建一套高效的云架构和管理体系也至关重要，这不仅涉及技术层面的集成，还包括对云资源的有效管理和优化，确保业务的连续性和数据的安全。人工智能技术的集成能显著提高企业的运营效率和决策质量，该技术可以通过机器学习、深度学习等方法对大量数据进行分析，提供预测性洞见，从而优化客户服务、提升个性化营销策略和优化库存管理等，在实施人工智能技术时，企业需要确定可行的应用场景，如自动化客户服务、智能供应链管理或者风险管理等，然后，企业应该投入资源进行数据的准备工作，包括数据的收集、清洗和标注，以建立稳定可靠的数据基础，同时选择合适的人工智能模型和算法，以及确保这些技术能与现有系统无缝集成。

物联网技术的集成则为企业带来了实时数据监控和设备管理的能力，尤其在制造、物流和零售等行业中显得尤为重要。通过物联网设备，如传感器和智能设备，企业能够实时收集关于生产线、仓库和物流的数据，实现更高效的资产和库存管理，在部署物联网技术时，选择合适的传感器和设备、建立稳定的通信网络，以及开发一个集数据收集、处理和分析于一体的物联网平台是必不可少的，此外，确保物联网平台能与其他企业管理系统（如 ERP、CRM）集成，对于实现数据的最大化利用和优化业务决策至关重要。持续监测和优化这些技术的应用效果是确保数字化转型成功的关键，企业需要定期评估各项技术的性能，确保能够持续地支持业务目标，并根据业务发展和市场变化进行相应的技术调整和升级。通过以上策略，企业可以确保核心技术的有效集成，为数字化转型的成功奠定坚实基础，这不仅需要技术层面的精准执行，更需要战略层面的前瞻性规划，以实现企业的长期发展目标和市场竞争优势。

6.3.3 制定和优化数据治理策略

在企业数字化转型的进程中，制定和优化有效的数据治理策略是至关重要的一环，这不仅有助于确保数据的质量和安全，还是支持企业决策和运营的关键基础，良好的数据治理能够提升企业对数据资产的控制能力，优化数据的应用效果，从而推动企业的数字化进程和业务发展。企业在制定数据治理策略时，需要从整体和战略的高度进行规划，包括明确数据治理的主要目标、范围以及与企业战略目标的对齐方式，企业应评估现有数据资产的状态，包括数据的种类、存储位置、使用频率及其支持的业务流程等，以此作为制定治理策略的基础，此外，企业还需要设定具体的数据治理目标，如提高数据质量、确保数据安全、优化数据访问效率等，确保这些目标具体、可衡量，并与企业的整体发展战略紧密相关。

　　企业需要明确数据治理的组织架构和责任分工，这通常涉及建立一个跨部门的数据治理团队，团队中不仅包括信息技术部门的成员，还应该有法律、合规、业务运营等部门的代表，此团队的职责是制订和执行数据治理计划，确保数据治理策略得到有效实施，并对数据治理的实践效果负责。此外，各部门应明确在数据管理和使用中的角色和权限，确保每个部门都能在规定的权限范围内进行数据访问和处理，从而避免数据滥用和泄露的风险。数据治理策略的成功实施还依赖持续的优化和调整，企业应定期进行数据质量的审查和评估，通过标准化的数据质量指标监测数据的准确性、完整性、一致性和时效性，数据问题一旦被识别，应立即采取措施进行纠正，防止错误数据影响决策和运营，同时随着业务的发展和外部环境的变化，企业可能需要调整数据治理的策略和措施，以适应新的业务需求和技术变革。

　　在技术层面，企业应利用先进的数据治理工具和技术支持数据治理的实施，例如，数据湖和数据仓库可以为企业提供一个集中化、标准化的数据存储和管理平台；而元数据管理工具则可以帮助企业管理数据的定义、用途和关联关系，提高数据的透明度和可追溯性。此外，引入人工智能和机器学习技术可以进一步提高数据治理的自动化程度，例如使用这些技术进行数据的自动分类、标注和质量检测，可以大幅提高数据处理的效率和准确性，通过科学合理地制定和持续优化数据治理策略，企业不仅能够提升数据的安全性和可用性，还能够更好地支持业务决策和运营效率的提升。数据治理是企业数字化转型不可或缺的一环，需要企业投入相应的资源和精力，建立全面、系统的治理机制，以实现数据的最大价值和促进企业的持续发展。

6.3.4　加强客户体验和互动

　　在当今快速演变的市场环境中，优化客户体验和加强与客户的互动已成为企业数字化转型的核心要素，随着消费者期望的不断提升，越来越倾向于寻求个性化、即时和便捷的服务。企业必须借助先进的数字化工具和技术，如数据分析、人工智能（AI）、移动技术等满足这些期望，从而不仅提升客户满意度，还能增强客户忠诚度并推动业务增长。利用数据分析和人工智能技术深入理解客户需求和偏好至关重要，企业可以通过分析收集的大量数据，包括客户的购买历史、在线行为、客户反馈和社交媒体互动等揭示客户的行为模式和潜在需求。这种深入的洞察使企业不仅能够预测客户的行为，还能够提供高度个性化的服务和产品，例如，通过使用机器学习模型，企业可以推荐与客户以往选择相符的产品，或者根据客户的购买习惯和偏好定制营销活动，从而提升客户的购物体验和品牌满意度。进一步地，加强客户互动的有效途径之一是通过数字化渠道，如社交媒体和移动应用，与客户建立实时的沟通。企业可以通过这些渠道提供全天候的客户支持，发布实时更新和响应客户查询，从而提高响应速度和服务效率，社交媒体平台允许企业直接与客户进行对话，参与讨论，回应评论，从而增强客户的参与感和品牌忠诚度，同时定制的移动应用不仅能够提供便捷的服务如在线购物、订单跟踪和客户支持，还能通过推送通知等功能，保持与客户的持续互动，增加客户黏性。

数字化转型也极大地促进了线上线下服务的整合，通过构建统一的客户视图和集成的 CRM 系统，企业能够将线上收集的数据与线下互动的洞察整合，实现全渠道的客户数据分析，这种整合不仅增强了数据的准确性和深度，还能够提供无缝的客户服务体验。例如，客户在线上看到的促销活动可以在实体店内兑现，或者客户在网上进行的服务预约可以在到店时即刻得到响应，这种线上线下的融合不仅方便了客户，也为企业提供了更多跨渠道营销和服务的机会。此外，加强客户体验和互动的策略还需要企业领导层的积极推动和支持，领导者需要确保整个组织对改善客户体验的重要性有共识，并将客户中心的理念深植于企业文化中。定期对客户互动策略进行审视和优化，确保企业能够适应市场的变化和客户需求的演进，是提升客户体验不可忽视的一部分，通过上述措施，企业不仅能够提升客户体验，还能在竞争激烈的市场中赢得优势。不断优化的客户互动策略和技术的应用是企业数字化转型成功的关键，这不仅有助于提高客户满意度和忠诚度，还能促进企业的长期增长和成功。

6.3.5　利用云服务提高灵活性

云服务已经彻底改变了企业技术环境的运作方式，为企业提供了无与伦比的灵活性和扩展能力，从而成为现代企业不可或缺的资产。随着云计算的不断进化，其应用领域和功能也在持续扩展，从基本的数据存储和计算服务发展到现在的人工智能、机器学习、大数据分析等高端服务，使云平台成为支持企业创新和竞争力增强的重要力量。

云服务在促进企业创新方面扮演着至关重要的角色，企业可以利用云平台快速试验和部署新应用，无须大规模的前期投资就能测试新的业务模型和策略，这种"快速成功"的能力，使企业能够以前所未有的速度迭代和创新。例如，许多初创公司通过云服务快速开展业务，一旦验证了其业务模型的可行性，就可以迅速扩展其服务，这种灵活性和敏捷性是传统 IT 基础设施难以提供的。

云服务极大地促进了跨地域协作的便利性，借助云计算，地理位置不再是合作与通信的障碍，团队成员无论身处何地，都可以实时访问共享的资源和应用，进行协同工作，这不仅提高了工作效率还为企业开辟了全球化的道路，国际团队可以共同在云平台上工作，实时交流和协作，共同推动项目向前发展。云服务还为数据驱动的决策提供了强大的支持，云平台上的大数据分析和实时数据处理能力，使企业能够从庞大的数据集中提取有价值的洞察，从而更好地理解市场动态和消费者行为，企业可以利用这些洞察优化其产品和服务，更精准地定位目标市场从而提高市场响应速度和竞争力。

然而，企业在享受云服务带来的便利和优势的同时也面临着一些挑战和风险，数据安全和隐私是使用云服务时需要关注的问题之一，虽然云服务提供商通常会提供严格的安全措施，但数据在传输过程中或在云平台上仍可能面临泄露的风险，企业必须确保它们了解和遵守与数据保护相关的所有法规，并实施额外的安全措施保护其数据。此外，依赖单一云服务提供商也可能带来供应商锁定的风险，一旦选择了特定的云服务供应商，企业可能会发现从该供应商的服务迁移到另一个供应商的服务既复杂且成本高昂，因此，企业在选择云服务提供商时需要考虑到长远的灵活性和迁移的可能性。

企业也需要考虑云服务的成本管理，虽然云服务基于按需付费的模式可以节省大量成本，但如果没有恰当的管理，云资源的使用可以迅速膨胀，导致预算超支，有效的成本管理和监控机制是确保云服务带来预期经济效益的关键。随着技术的进步，云服务正成为推动企业数字化转型的核心力量，通过有效利用云服务的多样化功能企业不仅可以提高其运营效率和市场适应性，还能加强其在全球市场中的竞争力，面对未来，预计云服务将继续在企业技术战略中占据中心地位，支持着企业创新和发展的各个方面。

6.3.6 推动内部文化改变

推动内部文化的改变对于企业进行数字化转型至关重要，一个开放、灵活且适应性强的组织文化不仅能够支持新技术的采纳和应用，还能激励员工接受和驱动变革，企业在这一过程中必须采取多项措施，确保文化转型能与技术升级同步进行，形成一个互相促进的环境。领导力的作用在文化改变中至关重要，领导者不仅要通过自身行为树立标杆，更要通过明确的沟通和行动表明数字化转型的重要性和紧迫性，领导层需要定期与员工进行交流，分享数字化转型的最新进展和成果以此增强员工对转型计划的信心和参与感。例如，高级管理层可以通过定期的内部博客、新闻稿或全员大会，展示数字化项目的成功案例和长远影响，让员工看到转型努力的具体成果。

为了促进员工的全面参与和支持，企业需要创建多种渠道让员工能够表达自己的想法和顾虑，包括但不限于定期的反馈会议、匿名调查以及开放的讨论论坛，通过这些平台，员工可以自由表达对新技术或改变过程中的担忧，管理层也可以据此调整策略，解决员工的实际问题，这种双向沟通的机制是构建信任和透明度的基础，有助于减轻员工的抵触情绪，增强团队的凝聚力。在推动技术培训方面企业不应仅限于提供必要的技术培训课程，更应该创造一个持续学习的氛围，可以设立专门的学习周或创新日，鼓励员工停下日常工作，专注于学习新技术或参与工作坊，企业还可以引入外部专家开展讲座，或提供给员工在线学习资源的订阅以激发员工的学习兴趣和探索新知的动力。

为了进一步培养创新的文化，企业应当表彰和奖励那些敢于尝试和创新的行为，无论是小型的工作流程改进还是大型的项目创新，都应该被认可和奖励，这可以通过设立创新奖、成果展示会或给予实物奖励等方式实现，通过这些正面的激励机制，企业可以有效提升员工的积极性，鼓励更多员工参与到创新和改进中。企业还需要在组织结构上作出调整以支持文化的转变，这可能意味着打破传统的层级结构，推行更扁平化的管理模式，或是创建跨部门的项目团队以促进部门间的协作和资源共享，这样的结构调整有助于提高决策的效率，加速信息的流通，使企业能够更快响应市场变化。

企业应持续监控和评估文化改变的效果，不仅包括定期的员工满意度调查，还应该包括对企业运营效率、员工生产力及创新能力的评估，数据驱动的评估可以帮助企业精准了解文化改变的进展并及时调整策略，通过这些综合性的策略，企业能够确保在数字化转型的过程中，内部文化能得到有效的改变和提升，这种文化的转变是企业成功实现数字化转型的关键，也是在竞争激烈的市场环境中保持持续竞争力的重要保证。

6.3.7　应用大数据与分析驱动决策

大数据和分析技术在现代企业决策中的作用变得日益重要，企业通过这些技术能够对庞大的数据进行深入分析，识别出关键的业务洞察从而在激烈的市场竞争中占据优势，随着技术的不断进步和应用领域的扩大，企业需要更系统地整合这些技术并运用到日常运营和决策过程中，以保证信息利用的最大化和决策的最优化。

大数据技术的应用极大地增强了企业对市场和消费者行为的理解，通过对社交媒体、交易记录、在线行为和其他多源数据的集成分析，企业可以获得更全面的市场视图和消费者洞察，这种全方位的数据分析不仅有助于企业，更能准确地预测市场趋势和消费者需求，还可以识别新的增长机会。例如，通过数据挖掘技术，企业可以发现消费者购买模式中未被注意的规律，进而开发新的产品或服务，或者通过精准营销更有效地到达目标市场。

大数据技术还使企业能够在实时基础上优化其运营，实时数据流的分析允许企业即时监控其运营效率和市场表现，快速响应可能的问题或机会。例如，在供应链管理中，企业通过实时跟踪物流数据可以即时调整运输路线或库存水平，以应对突发事件或市场需求变化，这种实时响应能力不仅提高了运营效率也减少了潜在的损失和风险。

在提升客户体验方面大数据技术也发挥了关键作用，企业可以通过分析客户的交互数据，如购买历史、服务调用记录和在线行为提供更加个性化的客户服务，这种基于数据的个性化方法不仅增强了客户满意度，也提高了客户忠诚度和终身价值。例如，零售商可以使用客户数据推荐产品，调整营销策略，甚至在客户访问网站时提供定制化的购物体验。然而尽管大数据带来了众多机会，企业在实施大数据项目时也面临着多种挑战，数据的质量和完整性是实现有效数据分析的关键，数据可能因为各种原因存在错误、重复或缺失，这些问题都需要通过适当的数据治理策略来解决，随着数据量的激增，数据存储、处理和分析的成本也在上升，企业需要投资于高效的数据处理平台和工具以保持成本效益。

对于数据安全和隐私的关注也是企业在使用大数据技术时不能忽视的，随着数据泄露和隐私侵权事件的增多，消费者和监管机构对数据安全的要求越来越高，企业必须确保遵循相关的数据保护法规（如欧盟的《通用数据保护条例》（GDPR）和美国加州的《消费者隐私法》（CCPA），并实施严格的数据安全措施保护客户数据不被未授权访问或滥用。大数据和分析技术的有效利用需要企业在技术、流程和文化等多个层面进行综合考虑和部署，通过建立强大的数据基础设施，培养数据驱动的决策文化并严格遵守数据安全和隐私法规，企业可以最大化地利用大数据的潜力，优化决策过程，增强市场竞争力，从而在数字化时代中取得持续的成功和成长。

6.3.8　持续监控与迭代优化

在企业的数字化转型过程中，持续监控与迭代优化是维持和提升转型成果的关键措施，为了确保数字化战略的有效实施并实现长期的业务发展，企业需要建立一套全面的监控体系跟踪转型进程的各个方面，及时调整策略和过程以适应不断变化的业务和技术环境，持续监控可以使企业实时跟踪数字化转型的效果，及时发现问题和挑战。在数字化转型过程中，企业可能会遇到多种技术和管理上的挑战，如系统集成的复杂性、技术故障、数据安全问题以及员工对新系统的接受程度等，通过设立实时的监控指标和反馈机制，企业可以快速识别这些问题，并采取适当的措施进行干预和修正，避免这些问题对整个转型过程产生长期的负面影响。

持续监控助力企业在转型过程中灵活调整战略和操作。数字化转型不是一个静态的计划，而是一个动态的进程，需要根据外部市场条件和内部业务发展的实际情况进行不断地调整，通过建立有效的数据分析和报告系统，企业可以获得关于业务运营、客户行为、市场趋势等方面的深入洞见，这些信息对于调整数字化战略至关重要。例如，如果数据显示某个新引入的数字工具或平台未达到预期的效果，企业可以迅速调整其功能，或者寻求替代解决方案以确保业务目标的实现，通过持续的迭代优化，企业可以有效地利用新兴技术，保持竞争力。科技的发展日新月异，新的工具和应用不断出现，企业通过持续监控最新的技术趋势和行业最佳实践，可以及时采纳和应用这些新技术，从而不断优化其数字化资产。例如，引入机器学习和人工智能可以帮助企业更精准地分析大数据，预测业务趋势，优化客户服务，进一步推动业务创新和增长。

持续监控和迭代优化也是提升员工参与度和促进企业文化转变的有效手段，数字化转型不仅关乎技术的更新，也涉及企业文化和员工行为的改变，通过监控员工对新系统的使用情况和反馈，企业可以评估培训和支持策略的有效性，及时进行调整，确保员工能够顺利过渡到新的工作模式。此外，定期向员工展示监控数据和优化成果，可以增强员工对转型过程的信心和参与感，推动企业文化向更开放、协作和创新的方向发展。持续监控和迭代优化是企业数字化转型成功的关键，这不仅需要企业在技术上保持敏捷和前瞻性，也需要在组织管理和文化建设上不断地自我审视和创新，通过这样的努力，企业才能在不断变化的市场环境中稳健地推进数字化转型，实现持续的业务增长和发展。

6.3.9 强化安全防护与风险管理

在数字化转型的浪潮中，企业必须认识到安全防护和风险管理是维持业务连续性和保护关键资产方面至关重要的措施，随着技术的迅速发展和数字化的普及，企业面临的网络威胁和数据泄露风险不断增加，这就需要企业采取积极的措施确保信息安全和业务持续性。企业应该采用先进的防护技术应对不断变化的网络威胁，传统的防火墙、入侵检测系统和入侵防御系统等网络安全设备已经不能满足当前复杂多变的网络环境，因此企业需要不断更新和升级安全设备，并引入新的技术来应对新型威胁。例如，采用行为分析技术检测异常行为，使用人工智能和机器学习算法识别潜在的威胁，以及部署终端安全解决方案保护终端设备免受恶意软件攻击。企业需要建立全面的风险管理体系，以应对各种潜在的风险和威胁，风险管理体系应该覆盖风险识别、评估、控制、监测和应对等环节，通过对企业的信息资产进行全面的风险评估和分析，识别潜在的威胁和漏洞，并采取相应的措施进行控制和管理，同时建立健全风险监测和应急响应机制，及时发现和应对突发事件，可以最大限度地减少损失并保护企业的核心资产和客户信息。

企业还应该加强员工的安全意识和应对能力，通过定期的培训和教育，提高员工对网络威胁和风险的认识和理解。员工是企业信息安全的第一道防线，只有当员工具备了足够的安全意识和技能，才能更好地应对各种潜在的威胁和风险，因此企业应该定期组织安全培训和演练活动，向员工传授安全知识和技能，提高其应对突发事件的能力和效率。企业还应该积极参与安全合作和信息共享机制，与其他企业和安全组织建立起良好的合作关系，共同应对网络威胁和风险，通过信息共享和协作，企业可以更快地获得最新的安全威胁情报，并及时采取相应的防护措施。同时，企业还可以借助安全合作平台共同解决安全问题，共享安全资源和经验，提高整个行业的安全水平，强化安全防护与风险管理是企业数字化转型过程中至关重要的一环，通过采用先进的防护技术、建立全面的风险管理体系、加强员工的安全意识和应对能力，以及积极参与安全合作和信息共享机制，企业可以更好地保护信息资产，确保业务的持续运营，并应对不断变化的网络威胁和风险。

6.3.10　探索人工智能在业务中的应用

人工智能（AI）作为一种颠覆性的技术，正在逐渐改变着企业的运营方式和商业模式，在数字化转型的浪潮中，越来越多的企业开始意识到人工智能的潜力，并积极探索其在业务中的应用，人工智能在客户关系管理方面的应用已经成为企业发展的关键。通过引入智能化的客户服务系统，企业能够实现对客户需求的快速响应和个性化定制，例如，利用自然语言处理技术，企业可以建立智能客服机器人，为客户提供全天候的在线支持，解决常见问题和提供服务，这种智能客服系统不仅能够提高客户满意度，还能够大幅降低客服成本，提升企业的服务效率和竞争力。

人工智能在市场营销领域的应用也日益广泛。通过利用机器学习和数据分析技术，企业可以更加精准地了解消费者的行为和偏好，从而制定更有效的营销策略，例如，通过分析大数据，企业可以预测用户行为和市场趋势，精准定位目标客户群体，优化广告投放和促销活动，提高营销效果和销售转化率。此外，人工智能还可以帮助企业实现个性化推荐和定制化服务，根据用户的兴趣爱好和购买历史，推荐相关产品和服务，提升用户体验和忠诚度。人工智能在生产制造领域的应用也呈现出巨大的潜力，通过引入智能制造和机器人技术，企业可以实现生产过程的智能化和自动化，提高生产效率和产品质量。例如，利用机器学习算法和自适应控制系统，企业可以实现生产线的智能调度和优化，根据订单需求和生产状况自动调整生产计划和生产流程，提高生产效率和灵活性，此外，人工智能还可以应用于质量控制和故障诊断，通过分析生产过程中的数据和传感器信息，及时发现和解决生产中的问题，提高产品质量和生产效率。人工智能在企业业务中的应用正在不断拓展和深化，为企业带来了巨大的发展机遇和竞争优势，通过合理利用人工智能技术，企业可以实现客户服务的智能化、市场营销的个性化、生产制造的智能化，从而提高企业的运营效率、降低成本并创造更多的商业价值，随着人工智能技术的不断进步和应用场景的不断丰富，相信人工智能将会在未来的数字化转型中扮演越来越重要的角色。

6.3.11　建立跨部门协作平台

建立跨部门协作平台是企业数字化转型中的一项战略举措，对于提高企业整体运营效率、加强内部协作、促进创新和迅速适应市场变化具有重要意义。在数字化时代，信息流动的速度和规模空前庞大，企业面临着信息孤岛、部门壁垒等问题，而跨部门协作平台的建立可以有效地突破这些障碍，促进各个部门之间的信息共享和资源整合。跨部门协作平台为企业提供了一个集中管理和共享信息资源的平台，在传统的管理模式下，企业各个部门之间的信息往往是分散存储、各自为战，导致"信息孤岛"的形成，而通过建立跨部门协作平台，企业可以将各个部门的信息集中存储于平台上，实现信息的一站式管理和共享。例如，销售部门可以将销售数据、市场分析报告等信息上传至平台，供生产部门和供应链部门参考；生产部门也可以将生产计划、库存情况等信息发布到平台上，方便其他部门及时了解生产情况，这种集中管理和共享信息资源的方式不仅可以减少信息孤岛带来的沟通障碍，还能够提高信息利用效率，为企业决策提供更为全面和准确的数据支持。

跨部门协作平台促进了企业内部各个部门之间的密切合作，在传统的管理模式下，由于信息不对称和沟通成本较高，部门之间的合作往往是零散和有限的，而通过建立跨部门协作平台，企业可以打破部门壁垒，实现各个部门之间的信息互通和资源共享，从而促进更加紧密的合作关系。例如，通过平台上设立的在线讨论区或协作空间，各个部门可以随时随地进行交流和讨论，共同解决问题，协同推进项目，此外，平台上还可以设置任务分配和进度跟踪功能，便于各个部门协同合作，确保项目的顺利推进和高效完成。这种跨部门的密切合作有助于优化资源配置，提高工作效率，缩短项目周期，提升企业的竞争力，跨部门协作平台为企业创新提供了良好的基础。在数字化时代，创新已经成为企业生存和发展的关键，而跨部门协作平台为不同部门之间的交流和合作创造了更加开放和便捷的环境，有利于促进创新思维和知识共享，例如，平台上可以设立创意分享和知识库功能，鼓励员工分享自己的创新想法和经验，激发团队的创造力和创新潜力，同时通过跨部门的协作和交流，不同部门的专业人才和技能可以得到充分的整合和发挥，有助于解决复杂问题和推动业务创新。

跨部门协作平台有助于企业更加灵活和快速地响应市场变化，在竞争激烈的市场环境下，企业需要及时调整战略、优化产品和服务，以适应市场需求的变化，而跨部门协作平台为企业提供了一个高效的沟通和协作机制，使企业能够更快地收集市场信息、了解竞争动态，更快地制定和实施相应的应对措施。例如，销售部门可以通过平台上传市场调研报告和客户反馈信息，供产品研发部门和营销部门参考，快速调整产品设计和市场推广策略，这种快速的信息传递和响应机制有助于企业保持灵活性和敏捷性，提高市场竞争力。建立跨部门协作平台是企业数字化转型的重要举措，对于提高企业内部合作效率、促进创新和迅速响应市场变化具有重要意义，通过建立这样的平台，企业能够实现信息共享和资源整合，促进部门间的合作和协同，为企业的可持续发展打下坚实基础。

6.3.12　实施敏捷开发与快速部署

在当今快速变化的商业环境中，采用敏捷开发方法和快速部署能力对于企业的成功至关重要，这两个策略的结合可以帮助企业更加灵活地适应市场变化，快速推出创新产品和服务，以及有效地满足客户需求。后面将深入探讨敏捷开发和快速部署在数字化转型中的作用，并探讨如何进一步优化这些策略以实现更大的商业价值。敏捷开发强调快速响应市场需求和持续改进产品的理念，相比于传统的"瀑布式"开发模式，敏捷开发更加注重团队之间的协作和客户之间的反馈，在敏捷开发中，产品的开发过程被分解为多个短周期的迭代，每个迭代通常持续数周到数个月，在每个迭代周期内，开发团队集中精力开发和完善一个或多个功能模块，然后在团队和客户之间进行反馈和验证，通过这样的迭代循环，产品逐步完善，问题得到及时解决，同时也能够更快地响应市场的变化和客户的需求。敏捷开发方法的另一个重要特点是强调团队之间的协作和沟通，在敏捷开发中，开发团队成员通常是多功能的，会在开发周期内负责多个不同功能模块的开发和测试工作，这种团队的多功能性和高效沟通能力可以帮助团队更好地理解客户需求，快速解决问题，并及时调整开发方向，此外，敏捷开发还鼓励团队成员之间的自组织和自管理，从而提高团队的生产力和创造力。

除了敏捷开发方法，快速部署能力也是数字化转型过程中至关重要的一环，快速部署能力使企业能够在短时间内将新的解决方案或功能推向市场，以满足客户需求和业务挑战，随着市场环境的不断变化和竞争的加剧，企业需要具备快速部署的能力，以确保自己在竞争中保持领先地位。例如，当企业推出新的产品或服务时，快速部署能力可以帮助企业快速将产品上线，抢占市场先机；当企业需要调整业务流程或采用新的技术解决方案时，快速部署能力可以帮助企业快速实施并快速看到效果。在实施敏捷开发和快速部署策略时，企业需要做好以下三点准备和工作：（1）企业需要建立一个高效的团队和项目管理机制，确保团队成员之间的密切合作和高效沟通；（2）企业需要不断优化和改进开发流程和工具，以提高开发效率和质量；（3）企业需要不断培养和提升团队成员的技能和能力，以适应快速变化的市场需求和技术发展。企业需要建立良好的客户反馈机制和持续改进机制，以及时了解客户需求和市场变化，不断优化产品和服务，采用敏捷开发方法和快速部署能力是企业数字化转型的重要策略，对于提高企业的灵活性、适应性和竞争力具有重要意义，通过这样的策略，企业能够更好地应对市场变化和客户需求，加快产品上线和功能迭代的速度，实现持续创新和业务增长。

第7章

数字经济发展展望

7.1 数字经济发展趋势

7.1.1 全球数字经济发展趋势

随着技术的迅速进步和全球化的深入发展，数字经济已成为推动全球经济增长的重要力量，在此背景下，众多行业正经历着前所未有的数字化转型，预计未来几年将会有更多的创新技术得到广泛应用，这些技术包括人工智能、机器学习、增强现实与虚拟现实等，将深刻影响企业运营模式、消费者体验以及经济结构。人工智能（AI）作为推动数字经济的关键力量，其发展速度之快、影响力之大，已经超出了传统预期。AI技术通过模仿人类的思维方式，能够处理和分析大量数据，从而在无须人工干预的情况下作出决策或优化流程，企业可以利用AI进行市场预测、消费者行为分析、客户服务优化等多个方面，极大提高决策的速度和质量，例如，零售行业通过AI分析消费者购买数据，能够预测市场趋势，优化库存管理，提供个性化的购物推荐，从而增强消费者的满意度和忠诚度。

机器学习作为人工智能的一个重要分支，通过使计算机系统从数据中学习，自我优化，正逐渐成为企业竞争力的加分项。机器学习的应用正在各行各业中扩散开来，特别是在金融服务、健康医疗、供应链管理等领域，机器学习技术可以帮助企业在复杂多变的市场环境中快速适应并保持领先地位。在金融行业，机器学习被用于信用评分、风险管理和算法交易等领域，通过分析大量历史交易数据，机器学习可以帮助金融机构识别潜在风险并迅速作出反应。增强现实（AR）和虚拟现实（VR）技术的兴起，正在逐步改变消费者的生活和购物方式，AR技术通过在用户的现实世界中叠加虚拟信息，增强用户的感知和互动体验。例如，在零售和房地产行业，通过AR技术，消费者可以在自己的家中就能试穿衣服或体验未来的家居布局；而VR技术则通过创造全新的虚拟环境，为用户提供完全沉浸式的体验，在游戏、娱乐和职业培训领域显示出巨大的潜力，如VR技术能够提供模拟的飞行训练或手术操作体验，这不仅降低了实际操作的风险，也显著降低了培训成本。

未来几年，随着这些技术的不断成熟和应用领域的不断拓展，数字经济的边界将进一步扩大，这些技术的结合与创新不仅会继续推动企业运营效率的提升，也会极大丰富消费者的体验，进而推动全球数字经济的发展。因此，企业和政策制定者需要密切关注这些变革，积极调整策略和框架，以把握数字经济带来的机遇，应对可能出现的挑战，全球数字经济的发展前景广阔，各种前沿技术的广泛应用预示着巨大的增长潜力，企业需要适应这一趋势，不断探索和实施新技术，以保持竞争优势，推动持续的业务增长和创新，同时这也要求政府和监管机构提供支持和制定相应政策，以促进技术的健康发展和应用，确保数字经济能够持续、健康地发展。

7.1.2　中国数字经济发展趋势

中国数字经济的发展迅猛，已成为全球关注的焦点。在移动支付、电子商务、云计算和大数据等关键技术领域，中国不仅具有明显的技术优势，还在创新应用和商业模式上持续推动行业发展，随着技术的不断进步和政策的有力支持，中国的数字经济展现出强劲的增长势头和广阔的发展前景。移动支付和电子商务是中国数字经济的两大支柱，中国的移动支付市场是世界上较大和较发达的市场之一，支付宝和微信支付等平台已深入日常生活的每一个角落，极大地促进了消费便利性和经济活力，这种支付方式的普及不仅改变了消费者的购物习惯也推动了无现金社会的发展。在电子商务方面，中国企业如阿里巴巴和京东等已经成为全球电商行业的领导者，它们通过持续创新如引入 AR/VR 技术使购物体验更加生动，以及利用大数据分析消费者行为，优化供应链和物流，提升了市场竞争力。

在云计算领域，随着技术的成熟和政府的推动，越来越多的中国企业和政府机构开始将业务迁移到云端，云计算不仅提供了灵活、可扩展的资源，还帮助企业降低了 IT 成本，提高了运营效率，政府部门通过采用云服务，优化了数据管理和服务提供，提高了公共服务的效率和质量，随着 5G 技术的商用化，云计算的应用将进一步加深，尤其是在智能制造和智慧城市等领域。

大数据技术在中国的应用也日益广泛，企业通过利用大数据技术不仅可以优化内部运营还能提供更加个性化的客户服务。例如，在零售行业，通过分析顾客购买数据和行为模式企业可以提供更为精准的产品推荐和营销策略；在金融行业，大数据被用来评估信用风险和防范欺诈行为；政府部门也通过大数据改善城市管理如交通拥堵监控和环境保护。AI 技术是推动中国数字经济发展的另一动力，AI 的应用已经渗入各行各业，从智能客服、产品推荐到自动驾驶和医疗诊断等，AI 技术不断提高效率和创新能力，中国在 AI 领域的投资和研发正快速增长，政府也十分支持 AI 技术的发展，制定了多项政策以建设智能经济。

随着这些技术的深入发展和应用，中国的企业将需要不断创新其服务和产品，以满足市场和消费者对个性化和便捷服务的日益增长的需求，这不仅需要技术创新还需要在数据安全和隐私保护上加强监管，确保消费者信任从而推动更广泛的技术接受和使用。中国的数字经济在全球具有重要影响力，通过持续的技术创新、政策支持和市场需求的精准把握，中国在全球数字经济竞争中保持领导地位，为国家的长期发展和全球科技进步作出了重要贡献，未来几年，随着技术进步和市场的进一步扩展，中国的数字经济将继续展现出强劲的增长和创新潜力。

7.2　促进我国数字经济发展的对策建议

7.2.1　强化数字基础设施投资

为了全面推动国家数字经济的快速发展，加强数字基础设施的建设是不可或缺的重要步骤。数字基础设施，包括高速互联网、数据中心、智能网络技术等，不仅是数字经济的核心支撑，也是现代社会信息化水平的重要体现，随着技术的进步和市场需求的增长，这些基础设施的完善和优化显得尤为迫切，高速互联网的普及和升级是数字经济基础设施建设的首要任务，高速互联网作为信息流通和数据交换的主要通道，其速度和稳定性直接影响数字服务的质量和效率。当前，虽然我国在高速互联网覆盖和服务质量上已取得了显著进展，但与国际先进水平相比，尤其是在农村和偏远地区，仍存在一定的差距，因此，应进一步加大对高速互联网基础设施的投资，尤其是在宽带网络的升级改造和新技术如5G网络的部署上，以极大地促进信息资源的均衡分配和信息服务的普及化。数据中心的扩建和优化也是加强数字基础设施建设的关键环节，数据中心是处理和存储大量数据的关键设施，随着大数据、云计算等技术的应用日益广泛，对数据中心的依赖性日益增强，建设高效能、低耗能、高安全性的现代数据中心，不仅可以满足日益增长的数据存储和处理需求，也是提升国家数据管理能力和保障国家信息安全的重要措施，此外，优化数据中心的地理分布和连接网络，可以进一步提升数据处理效率和系统的灾难恢复能力。

智能网络技术的发展是推动数字经济发展的另一个关键因素。智能网络技术通过整合物联网、人工智能、机器学习等先进技术，能够实现设备的智能化管理和服务的自动化提供，极大地提升了网络的服务能力和管理效率，加强智能网络技术的研发和应用，不仅可以优化网络资源的配置和利用，还可以在智慧城市、智能制造、远程医疗等领域发挥巨大的应用价值。为了实现上述目标，需要政府、企业和研究机构等多方面的合作和支持：政府应当出台相应的政策和措施，为数字基础设施的建设提供资金支持和政策指导；企业则应当积极参与到基础设施的建设和运营中，通过技术创新和模式创新，推动基础设施建设的高质量发展；研究机构和高等院校则应当加强对数字基础设施相关技术的研究，培养相关领域的专业人才，为我国数字基础设施的发展提供技术和人才保障。加强数字基础设施的投资和建设是推动数字经济发展的基石，只有不断优化和完善这些基础设施，才能为数字经济的健康发展提供坚实的支撑，推动我国经济社会的全面数字化转型。

7.2.2　支持创新和研发活动

为了全面推动国家数字经济的快速发展，必须加强对数字基础设施的投资。数字基础设施包括高速互联网、数据中心、智能网络技术等，这些基础设施不仅是支撑数字经济发展的核心也是现代社会信息化的基本架构。在技术进步和市场需求日益增长的背景下，这些基础设施的完善和优化显得尤为重要，提升高速互联网的覆盖和质量是推动数字基础设施建设的首要任务，高速互联网作为信息流通和数据交换的主要通道，其速度和稳定性直接影响数字服务的质量和效率。尽管当前我国在高速互联网的基础设施建设上已取得显著成就，但与发达国家相比，尤其是在农村和偏远地区的网络覆盖和服务质量上还存在一定的差距，因此需要进一步加大投资力度，推动高速互联网的深入发展，确保全国各地，特别是欠发达地区能够享有高质量的网络服务。

数据中心作为处理和存储大数据的关键设施，随着云计算、大数据等技术的广泛应用，对数据中心的依赖性不断增强，面对数据规模的快速增长，已有的数据中心设施在处理能力和安全性方面面临挑战，因此，加大对数据中心的建设和技术升级的投资，是确保数据处理能力和信息安全的重要措施，新建的数据中心应采用先进的节能技术和安全防护措施以提高能效和降低运营成本，同时保障数据的安全和稳定。

智能网络技术的发展对于提升数字经济的整体运行效率至关重要。智能网络通过整合物联网、5G、人工智能等新兴技术，实现设备的智能互联和数据的高效传输，加强对这些前沿技术的研发和应用，不仅可以优化网络资源的配置还可以在智慧城市、智能交通等领域发挥重要作用，推动社会经济的全面数字化。政府在推动数字基础设施建设中扮演着关键角色，政府应出台更多激励政策，提供税收优惠、资金补贴等支持措施，鼓励企业和私人资本参与基础设施的建设和运营，加强政策的协调和实施，确保各项措施能够得到有效执行，加速基础设施项目的推进。

加强国际合作，引进先进的技术和管理经验，同样是推动数字基础设施快速发展的重要途径，通过与国外领先的技术公司和专业机构的合作，不仅可以提升本国的技术水平和管理能力，还可以拓展国际市场，提升国家数字经济的国际竞争力。加强数字基础设施的投资和建设是推动国家数字经济快速发展的基础工作，只有不断完善和优化这些基础设施，才能为数字经济的持续健康发展提供坚实的支撑，优化这些基础设施还可以带动相关产业的发展如建筑、制造业以及服务业，从而促进就业和经济增长。此外，政府与私营部门的合作模式、创新的融资机制以及公私合营项目可能成为未来基础设施建设的重要趋势，通过这种多元化的合作和资金来源，可以更有效地推进基础设施项目，确保技术的更新与市场的需求保持同步，从而全面提升国家的数字化水平和全球竞争力。

7.2.3 优化数字经济法规和政策环境

随着数字经济的快速发展，优化数字经济的法规和政策环境成为推动其健康、有序发展的关键一环，政府在这一过程中扮演着至关重要的角色，其通过修订和完善相关法规政策，确保数字经济环境的适应性和前瞻性，保护参与各方的合法权益并促进技术创新和行业发展。政府需要对现有涉及数字经济的法律法规进行全面审视和更新，解决现行法规中存在的滞后问题，随着新技术的不断涌现，许多现有的法律难以涵盖所有新出现的情况和挑战。例如，在云计算、大数据、人工智能等领域，政府应制定或修订法律，明确新技术应用的法律界限和责任归属，确保技术应用的安全和公正。

例如在数据保护方面，需要更新数据隐私保护法规，定义数据收集、处理和使用的规范以保护用户隐私和数据安全，包括加强对数据处理活动的透明度，确保消费者充分了解其数据如何被收集和使用，同时提供更有效的数据访问和纠正机制以增强用户对数字服务的信任。政府应当通过税收优惠、资金补贴等激励措施，鼓励企业和研究机构在数字经济领域进行更多的创新和研发活动，例如，对从事新兴技术研发和应用的企业提供税收减免，对创新成果转化具有重大影响的项目提供资金支持以降低企业研发风险和成本，提高创新活动的积极性。

建立和完善数字经济领域的监管框架也是优化政策环境的重要方面，随着数字经济的发展，一些新的商业模式和服务形式不断涌现，如共享经济、在线平台经济等，这些新模式对监管提出了新的要求，政府需要建立灵活的监管机制，既能有效监管并防范潜在的经济风险，又能保证不抑制技术创新和行业发展。此外，监管机构应与行业内部专家合作，共同研发符合行业特点的监管技术和方法，如使用大数据分析辅助监管决策，提高监管的效率和准确性，应考虑利用区块链等技术增强数据的透明性和追溯性，从而提高整个数字经济的信任度。

政府应加强国际合作，参与制定国际数字经济规则，数字经济的发展具有全球性，跨国公司和跨境交易日益增多，需要国际社会共同合作，建立统一或兼容的规则体系，通过国际合作可以共享监管经验，协调监管措施，处理国际上的法律冲突和贸易壁垒，共同促进全球数字经济的健康发展。优化数字经济法规和政策环境对于保障数字经济的健康发展具有至关重要的作用，政府需在不断变化的技术和市场环境中，通过前瞻性的政策设计合理的激励与监管，为数字经济的发展提供一个稳定、公正、有利于创新的环境，这不仅将促进国内数字经济的繁荣，还将提升我国在全球数字经济中的竞争力和影响力，实现可持续的长期发展。

7.2.4 培养和吸引数字经济人才

确保我国数字经济的健康和持续发展，培养和吸引高质量的数字经济人才至关重要，随着全球数字经济的迅猛扩张，高素质的数字人才成为驱动行业创新和增长的核心资源，为此我们必须采取一系列有效的策略，从教育体系的改革、加强产学研合作到实施吸引人才的政策措施，全方位地培养和吸引这些关键人才。

教育体系的改革是培养数字经济人才的根本途径，目前我国的教育体系已在积极适应这一需求，通过更新课程内容、优化教育结构以及引入与数字技术相关的新兴专业，如数据分析、云计算、人工智能等适应行业的快速变化，高等院校需要与数字经济的实际需求对接，开设更多实务与技术相结合的课程，通过案例教学、实验室实践等方式增强学生的实际操作能力和创新思维。

加强产学研合作，形成人才培养的良性循环至关重要。高校与企业、研究机构的紧密合作可以直接将教育与市场需求对接，提供给学生更多接触实际问题的机会，企业可以参与到课程设计和教材建设中，提供实习和就业机会，同时企业的实际问题也可以成为学术研究的课题，双方互惠共赢，高校可以与企业共同设立研究基金或实验室，针对行业痛点进行深入研究和技术开发，为学生提供创新的平台。在吸引顶尖人才方面，面对全球人才竞争的激烈环境，我国需要通过具有竞争力的政策吸引和留住高层次人才，包括提供税收减免、高额科研启动金、住房补贴等优惠措施，政府可以设立更为灵活的签证政策，方便国外人才在华工作和生活，通过这些措施吸引世界各地的优秀人才来华工作和交流，为我国的数字经济发展带来新的活力和创新思路。

随着数字技术的快速迭代，持续的技能更新变得尤为重要，政府和企业可以合作，提供在线课程、研讨会、工作坊等多样化的学习平台，帮助员工不断提升自己的技术水平和适应新变化的能力，这种持续的职业培训和终身学习体系是提高现有劳动力的数字技能的有效方式。通过教育体系的改革、加强产学研合作、实施优惠政策和持续的职业培训，可以有效地培养和吸引数字经济人才，为我国数字经济的持续发展奠定坚实的人才基础，这些措施将确保我国能够在全球数字经济竞争中保持领先地位，推动经济的全面升级和长远发展；通过培养和吸引高质量人才可以加速科技创新和产业升级，促进社会经济结构的优化，增强国家的整体竞争力和未来的可持续发展能力。

7.2.5　促进跨行业和跨区域合作

要深入推动我国数字经济的健康发展，关键之一是激活和增强跨行业及跨区域合作的动能，在数字化时代多领域的融合创新及广域的资源配置能力尤为关键，因此，建立有效的合作平台和机制，实现资源共享、技术交流和数据互通，显得尤为重要。构建跨行业合作平台是实现资源共享与技术互补的有效路径，随着数字化技术的迅猛发展，不同行业之间的界限逐渐模糊，跨行业的合作已成为推动创新和增强行业竞争力的新趋势，政府可以发挥关键的引导和推动作用，通过建立由政府主导、企业和研究机构共同参与的行业联盟或协作平台，促进不同领域之间的知识、技术和资源的交流与融合。例如，政府可以组织定期的行业交流活动和创新研讨会，促进信息的开放与共享，搭建一个持续运作的信息交流网络，通过这些平台各行业能够分享各自的创新成果和面临的挑战，寻求合作伙伴，共同开发新技术或改进现有技术，这不仅能加速技术的研发和应用还有助于优化产品和服务，提升企业的市场竞争力。

推进跨区域合作，实现区域经济的协调发展至关重要，我国地域辽阔，经济发展水平不均是制约数字经济发展的主要瓶颈之一，通过制定优惠政策和激励措施可以鼓励发达地区的企业与欠发达地区进行合作。例如，通过建立跨区域产业园区、共同研发中心等，共享发达地区的技术和管理经验，同时利用欠发达地区的资源和成本优势，共同探索市场新机会，政府可以设立专项基金，支持跨区域的基础设施建设和大型项目开发以此激发地区之间的合作动力，这种资金支持不仅可以帮助欠发达地区改善基础设施，提升当地企业的生产能力，还可以吸引更多的投资者和企业进入这些区域，推动当地经济的发展。

　　加强技术合作尤其是在新兴技术领域，对于提升整体产业的技术水平和创新能力具有决定性作用，政府可以引导建立技术共享平台，如云平台和大数据中心，鼓励企业和研究机构将部分研发成果和技术资源开放，供其他机构使用和优化，形成良性的技术开发和应用循环，通过举办技术展览会和技术竞赛等活动也可以激励技术创新和应用，推动行业技术进步，这些活动不仅提供了一个展示和评估新技术的平台，还激发了企业之间的竞争和合作，推动了技术的快速发展和应用。

　　国际合作也是推动数字经济发展不可忽视的一环，在全球化的背景下，国际合作可以帮助我国企业把握世界经济的发展趋势，吸收和引进国际先进的技术和管理经验，政府可以通过多边或双边合作框架，加强与其他国家在数字经济领域的合作，共同应对全球经济中的挑战，提高我国数字经济的国际影响力和竞争力。通过上述措施可以有效地促进跨行业与跨区域合作，释放数字经济的潜力，推动经济结构的优化升级，最终实现我国数字经济的跨越式发展，这不仅能够加速我国数字经济的发展进程，还能为我国在全球经济中的地位和竞争力提供强有力的支撑。

7.2.6　加强数据安全和隐私保护

　　在当前信息化快速发展的背景下，数据已成为经济发展的新引擎，然而，随着数据量的爆炸式增长，数据安全和隐私保护的问题日益凸显，成为制约数字经济发展的重要因素。为了保障数据安全、保护个人隐私，提升公众对数字经济的信任度，确保我国数字经济的健康稳定发展，必须采取一系列强有力的措施优化我国的数据安全和隐私保护环境，加强数据保护法律法规的制定和完善至关重要。当前，尽管我国在数据保护方面已有一定的法律法规体系，但仍面临一些挑战，如跨境数据流动、大数据应用中的个人隐私保护等领域法律法规尚显不足。政府需要加强对现有数据保护法律法规的修订和完善，及时填补法律漏洞，形成一套更加全面、系统的数据保护法律体系，包括但不限于对个人数据的收集、使用、传输和删除过程中的权限和责任进行明确规定，确立数据主体的权利，如访问权、更正权、删除权等，以及明确数据使用者的义务，从法律层面为数据安全和隐私保护提供坚实的保障。加强对数据处理活动的监管是保障数据安全的关键，政府应当建立一个全面的数据监管体系，不仅监督数据的收集、存储、处理和传输过程，还应对数据的使用目的、使用方式及其效果进行监控，此外，应加大对违反数据安全法规的处罚力度，增强法律的威慑力，确保所有数据处理活动都在法律框架内进行，同时政府需要通过技术和管理措施，如数据加密、访问控制、数据分类和分级保护等，增强数据处理的安全性，减少数据泄露和滥用的风险。

建立健全的数据安全体系是维护数据安全的基础，这需要政府、企业和社会各界的共同努力，政府应该发挥引导作用，推动企业和机构建立完善的数据安全管理制度，采用先进的技术手段进行数据保护。同时还需要通过教育和培训，提高企业和公众的数据安全意识，形成全社会共同参与的数据安全保护网络，此外，还应加强数据安全专业人才的培养，为数据安全工作提供人才支持，积极参与国际交流与合作，对于提升我国数据安全管理水平、增强国际合作与交流同样至关重要。在全球化背景下，数据流动不再局限于国内，跨国数据流动和处理成为常态，通过与其他国家和国际组织的合作，可以共同制定国际数据安全标准，处理国际数据安全和隐私保护中的共同问题，提升我国在全球数据治理中的话语权和影响力。综上所述，通过法律法规的完善、监管体系的加强、数据安全体系的建立以及国际合作的推进，可以有效地加强数据安全和隐私保护，为我国数字经济的健康发展创造一个安全、可靠、信任的环境。

7.2.7　提升公众数字素养和技能

在当今的数字化时代，提升公众的数字素养和技能已成为推动国家数字经济发展的核心动力，随着数字技术在教育、商业、医疗和政府服务等领域的广泛应用，公众对于这些技术的理解和运用能力直接影响数字经济的效率和创新程度，因此，全民数字教育的普及和深化，不仅是促进数字经济健康发展的需求，更是实现社会全面进步的必要条件。

政府在提升公众数字素养中扮演着至关重要的角色，为此政府应当制定全国性的数字教育战略，确保每一个公民都能接受系统的数字教育，包括在学校教育体系中加强信息技术课程的教学，并将数字技能训练纳入基础教育和高等教育的必修课程中，通过这种方式从小学到大学的学生都能够系统地学习和掌握必要的数字技能，为未来的职业生涯和生活挑战做好准备。政府应当开发适合不同年龄层的数字教育课程，并利用在线教育平台扩大教育资源的覆盖范围，这一策略可以确保无论是城市还是乡村地区的居民，都能平等地接触优质的数字教育资源，在线平台的灵活性和可访问性可以大大提高学习的便捷性和效率，使终身学习成为可能。

在职场中随着新技术的不断涌现，传统的教育体系往往难以满足职场人士对持续学习的需求，因此，政府应推动企业、教育机构和非政府组织合作，建立职业培训和继续教育平台，为在职员工提供定期的数字技能培训，这不仅帮助员工适应数字化转型的需求还促进了他们职业发展和创新能力的提升。此外，加强公众数字安全意识的培养也是提升数字素养的重要方面，随着个人数据和隐私保护问题的日益突出，公众需要了解如何保护自己的信息安全，政府和教育部门应开展公共安全教育，普及网络安全知识并教育公众识别网络诈骗和保护个人隐私的方法，通过举办公开课、安全教育月、网络安全竞赛等活动，可以有效提高公众的安全防护意识和能力。

激发青少年的数字创新潜能也至关重要，政府可以支持学校和科研机构设立创新实验室和创客空间，鼓励青少年通过参与编程、机器人竞赛、数字艺术等活动发展计算思维和创新能力，这些活动不仅有助于青少年掌握未来经济发展所需的关键技能，也有助于培养他们解决复杂问题的能力。提升公众的数字素养和技能是一个涉及多方面合作的复杂任务，政府、教育机构、企业及社会组织应共同参与，通过政策引导、资金支持和项目实施等方式形成合力，共同推动我国数字经济的全面和可持续发展，只有当全体公民都能有效地利用数字技术，积极参与到数字经济中，社会才能在全球数字化浪潮中保持竞争力和活力，实现高质量的经济增长和社会进步。

7.2.8　推动国际合作与全球市场参与

在全球化和数字经济快速发展的当下，国际合作已成为推动我国数字经济发展的关键，通过积极参与全球市场的深度融合，我国不仅可以提升在全球数字经济领域的影响力和竞争力，还能通过国际交流与合作促进经济的进一步增长和社会的全面发展。

为实现这一目标，构建强有力的国际合作框架是提升我国数字经济国际地位的重要基础，政府在此过程中扮演着至关重要的角色，应倡导并积极参与多边数字经济合作机制，其中涉及与其他国家及国际组织的合作以推动全球数字经济政策的协调与统一。例如，通过加入国际数字经济组织，积极参与国际规则的制定，以及在全球舞台上倡导开放、公正、透明的数字经济治理原则，我国不仅可以借鉴先进国家的经验同时也能将我国的发展理念和模式推广到全球，增强我国在全球数字经济治理中的话语权。促进技术交流与共享是深化国际合作的关键途径，政府应通过建立国际科技合作基地、共同研发中心等形式，与其他国家共同开展科研项目和技术开发，这种合作不仅有助于我国学习和引进国际先进技术还能促进我国原创技术的国际推广，在人工智能、大数据、云计算等领域与国际科研机构和高科技企业建立合作关系，共同研究开发新技术，推动技术标准的国际化是提升我国技术水平和国际竞争力的重要步骤。

积极拓展国际市场对于推动我国数字产品和服务全球化至关重要，政府应支持企业"走出去"，参与国际竞争，通过展会、数字贸易平台等多种渠道推广我国的数字产品与服务，政府还应与目标市场国的政府部门建立良好的外交关系，通过签订自由贸易协定、投资保护协议等为我国企业提供法律保障和市场便利。在数据治理和信息安全合作方面，加强国际合作同样不可忽视，在数字经济时代数据跨境流动日益频繁，加强数据安全和个人隐私保护是每个国家面临的共同挑战，我国应与其他国家共同探讨和制定数据跨境流动的国际规则，建立跨国数据安全监管机制，共同提高数据处理的安全性和透明度以建立国际信任。

推动数字经济领域的人才交流也是深化国际合作的重要方面，政府可以设立国际交流奖学金、举办国际研讨会、技术培训班等，吸引国际人才来华交流和工作，同时鼓励我国人才到国外学习和交流，通过人才的国际流动可以促进知识、技能和文化的互鉴与共享。通过这些战略措施我国将能更好地融入全球数字经济发展大潮，不仅推动我国数字经济的进一步发展还能为全球数字经济的繁荣作出贡献，这种全方位的国际合作策略，不仅能加强我国在全球经济中的地位还能为国内外消费者和企业创造更多价值，实现共赢。

7.2.9 激励数字创业和小企业数字化

在全球经济中数字创业和小企业的数字化转型正扮演着至关重要的角色，它们不仅推动经济的增长，而且促进就业机会的增加、创新的不断涌现以及社会经济的整体发展，因此激励数字创业和支持小企业的数字化转型成为政府和社会各界共同关注和努力的焦点。数字创业作为推动经济发展的关键举措之一，不仅提升了市场竞争力还为经济结构的转型和产业的升级注入了新的活力，政府可以通过多种政策和措施激励数字创业，如设立专门的创业基金，提供创业贷款和风险投资，支持创业孵化器的建设等，这些政策不仅有助于创业者获得启动资金而且提供了必要的资源和平台，促进创业项目的顺利开展和发展。例如，政府可以创建与大学和研究机构的合作项目，鼓励这些机构的学生和研究人员将他们的创新想法转变为实际的商业项目，通过提供税收优惠和减免以及确保有适当的法律和行政支持系统，政府可以极大地降低创业的初始障碍和运营风险。对于小企业来说，数字化转型是提升企业竞争力和适应市场需求的重要手段，随着数字技术的迅速发展，包括云计算、大数据、物联网和人工智能在内的技术已经成为小企业实现持续发展和增长的关键路径，政府可以通过制定支持政策、提供技术培训、推动数字化技术应用等方式支持小企业实施数字化转型，如政府可以设立专门的咨询服务，帮助小企业理解数字化转型的必要性和重要性并提供技术支持和培训，帮助这些企业掌握必要的数字技能，提高其生产效率和市场响应速度。

进一步地，政府可以通过搭建数字平台促进小企业之间的合作以及与大企业之间的业务对接，这种平台可以帮助小企业更容易接触更广阔的市场，发现新的客户和业务机会，同时也可以通过集成资源，降低运营成本和提高服务质量。在金融支持方面，政府可以鼓励银行和金融机构开发专门针对小企业和数字创业的贷款产品和服务，通过这些金融产品企业可以获得必要的运营资金和投资，用于技术升级和市场扩展。政府还可以引导和鼓励天使投资人和风险投资机构向这些小企业和创业项目投资，提供所需的发展资金。

政府还应该积极营造良好的创业和创新环境，为数字创业和小企业的数字化转型提供有利的政策和法律环境，包括建立健全的创业支持体系，简化创业流程和手续，降低创业门槛；加强知识产权保护，确保创新成果和知识产权得到有效保护；促进产学研用结合，推动科技成果转化和产业化，这些政策不仅有助于激发创业和创新的活力，而且可以加速新技术的商业化进程，进一步推动数字经济的发展和壮大。激励数字创业和支持小企业的数字化转型是促进经济发展和社会进步的重要措施，政府通过制定有利于创业和创新的政策，提供必要的资源和支持，不仅能为数字创业者和小企业提供良好的发展环境和条件，还能推动整个社会的数字化进程和经济的持续增长。

7.2.10 加强对新兴技术的监管适应性

随着人工智能、区块链等新兴技术的快速发展，监管机构面临前所未有的挑战。这些技术不仅在技术层面迅速变化，还在根本上改变了市场结构和消费者行为，使传统的监管框架越来越难以适应当前的快速发展环境，因此，监管适应性成为一个至关重要的议题，需要监管机构不断更新和调整策略以保持与技术进步的同步。监管机构必须与技术发展保持同步，这要求监管政策和法规的及时更新以应对新技术可能带来的风险和挑战，如人工智能和机器学习的应用在提高效率的同时也可能引发新的隐私和伦理问题，如算法偏见和数据滥用，因此监管机构需要构建出灵活的监管机制，包括与科技企业和研究机构建立更紧密的沟通与合作关系，以便及时了解最新的技术发展动态并根据实际情况调整监管措施。监管机构还需要加强自身的技术能力，包括使用高级数据分析工具以更有效地进行监管和风险评估。

考虑到新兴技术可能对市场结构和商业模式产生的巨大影响，监管政策和法规应当鼓励技术创新和产业发展，新技术如区块链不仅可以在金融服务领域提供更高的效率和透明度，还可以在供应链管理、医疗保健等多个领域内重塑业务流程，因此，监管框架应支持这些创新的确保市场公平竞争和消费者权益的保护，监管机构需与业界保持持续"对话"，以理解行业需求和创新的潜在影响并相应地调整监管策略，以促进经济的持续增长和新兴技术的健康发展。

在保护消费者权益和信息安全方面，随着新兴技术的广泛应用，特别是在处理大量个人数据时如何保护消费者的隐私成为一个紧迫的问题，监管机构需要建立更为严格的数据保护法规，监督企业如何收集、存储和使用消费者数据，应对数据泄露和其他网络安全威胁进行严密的监控和快速响应。监管机构还需要对新兴技术进行持续的风险评估，评估中不仅要考虑技术本身还要关注技术被滥用的潜在风险。加强国际合作与信息共享也是提高监管适应性的关键，新兴技术的影响和挑战往往是全球性的，跨国的协作和经验分享对于形成有效的监管策略至关重要，监管机构可以通过国际合作机制，与其他国家的监管机构进行信息共享和策略协调，共同解决跨境技术和市场监管的问题，参与国际标准的制定也有助于推动全球监管的协调一致。加强对新兴技术的监管适应性是确保数字经济健康发展的重要策略，监管机构需要与技术进步保持步调一致，充分考虑市场变革和创新的驱动力，同时重视消费者权益和信息安全的保护，通过加强国际合作和信息共享共同应对全球性的挑战和风险，才能在促进技术创新和经济增长上确保公众利益和社会的整体福祉。

7.2.11 促进消费者对数字产品的信任和接受度

在当今数字化时代，消费者对数字产品和服务的信任程度成为影响其购买决策和品牌忠诚度的关键因素，由于数字经济的复杂性和信息安全的普遍关注，提升消费者对数字产品的信任和接受度是推动企业成功的重要战略。企业可以采取一些措施来增强消费者信任，建立产品透明度是提升消费者信任的基础，消费者需要清楚地了解数字产品的功能、数据收集和使用方式以及产品的运作原理，为了实现这一点，企业可以通过向消费者公开产品信息、提供详细的产品介绍和用户手册传达产品的核心信息，包括详尽地解释产品如何操作，数据如何被处理及其用途以及如何保障用户数据的安全，企业还应采取开放透明的沟通策略，积极回应消费者的疑问和关切，通过这种方式建立与消费者之间的信任关系。

健全的用户指南对于提升消费者的信任和接受度至关重要。用户指南不仅应该包括产品的基本操作说明，还应提供清晰明了的隐私政策和数据使用说明，这使消费者能够充分了解其数据的收集、存储和使用方式以及相关的权利和保护措施，用户指南还可以包括常见问题解答、技术支持渠道等信息，方便消费者在使用产品时获得必要的帮助和支持从而提升其对产品的信任感和满意度。加强消费者服务也是提升消费者信任和接受度的有效途径，在使用数字产品的过程中，消费者可能会遇到各种问题和困惑，因此，企业应提供及时有效的客户服务和支持，通过建立多种沟通渠道如电话、邮件、在线聊天等，让消费者可以方便地与企业联系，提出问题和反馈意见。企业还可以通过定期举办培训和研讨会，提升消费者对产品的理解和使用能力，这种持续的支持和教育帮助消费者更好地利用产品，从而增强其对产品的信任感和满意度。

在收集和使用消费者数据方面，企业应制定严格的数据保护政策和操作流程，并确保透明公开地向消费者说明数据的收集目的、使用范围和保护措施，消费者需要清楚了解自己的数据将如何被使用并保障其个人信息的安全和隐私。企业还应定期接受消费者的反馈和建议，并根据反馈及时调整和改进产品，这种开放的反馈机制不仅能够提升产品质量和用户体验，还能增强消费者对产品的信任感。这些措施可以使企业有效提升消费者对数字产品的信任和接受度，不仅有助于企业建立良好的品牌形象和用户口碑，还能促进数字经济的健康发展，实现企业与消费者的双赢局面。在竞争激烈的市场中，那些能够建立和维护消费者信任的企业将更有可能获得成功和持续的增长。

7.2.12 提高产业数字化应用的质量和效率

在当前的商业环境中提升产业数字化应用的质量和效率成为企业持续增长的关键因素，企业需要采取多方面的措施，包括技术升级、员工培训和管理改革以确保数字化转型的成功。随着科技的不断进步，新的数字化技术和工具不断涌现，为企业提供了改进生产和管理流程的机会，如人工智能（AI）和机器学习技术可以帮助企业实现智能化生产和预测性维护，从而提高生产效率和产品质量。具体来说，AI 可以在生产线上实时分析设备数据，预测设备故障从而减少停机时间和维修成本；物联网（IoT）技术使设备之间的互联互通成为可能，实现生产过程的实时监控和优化，通过部署传感器和智能设备企业可以实时获取关键操作数据，优化生产流程，减少资源浪费；区块链技术则提高了供应链管理的透明度和安全性，减少了不必要的纠纷和风险，通过创建不可篡改的数据链企业能够追踪产品从原材料到消费者的每一步，确保供应链的完整性和合规性。

在数字化转型的过程中员工的技能水平直接影响着数字化应用的质量和效率，企业需要投入资源对员工进行系统的培训和教育，使其能够充分掌握和利用数字化工具和系统，培训内容可以包括基础的数字技术知识、系统操作技能、数据分析能力等方面，企业还可以建立内部的培训和学习平台，提供在线学习资源和实践机会，帮助员工不断提升自身的数字化技能和能力，通过建立一种持续学习和自我提升的文化，企业不仅提高了员工的工作效率，也增强了团队的创新能力。

企业还需要建立健全的数字化管理体系，确保数字化应用能够持续稳定地运行并发挥最大的效益，包括制定明确的数字化战略和规划，明确数字化目标和指标，确保数字化投资的有效使用。企业还需要建立完善的数字化监控和评估机制，对数字化应用的运行情况和效果进行定期监测和评估，及时发现问题并进行调整和改进，采用敏捷管理方法，将数字化项目分解为小的可执行任务，并通过迭代开发和快速试错的方式不断优化和完善数字化应用，这种方法可以加快项目的实施速度，提高企业应对市场变化的灵活性。

　　企业可以积极寻求外部合作和资源整合，加强与技术供应商、行业组织和研究机构的合作，共同推动数字化技术的创新和应用，通过与外部合作伙伴的合作，企业可以获取更多的技术支持和资源，加快数字化应用的推广和应用。企业还可以参与行业标准制定和政策倡导，积极参与数字化领域的行业协会和论坛，共同推动数字化技术的规范化和标准化，提高数字化应用的质量和可信度。通过这些综合措施企业不仅能够提升产业数字化应用的质量和效率，还能在竞争日益激烈的市场中保持领先地位，实现可持续发展。

参 考 文 献

［1］董青，王莉娜．数字经济背景下经济转型升级的实现路径分析［J］.商场现代化，2024（7）：123 - 125.

［2］方振，李谷成，音永欣，等．乡村数字经济发展水平测度及其对农业生产率增长的影响［J］.中国农业大学学报，2024，29（5）：252 - 268.

［3］高涛，曹洁．数字经济时代平台经济发展对流通集聚的影响研究——基于消费渠道的中介效应检验［J］.佳木斯大学社会科学学报，2024，42（2）：59 - 63.

［4］高志刚，丁梦雅．数字经济、碳排放强度与资源型城市高质量发展［J/OL］.甘肃社会科学，2024（2）：1 - 12.

［5］黄千桐，李博．数字经济背景下企业品牌营销策略研究［J］.商场现代化，2024（7）：57 - 59.

［6］李杰，王薇．数字经济赋能区域高质量发展的溢出效应研究［J/OL］.管理现代化，2024（2）：10 - 19.

［7］李奕轩，张彬．数字经济、技术变迁与劳动生产率的收敛效应［J/OL］.管理现代化，2024（2）：1 - 9.

［8］李云鹏，何叶荣．数字经济与中国农业农村现代化：基于农村创业活跃度的调节效应［J］.山西大同大学学报（自然科学版），2024，40（2）：37 - 45.

［9］蔺君妍．数字经济：浪潮之下的"破"与"立"［N］.青岛日报，2024 - 04 - 15（001）.

［10］罗双成．数字经济、要素配置效应与产业升级［J/OL］.南

方金融，2024（1）：1－13.

［11］马雯，田莉文．数字经济时代普惠金融发展状况和策略研究［J］．商场现代化，2024（7）：117－119.

［12］彭继权，曾云，方沛琳．数字经济发展与农村居民福祉——基于CFPS数据的实证分析［J］．中国农业大学学报，2024，29（5）：241－251.

［13］钱秋兰，罗双成．数字经济驱动下产业链韧性的提升机制与实现路径［J］．福建轻纺，2024（4）：48－52.

［14］石庆芳．夯实数字经济人才底座［N］．经济日报，2024－04－17（005）.

［15］孙欣．青岛数字经济：大模型时代加速向"新"［N］．青岛日报，2024－04－12（003）.

［16］王迪，苏方，于博轩．论社会维度视角下数字经济与实体经济的深度融合［J/OL］．台州学院学报，2024（2）：1－8.

［17］王海飞，钱茜．数字经济赋能我国农村三次产业融合发展研究［J/OL］．甘肃社会科学，2024（2）：1－10.

［18］王艳，盛小丹．"一带一路"沿线国家数字经济发展对中国跨境电商出口的影响效应研究［J/OL］．现代财经（天津财经大学学报），2024（5）：22－44.

［19］吴星乐．数字经济赋能新茶饮行业升级蝶变［J］．广东茶业，2024（2）：61－64.

［20］吴志明，张玉，李明玉．数字经济赋能茶叶区域公用品牌价值提升的路径研究［J/OL］．云南农业大学学报（社会科学），2024，18（3）：1－7.

［21］张磊，邬嘉蕙．数字经济下吉林省农业国际化发展路径研究［J］．东北亚经济研究，2024，8（2）：81－90.

［22］周立新，李智，屈彩萍．数字经济对长江经济带城市经济韧性的影响研究［J/OL］．重庆工商大学学报（社会科学版），2024（2）：1－13.